Marco Overhaus

Big Brother Gone

Marco Overhaus

Big Brother Gone

Europa und das Ende der Pax Americana

Frankfurter Allgemeine Buch

Bibliografische Information der Deutschen Nationalbibliothek
Die Deutsche Nationalbibliothek verzeichnet diese Publikation in der Deutschen Nationalbibliografie; detaillierte bibliografische Daten sind im Internet über http://dnb.d-nb.de abrufbar.

Frankfurter Allgemeine Buch

Frankfurter Allgemeine Buch
Pariser Straße 1
60486 Frankfurt am Main
buch@fazbuch.de

Umschlaggestaltung: Nina Hegemann, Umschlagabbildung: Stemoc/ Wikimedia Commons
Satz: Nina Hegemann
Druck: CPI Books GmbH, Leck
Printed in Germany

1. Auflage
Frankfurt am Main 2025
ISBN 978-3-96251-185-2

Frankfurter Allgemeine Buch hat sich zu einer nachhaltigen Buchproduktion verpflichtet und erwirbt gemeinsam mit den Lieferanten Emissionsminderungszertifikate zur Kompensation des CO_2-Ausstoßes.

Klimaschutz-Beitrag
mit First Climate.com
2025
CO_2-Zertifikate

Inhalt

Vorwort

Das Bild des Big Brother, des großen Bruders, kann im Zusammenhang mit den Vereinigten Staaten von Amerika sehr unterschiedliche Assoziationen hervorrufen. Es weckt bei vielen Menschen die Vorstellung eines übermächtigen Orwell'schen Überwachungsstaates. Die Enthüllungen von Edward Snowden haben der Welt die Machtanmaßung und den Machtmissbrauch amerikanischer Geheimdienste vor Augen geführt. Gerade in Deutschland hat sich über Jahrzehnte aber auch eine positive Sicht gehalten, nämlich dass Amerika ein enger und starker Verwandter in der Familie der freiheitlichen Demokratien ist, der „uns" in schwierigen Zeiten beschützt.

Schließlich kann das Bild des großen Bruders auch auf die Selbstverzwergung der deutschen und europäischen Außenpolitik anspielen. Im März 2023, knapp ein Jahr nach Beginn des russischen Überfalls auf die gesamte Ukraine, titelte das Magazin Stern: „Der große Bruder ist zurück". Auf dem Cover zu sehen ist der hünenhafte US-Präsident Joe Biden, der den deutschen Kanzler Olaf Scholz in Kindesgröße an der Hand führt.

Diese Assoziationen spiegeln sehr unterschiedliche Sichtweisen auf die USA und die transatlantischen Beziehungen wider. Amerika ist nicht nur selbst ein polarisiertes Land, es hat auch eine polarisierende Wirkung auf sein internationales Umfeld – und zwar nicht erst seit dem Aufstieg Donald Trumps und dessen MAGA-Bewegung. Die einen machen schon lange das amerikanische Dominanzstreben für zahlreiche Krisen und Kriege auf der Welt verantwortlich. Sie dürften sich durch Trumps Drohungen und seine jüngsten Äußerungen, die USA sollten Grönland, den Panamakanal und den Gazastreifen kontrollieren, bestätigt fühlen.

Die anderen sehen in der globalen Präsenz und Führungsrolle Amerikas einen unverzichtbaren Beitrag zur internationalen Sicherheit und Stabilität. Diese Position hat offensichtlich einen zunehmend schweren Stand. Viele sprechen gar vom Ende der transatlantischen Partnerschaft. Die Radikalität, mit der Trump gleich zu Beginn seiner zweiten Amtszeit Jahrzehnte alte Grundprinzipien der amerikanischen Innen- wie Außenpolitik über Bord geworfen hat, ist verblüffend. Allerdings vollziehen sich die tektonischen Verschiebungen in den USA, die in diesem Buch ausführlich beschrieben werden, schon seit Langem.

Die unterschiedlichen Sichtweisen auf Amerika helfen dabei, die aktuellen Entwicklungen besser einzuordnen und deren längerfristige Folgen für Deutschland, Europa und die Welt einzuschätzen. Deshalb komme ich in diesem Buch hin und wieder auf das Streitgespräch zwischen einer Verfechterin der Pax Americana und einem scharfen Kritiker zurück.

Dieses Gespräch hat so zwar nie stattgefunden, aber die Argumente, die die beiden austauschen, sind in der politischen und gesellschaftlichen Debatte der letzten Jahre immer wieder aufgetaucht.

Ein Buch über die USA und die internationale Politik zu schreiben ist angesichts der Dynamik des Betrachtungsgegenstandes eine große Herausforderung. Der eigentliche Schreibprozess zu „Big Brother Gone" begann Anfang 2023, also in der Mitte von Bidens Amtszeit. Dabei konnte ich mich jedoch bereits auf zahlreiche Vorarbeiten stützen. Ich beschäftige mich seit vielen Jahren im Rahmen meiner wissenschaftlichen Forschung an der Stiftung Wissenschaft und Politik (SWP) mit der US-amerikanischen Außen- und Sicherheitspolitik.

Das Leitthema von „Big Brother Gone" ist das komplexe und ambivalente Verhältnis zwischen amerikanischer Macht – verstanden in einem umfassenden militärischen, wirtschaftlichen und normativen Sinne – und der internationalen Sicherheit. Genauer gesagt geht es um die spezifische Ausübung amerikanischer Macht unter liberalen Vorzeichen. Bis heute stützen Deutschland und andere europäische bzw. westliche Länder ihre eigene Sicherheit auf genau diese Vorstellung der Pax Americana. Die Regierungen in diesen Ländern stehen nun vor der Aufgabe, alte Annahmen hinter sich zu lassen und die Beziehungen zu Amerika auf eine neue Grundlage zu stellen. Auch dafür soll das Buch Anregungen geben.

Dieses Unterfangen wäre ohne die großartige Unterstützung vieler SWP-Kolleginnen und -Kollegen nicht möglich gewesen. Sie haben mir wertvolle Hinweise und Anregungen zu einzelnen Kapiteln gegeben, die ihre eigene Forschung betreffen. Mein besonderer Dank gilt auch den Kolleginnen und Kollegen der Informationsdienste an der SWP sowie den Grafikern und Datenmanagern. Mein Doktorvater Prof. Hanns W. Maull gab mir einmal mehr wichtige Impulse und hat mich zu Beginn des Projektes ermutigt, nicht nur auf die militärischen und normativen Aspekte von Sicherheit zu schauen, sondern auch auf die wirtschaftlichen. Dr. Jens Seeling vom Verlag Frankfurter Allgemeine Buch danke ich für sein vorausschauendes Interesse an dem Projekt und Frau Christin Bergmann für das Lektorat. Schließlich empfinde ich tiefe Dankbarkeit gegenüber meiner Frau Szilvia, die nicht nur eine kritische Leserin des Manuskripts war, sondern mir während der Arbeit an diesem Buch auch viel Geduld entgegengebracht hat.

Berlin im März 2025

Kapitel 1
Der Niedergang einer Idee

Die Vorstellung, dass US-amerikanische Macht internationale Sicherheit schafft, ist bis heute tief in den politischen Kreisen der USA verankert. Das gilt sogar für Donald Trump und die nach seinen Vorstellungen neu geschaffene Republikanische Partei. Trump möchte Amerika wirtschaftlich und militärisch stärken, weil er sich davon mehr Respekt für sein Land und zugleich eine sicherere Welt verspricht. Dieses Selbstverständnis amerikanischer Macht spiegelt sich in dem von Ronald Reagan geprägten Slogan „Frieden durch Stärke" wider. *Peace through Strength* lautet denn auch die Überschrift des sicherheitspolitischen Kapitels im Wahlprogramm der Republikaner für die US-Wahlen im November 2024.

Für die Bündnispartner der USA in Europa und Asien sowie für einen großen Teil der außenpolitischen Eliten in Washington ist die Idee der Pax Americana allerdings stets voraussetzungsreicher gewesen als nur durch wirtschaftliche und militärische Stärke. Demnach ist es die spezifische Ausübung amerikanischer Macht, die internationale Sicherheit schafft. Sie zeigt sich in Form von Allianzstrukturen und internationalen Verflechtungen, wirtschaftlicher Offenheit und basierend auf liberal-demokratischen Werten. Der erneute und klare Wahlsieg Donald Trumps im November 2024 deutet darauf hin, dass dieses liberale Verständnis der Pax Americana bald endgültig Geschichte sein könnte. Doch genau darauf hat Deutschland jahrzehntelang seine Sicherheitspolitik gestützt.

Die Idee der Pax Americana ist nicht erst seit dem (ersten) Einzug Donald Trumps ins Weiße Haus heftig umstritten – in westlichen Ländern und erst recht darüber hinaus.[1] Aus der Sicht ihrer Kritikerinnen und Kritiker sind die Vereinigten Staaten stets eine „Chaosmacht" geblieben, die unter dem Strich mehr Unsicherheit als Sicherheit in der Welt verbreitet hat. Haben die USA durch ihr Drängen auf die NATO-Osterweiterungen nicht erst das Problem mit Russland geschaffen, bei dessen Bewältigung sie unter Präsident Joe Biden dann eine führende Rolle beanspruchten? Auch das Eintreten für Werte wie Demokratie, Offenheit und Rechtstaatlichkeit in der amerikanischen Außen- und Sicherheitspolitik wirkt aus dieser kritischen Perspektive wie Nebelkerzen, die die zutiefst eigennützigen wirtschaftlichen und politischen Interessen Washingtons verbergen sollen.

In Amerika wird die Idee, dass amerikanische Macht internationale Sicherheit schafft, von einer ideologisch breiten Bewegung unter dem Schlagwort Restraint (was sich am besten mit „außenpolitischer Zurückhaltung" übersetzen lässt) zurückgewiesen. Zu dieser Bewegung zählen Realisten, Libertäre und solche, die dem außenpolitischen Mainstream in Amerika abtrünnig geworden sind, weil sie die

Verwicklung der USA in ausländische Kriege ablehnen. Aus Sicht der Restrainer hat Washington weder die Mittel noch die Unterstützung der Bevölkerung, um weiterhin die Rolle des Weltpolizisten zu spielen. Für viele – nicht nur für die Restrainer – wurden die Terroranschläge vom 11. September 2001, der folgende „Krieg gegen den Terrorismus" sowie der desaströse Einmarsch in den Irak zum Wendepunkt. Es gehört zu den zentralen Widersprüchen Donald Trumps, dass er zwar einerseits für „Frieden durch Stärke" eintritt, andererseits aber den Amerikanerinnen und Amerikanern versprochen hat, die USA aus internationalen Krisen und Kriegen herauszuhalten.

Besonders vehement stößt die Idee der Pax Americana jedoch außerhalb Europas und Nordamerikas, ob in Lateinamerika, im arabischen Raum, in Afrika und in weiten Teilen Asiens, auf Kritik und wird – um das eine mal Wikipedia zu zitieren – als „Legitimationsdiskurs für einen US-amerikanischen Neokolonialismus und Imperialismus" abgelehnt.[2] Das wirft unweigerlich die Frage auf, wessen Sicherheit Amerika zu schützen beansprucht. Der Anspruch ist durchaus universalistisch. Demnach schützen die USA nicht nur ihre Bündnispartner, die vor allem dem Kreis westlicher Demokratien angehören, sondern sind letztendlich Garant der internationalen Sicherheit. In den Machtzentralen Chinas, Russlands und anderer autoritär regierter Länder wird dies sicher anders gesehen. Aber auch viele nicht-westliche Länder, nicht zuletzt des sogenannten Globalen Südens, die sich als Demokratien begreifen, stehen der Idee, dass amerikanische Macht internationale Sicherheit schafft, ambivalent oder offen ablehnend gegenüber.

Die Säulen der Pax Americana

Diese Idee hat auch die – bis heute stark amerikanisch geprägte – Forschung über die internationalen Beziehungen beeinflusst. Die „Theorie hegemonialer Stabilität“[3] besagt beispielsweise, dass es eines wirtschaftlich und militärisch dominanten Staates bedarf, um internationale Sicherheit und Stabilität zu gewährleisten. Entsprechend dieser Theorie hat nur ein dominanter Staat die Möglichkeiten und letztendlich auch das Interesse, „öffentliche Güter“ wie Sicherheit oder wirtschaftliche Stabilität bereitzustellen.

Das Grundproblem liegt darin, dass es in der internationalen Politik keine Weltregierung gibt, die Sicherheit oder wirtschaftliche Wohlfahrt schaffen und dafür zudem Steuergelder mobilisieren könnte. Hinzu kommt, dass Staaten häufig vor einem Dilemma stehen. Sie haben naturgemäß große Anreize, nach ihren eigenen kurzfristigen Interessen zu handeln – etwa indem sie in wirtschaftlich schwierigen Zeiten ihre Märkte gegen Konkurrenz abschotten oder danach trachten, ihre eigene Sicherheit durch nationale Rüstungsanstrengungen zu verbessern. Das Risiko, dass dabei alle verlieren, ist groß.[4] Denn wenn sich viele oder sogar alle Staaten abschotten und aufrüsten, leben am Ende womöglich alle in ärmeren und unsicheren Verhältnissen.

Die Idee der Pax Americana bedeutet einerseits, dass Amerika als militärisch und wirtschaftlich besonders mächtiger Staat diese Lücke einer fehlenden Weltregierung zumindest teilweise ausfüllt und andere Staaten durch Anreize oder Sanktionen zu einer gedeihlichen Zusammenarbeit bringt. Die Annahme ist dabei keineswegs, dass die Vereinigten Staaten uneigennützig handeln. In dem von ihnen geschaffenen System profitieren zwar alle, vor allem jedoch sie selbst.

Die Pax Americana geht aber über die reine Machtpolitik hinaus. Entsprechend dieser Idee ist es ihre liberal-demokratische Verfasstheit, die dafür sorgt, dass die USA ihre Macht nicht im Sinne klassischer Imperien zur Unterdrückung und Ausbeutung anderer nutzen – sondern für das internationale „Gemeinwohl".[5] Gerade mit Blick auf diese Wertedimension wird deutlich, dass die Pax Americana sehr stark westlich geprägten Vorstellungen entspricht. Sie ist ideengeschichtlich tief verwurzelt in der europäischen Aufklärung sowie im Gründungsmythos der USA. Im amerikanischen Selbstverständnis waren die Abwesenheit von Feudalismus und Klassenunterschieden, der Schutz religiöser Freiheiten vor staatlicher Unterdrückung sowie die „Zivilisierung" vermeintlich „leerer" Räume die Grundlage für den Aufstieg und die Besonderheit der eigenen Nation.[6]

Die Idee der Pax Americana verbindet Macht mit Werten und ruht dabei auf drei Säulen. „Macht" bezeichnet dabei ganz allgemein die Fähigkeit eines Staates bzw. Akteurs, mit militärischen und wirtschaftlichen Mitteln andere dazu zu bringen, etwas Bestimmtes zu tun oder zu unterlassen. Die erste Säule der Pax Americana betrifft die militärische Macht gegenüber anderen Staaten – sowohl solchen, die mit Amerika verbündet sind als auch den „strategischen Wettbewerbern" bzw. Gegnern. Die Verknüpfung von wirtschaftlicher Macht und wirtschaftlicher Offenheit ist die zweite Säule. Drittens schließlich ruht die Idee der Pax Americana auf der normativen Ausstrahlungskraft liberal-demokratischer Werte, für die Amerika über Jahrzehnte beansprucht hat einzustehen. Diese Attraktivität der amerikanischen Ideale verleiht dem weltpolitischen Anspruch der USA Legitimität und sichert ihnen die Unterstützung ihrer Verbündeten und Partner. Die konkrete Ausgestaltung der Pax Americana mit ihren drei Säulen hängt jedoch wesentlich vom regionalen Kontext ab.[7]

Sicherheit und Militär

Die USA galten über Jahrzehnte als die unangefochtene Führungsmacht, wenn es um militärische Fähigkeiten und Kräfteverhältnisse gegenüber anderen Staaten ging. Zwar konnte die Sowjetunion Amerika während der Zeit des Kalten Krieges mit Blick auf die atomaren Arsenale und die Zahl der Truppen, Panzer und Schiffe durchaus Paroli bieten. Allerdings verfügten die USA anders als die Sowjetunion über ein schlagkräftiges Allianzsystem und zumindest langfristig über eine wesentlich größere Innovationsfähigkeit auch im militärisch-technologischen Bereich. Nach dem Zusammenbruch der Sowjetunion waren die USA die einzige verbliebene militärische Supermacht. Noch heute geben sie Schätzungen zufolge mehr Geld für ihre Streitkräfte aus als die zwölf nächstgrößeren Militärmächte zusammengenommen.[8]

Die Grundlage amerikanischer Militärmacht bildet jedoch nicht in erster Linie die Höhe der Verteidigungsausgaben, sondern die Glaubwürdigkeit von Rückversicherung und Abschreckung. Die beiden Begriffe bezeichnen zwei Seiten der gleichen Medaille und unterscheiden sich vor allem durch den jeweiligen Adressaten. Die Rückversicherung richtet sich in erster Linie an die Verbündeten und Partner, denen Amerika Sicherheit bietet. Die wohl weitreichendste Form von Rückversicherung ist der nukleare Schutzschirm im Rahmen formaler Allianzen wie der Nordatlantischen Allianz (NATO). Dahinter steht das politische Versprechen Washingtons, die Sicherheit anderer Staaten notfalls auch mit den eigenen Atomwaffen zu verteidigen – trotz der Gefahr, dass die USA dann im Extremfall selbst zum Ziel atomarer Schläge werden könnten.

Die USA haben dieses Versprechen allen mittlerweile 31 anderen Mitgliedstaaten der NATO gegeben und unterhalten in Asien mit fünf weiteren Staaten formale Verteidigungsbündnisse. Hinzu kommt noch die Quasi-Allianz mit Taiwan. Auch bei den Bündnissen mit asiatischen Staaten haben die Nuklearwaffen eine große Bedeutung. Unterhalb dieser Schwelle gibt es eine Reihe weicherer Formen der Rückversicherung – etwa in Form loser Sicherheitspartnerschaften oder durch bilaterale Rüstungskooperationen.

Eine der grundlegenden Annahmen der Pax Americana lautet, dass mit Amerika verbündete oder befreundete Staaten im Lichte amerikanischer Sicherheitszusagen weniger Furcht vor ihren Nachbarn haben müssen. Sie rüsten daher weniger auf und verhalten sich friedlicher, als es ohne diese Bündnisse der Fall wäre. So konnten amerikanische Bündnispartner auf die Entwicklung eigener Nuklearwaffenarsenale verzichten, solange sie den atomaren Schutzschirm Amerikas als glaubwürdig erachteten.

Der zweite Mechanismus, durch den eine militärisch mächtige Führungsmacht für internationale Sicherheit sorgen kann, ist die Abschreckung. Sie richtet sich an die „strategischen Wettbewerber“ bzw. Gegner, die von einem Angriff auf die USA, ihre Verbündeten sowie die internationale Ordnung insgesamt abgehalten werden sollen. Dies wird erreicht, wenn die Kosten und Risiken eines solchen Angriffs von einem potenziellen Aggressor als unverhältnismäßig im Vergleich zu dem erhofften Nutzen betrachtet werden.

Es ist unmöglich zu beziffern, wie viele Waffen Amerika tatsächlich braucht, um die Sicherheitszusagen gegenüber den Verbündeten und die Abschreckung gegenüber den Gegnern glaubwürdig zu machen. Militärische Eckdaten, wie die relative Größe der Verteidigungshaushalte, Truppenkontingente und die Modernisierung der Waffensysteme sind dabei wichtige Faktoren. Die jüngeren Entwicklungen in der Ukraine sowie im Nahen Osten zeigen jedoch, dass sich Einschätzungen zu militärischen Kräfteverhältnissen im Lichte eines tatsächlichen Krieges auch verändern können. Glaubwürdigkeit ist zudem ein hochgradig subjektives Konzept – sie liegt im Auge des Betrachters.[9] Das gleiche gilt auch für die Abschreckung: Erst dann, wenn ein Krieg ausgebrochen ist, weiß man, dass sie nicht funktioniert hat.

Für die Amerikaner spielen Atomwaffen[10] bei der Abschreckung eine zentrale Rolle. Die USA sind tatsächlich die einzige Atommacht mit dem ausdrücklichen Anspruch, nicht nur sich selbst, sondern im Zuge der sogenannten erweiterten nuklearen Abschreckung auch seine Bündnispartner zu schützen. Dies rechtfertigt aus Sicht Washingtons ein großes und breit aufgefächertes Waffenarsenal. Die Annahme, dass (atomare) Abschreckung Frieden schafft, ist weiterhin tief verwurzelt im amerikanischen bzw. westlichen strategischen Denken. Auch wenn Abschreckung meist mit Nuklearwaffen in Verbindung gebracht wird, so beruht sie ebenso auf nichtatomaren (sogenannten konventionellen) Waffen. Entscheidend ist, ob das Kalkül des Gegners dahingehend beeinflusst wird, dass er nicht ein- bzw. angreift.

Vor allem im ersten Jahrzehnt nach dem Ende des Kalten Krieges – der Zeit unangefochtener amerikanischer Hegemonie – herrschte in den USA ein breiter Konsens, dass Rückversicherung und Abschreckung im Sinne der Pax Americana funktionieren. Nicht zuletzt aufgrund des machtpolitischen Aufstiegs Chinas sind jedoch sowohl in Washington als auch bei vielen Verbündeten die Zweifel gewachsen. Zwei ehemals führende Verteidigungspolitiker im US-Senat haben diese Zweifel wie folgt zusammengefasst:

„Die Glaubwürdigkeit der amerikanischen Abschreckung beruht auf einer einfachen Grundlage. Amerika verhindert Kriege, indem es seine Gegner davon überzeugt, dass sie nicht gewinnen können. [US-]Verteidigungsminister Jim Mattis hat es kurz und bündig gesagt: Abschreckung ist erreicht, wenn der Feind beschließt: ‚Heute nicht. Wir können militärisch nicht gewinnen, also versuchen wir es erst gar nicht.' Gegenwärtig bröckelt diese Grundlage der Abschreckung im indopazifischen Raum, da ein zunehmend aggressives China seine umfassende militärische Modernisierung fortsetzt."[11]

Aber nicht nur China, sondern auch Russland hat in den letzten Jahren stark in die Modernisierung seiner Streitkräfte investiert. Iran betrieb im Nahen Osten mit viel Geld und Energie den Aufbau eines großen Netzwerks aus Milizen und Terrorgruppen, um die USA und Israel zu bedrohen. Zudem steht das Land heute an der Schwelle, ein Atomwaffenstaat zu werden. Nordkorea hat diesen Status längst erreicht und baut sein Arsenal trotz aller Sanktionen konsequent aus. Während die USA lange Zeit ihre weltweite militärische Überlegenheit als gegeben ansehen konnten, müssen sie sich in Zukunft verstärkt auf eine „Verteidigungspolitik ohne Dominanz" einrichten, wie es der US-Militärexperte und ehemalige Mitarbeiter des Streitkräfteausschusses im US-Senat Christian Brose formuliert hat.[12]

Militärische Macht lässt sich schließlich auch, wenn sie klug genutzt und mit wirtschaftlichen Anreizen kombiniert wird, diplomatisch zur Einhegung oder gar Lösung sicherheitspolitischer Krisen und Konflikte nutzen. Dabei kommt es darauf an, vor den Konfliktparteien als glaubwürdiger Vermittler aufzutreten, der im Idealfall auch über die militärischen und wirtschaftlichen Ressourcen verfügt, um ein Abkommen durchzusetzen.

Es gibt viele Beispiele, die weithin als Erfolge amerikanischen Peacemakings gelten. Zu nennen wären etwa der israelisch-ägyptische Friedensvertrag vom März 1979, der 1993 unter US-Präsident Clinton begonnene Oslo-Friedensprozess zwischen Israelis und Palästinensern sowie das Camp-David-Abkommen von 2000. Auch das Ende des Bosnienkrieges durch das Dayton-Abkommen von 1995 gilt als Erfolg amerikanischer Diplomatie. Auffällig ist jedoch, dass die großen Erfolge des amerikanischen Peacemakings schon einige Zeit zurückliegen. Heute sehen einige Beobachter die Lage kritischer: Amerika werde immer weniger als „ehrlicher Makler" wahrgenommen, während zugleich die wirtschaftliche und militärische Dominanz schwinde.[13]

Wirtschaftliche Dominanz und Offenheit

Die zweite Säule der Pax Americana ist ökonomischer Natur. Die Vorstellung dahinter lautet, dass Amerika durch seine wirtschaftliche Größe in Kombination mit seiner wirtschaftlichen Offenheit maßgeblich zur Stabilität der Weltwirtschaft beiträgt. Der Wirtschaftshistoriker Charles Kindleberger hat in einer vielbeachteten Studie aufgezeigt, dass die Weltwirtschaftskrise der 1930er-Jahre deshalb so weitreichend, so desaströs und so lang andauernd war, weil damals ein ökonomischer „Stabilisator" fehlte. Großbritannien als scheidende Führungsmacht war damals nicht mehr in der Lage und Amerika als künftige Führungsmacht noch nicht fähig, diese Rolle zu spielen. Damit fehlte eine Macht, die das globale Wirtschaftssystem durch die Öffnung des eigenen Marktes sowie durch die „antizyklische" Bereitstellung von Kapital auch während des wirtschaftlichen Abschwungs hätte stabilisieren können.[14]

Nach dem Zweiten Weltkrieg übernahm Amerika diese Rolle. Die wirtschaftliche Säule der Pax Americana manifestierte sich in der Integration der Weltwirtschaft unter Führung der USA sowie auf Grundlage neuer internationaler Regime: das Bretton-Woods-Abkommen von 1944 sowie das General Agreement on Tarrifs and Trade (GATT) von 1947. Der Zusammenbruch des Bretton-Woods-Systems fester Wechselkurse Anfang der 1970er-Jahre ließ zunächst Zweifel an der wirtschaftlichen Dominanz und Führungsmacht der USA aufkommen. Die Krise leitete eine Phase der multipolaren Weltwirtschaftsordnung ein, in der Europa, Japan und später die OPEC-Länder eine wesentlich größere Rolle spielten als zuvor.[15] Dessen ungeachtet setzte sich Washington als Führungsmacht weiterhin für die Liberalisierung der Weltwirtschaft ein. In den 1990er-Jahren trieben die USA Freihandelsinitiativen voran, der US-Kongress stimmte der Gründung der Nordamerikanischen Freihandelszone (NAFTA) sowie der Welthandelsorganisation (WTO) zu.[16]

Die Pax Americana bezieht sich allerdings nicht nur auf die Wahrung ökonomischer Stabilität und die Förderung von Wohlstand. Es geht darüber hinaus auch ausdrücklich um sicherheitspolitische Ziele. Handel soll nicht nur eigenen wirtschaftlichen, sondern auch sicherheitspolitischen Interessen dienen. Die Logik dahinter lautet: Der freie wirtschaftliche Austausch schafft Wohlstand und stärkt demokratische Regierungsführungen. Weil Handel profitabler ist als Krieg und Demokratien friedliebender sind als Diktaturen, so die Annahme, fördert wirtschaftliche Offenheit und freier Handel die internationale Sicherheit.

In der Wissenschaft ist umstritten, ob und unter welchen Bedingungen der freie Handel tatsächlich Sicherheit und Frieden fördert. Entscheidender als sozialwissenschaftliche Erkenntnisse sind jedoch politische Überzeugungen, die auch das Verhältnis zu geopolitischen Wettbewerbern prägen. So war die amerikanische Chinapolitik vom Ende der 1970er-Jahre bis hinein in die zweite Amtszeit Barack Obamas überparteilich von der Überzeugung getragen, dass die enge wirtschaftliche Verflechtung zwischen den beiden Ländern auch im amerikanischen Interesse liege.[17] Diese Überzeugung hat sogar einen eigenen Begriff hervorgebracht: Chimerica.[18]

Die wichtige Ausnahme des Offenheits-Paradigmas der amerikanischen Außenwirtschaftspolitik war während des Kalten Krieges freilich die Sowjetunion, deren Ökonomie u.a. durch Exportkontrollen in die Knie gezwungen werden sollte. Doch das änderte sich nach dem Fall des Eisernen Vorhangs, als es einmal mehr darum ging, ehemalige Feinde in eine amerikanisch geführte, freie Weltwirtschaftsordnung zu integrieren.[19]

Mit dem ersten Amtsantritt Donald Trumps 2017 trat die abnehmende wirtschaftliche Offenheit drastisch zutage. Das Paradigma hatte jedoch schon vorher deutlich an Strahlkraft verloren. Dabei spielte sicherlich die weltweite Welle der Globalisierungskritik eine wichtige Rolle, die in den 1990er-Jahren über den Erdball rollte und auch die USA erreichte. Der amerikanische Wirtschaftsliberalismus aus der Gründerzeit von Bretton Woods ging über das Ziel ökonomischer Stabilität hinaus und war an sozialstaatliche Maßnahmen gekoppelt.[20] Das änderte sich mit dem Aufstieg des Neoliberalismus seit den 1970er-Jahren, der nicht nur auf den Abbau von Schranken für den Handel und den Kapitalfluss setzte, sondern auch auf Privatisierung, Deregulierung und insgesamt den Rückbau des Staates. Mit der Zunahme an sozialer Ungleichheit in Amerika und vielen Ländern der Erde sowie weltweiter Finanzkrisen, die weithin dem Neoliberalismus zugeschrieben werden, ging auch eine Delegitimierung der Pax Americana einher.

Der eigentliche Paradigmenwechsel in der Außenwirtschaftspolitik der USA wurde jedoch ausgelöst vom wirtschaftlichen Aufstieg Chinas, den damit einhergehenden strukturellen ökonomischen und sozialen Umbrüchen in Amerika sowie der Zunahme geopolitischer Spannungen seit den frühen 2010er-Jahren. Seither sind wirtschaftliche Interdependenz und offene Märkte als politische Ziele immer mehr in den Hintergrund getreten und werden durch ein neues geoökonomisches Denken ersetzt. „Geoökonomie“ verbindet, mit den Worten von Edward Luttwak, die „Logik des Konflikts mit den Methoden des Handels“.[21] Dieser Paradigmenwechsel vollzog sich freilich nicht nur in Washington, sondern auch in Peking und den Hauptstädten anderer Wirtschaftsmächte.

Der freie Austausch von Gütern, Kapital und Technologien gilt demnach ebenso wie die Mobilität von Arbeitskräften nicht mehr als etwas grundsätzlich Positives, das Wohlstand schafft[22] und Innovation fördert. Stattdessen rücken die vermeintlichen Risiken in den Fokus. Sicherheitspolitische Erwägungen überlagern immer mehr wirtschaftliche Interessen. Die Frage lautet oft nicht mehr, ob wirtschaftlicher Austausch allen Seiten nutzt. Stattdessen geht es darum, wer einen größeren Nutzen daraus ziehen kann und bei wem dieser Austausch größere Abhängigkeiten schafft. Vor dem Hintergrund dieser Logik begannen die USA bereits während der Amtszeit Obamas damit, den handelspolitischen Multilateralismus und die zugrunde liegenden Regeln der WTO systematisch zu unterlaufen.

Der Wechsel vom Paradigma der Offenheit hin zu jenem der Geoökonomie hat insbesondere das amerikanisch-chinesische Verhältnis der letzten Jahre geprägt, wenngleich er nicht darauf beschränkt ist.

Es trifft zwar keineswegs zu, dass die USA in den vergangenen 35 Jahren generell an weltwirtschaftlicher Dominanz verloren hätten.[23] Allerdings ist die Wahrnehmung eines relativen wirtschaftlichen Abstiegs gegenüber China zu einer der treibenden Kräfte der US-amerikanischen Außen- und

Sicherheitspolitik geworden. So ist der Anteil Chinas an der Weltwirtschaft (gemessen am globalen Bruttoinlandsprodukt) seit 1990 von gerade einmal 1,6 Prozent auf mehr als 18 Prozent im Jahr 2021 gestiegen (mit einem leichten Rückgang in den folgenden zwei Jahren). Der Anteil der USA blieb mit zuletzt 26 Prozent (2023) zwar deutlich darüber, insbesondere in den 2000er-Jahren sank er jedoch deutlich. Bei den jeweiligen Anteilen am Welthandel war die Aufholjagd Chinas gegenüber Amerika noch deutlicher sichtbar – vor allem bei den Exporten.

Anteile am weltweiten BIP

China und Vereinigte Staaten im Vergleich zwischen 1990 und 2023

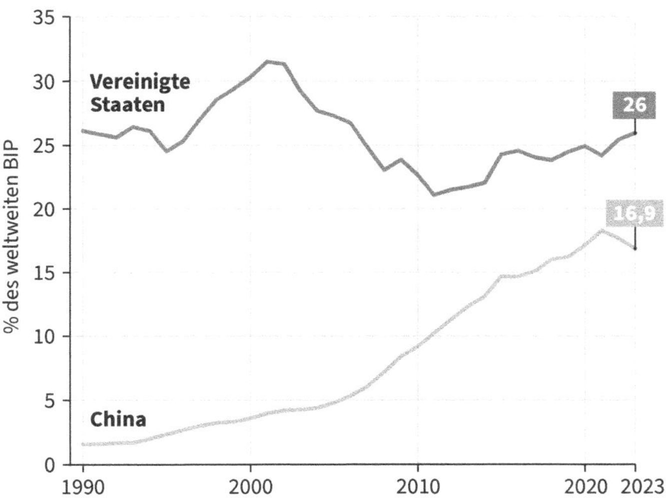

Anm.: China ohne Hongkong und Macao
Quelle: World Development Indicators, World Bank (2024)

SWP 2025

Anteile am Welthandel

China und Vereinigte Staaten im Vergleich zwischen 1990 und 2023

Exporte

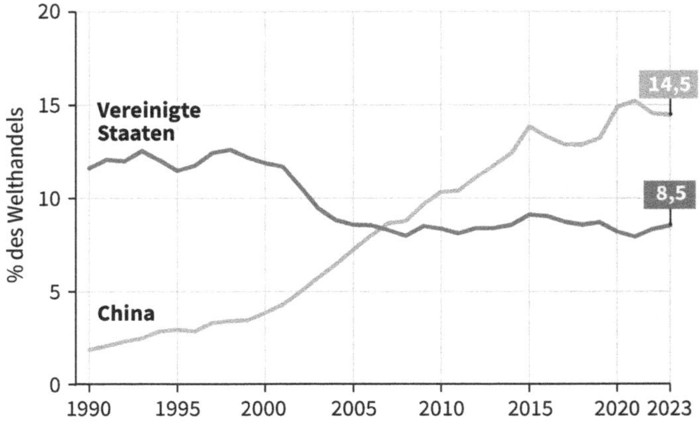

Importe

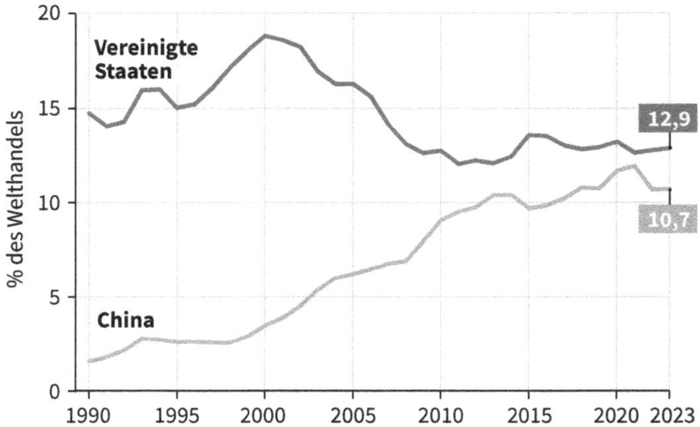

Anm.: China ohne Hongkong und Macao
Quelle: Direction of Trade Statistics, IMF (2024)

SWP 2025

Doch die Wahrnehmung eines wirtschaftlichen Abstiegs gegenüber China betrifft nicht nur die Wirtschaft im Allgemeinen, sondern auch den Technologiesektor im Besonderen. Der technologische Vorsprung und die Innovationsfähigkeit sind über Jahrzehnte eine wesentliche Grundlage für die amerikanische Vormacht in der Wirtschaft und beim Militär gewesen. Heute können die USA in immer weniger Branchen eine technologische Vorrangstellung für sich beanspruchen und werden teilweise sogar von China überholt. Das gilt nicht zuletzt für die sogenannten Zukunftstechnologien, also Künstliche Intelligenz, Quanten-Computing, Biotechnologie, Fintech oder moderne Telekommunikationsnetzwerke.[24] In Bereichen, die für die „grüne Transformation" der Weltwirtschaft entscheidend sind, wie Batterien und Photovoltaik, ist China bereits heute führend.[25]

Der Grundbaustein nahezu aller Zukunftstechnologien sind Computer-Chips. Gerade bei der Entwicklung und Fertigung besonders anspruchsvoller Logik-, Grafik-, oder KI-Chips sowie bei Werkzeugen für die Fertigung solcher Chips genießen die USA bzw. ihre Verbündeten (inklusive Taiwan) noch immer eine Vormachtstellung.[26] Amerika setzt daher bei Chips und anderen, insbesondere auch militärisch nutzbaren Technologien verstärkt auf Exportkontrollen und andere restriktive Maßnahmen, um Chinas Aufholjagd abzubremsen. Washington begründet dies teils mit Chinas unfairen Handelspraktiken und teils mit Belangen der nationalen Sicherheit.

Kritikerinnen und Kritiker werfen den USA vor, dass ihre Technologiepolitik gegenüber China von der längst überholten Annahme geleitet ist, dass China dauerhaft von bestimmten Technologien ausgeschlossen werden könne. Die enge wirtschaftliche Integration Chinas in die Weltmärkte und die Diffusion technologischer Innovation durch private Akteure steht dem entgegen. Darin unterscheidet sich die heutige Situation grundlegend von der Systemrivalität mit der Sowjetunion während der Zeit des Kalten Krieges.[27]

Der eine Sektor, den Amerika weiterhin unangefochten dominiert, ist das internationale Finanzsystem mit dem US-Dollar als Leit- und Machtwährung. Diese Position hat die USA insbesondere seit den Terroranschlägen vom 11. September 2001 dazu verleitet, immer stärker auf das Instrument von Finanzsanktionen zurückzugreifen, um außen- und sicherheitspolitische Zielsetzungen zu verfolgen.

2022, so ist in einer entsprechenden Auswertung der US-amerikanischen Denkfabrik Council on Foreign Relations zu lesen, hat das US-Finanzministerium mehr als 12.000 Personen, Organisationen oder Staaten sanktioniert – zwölfmal so viele wie noch zu Beginn der 2000er-Jahre.[28]

Amerikanische Sanktionen und andere restriktive Maßnahmen richten sich jedoch nicht mehr ausschließlich gegen internationale Normenbrecher oder Terrornetzwerke, sondern auch gegen Freunde und Verbündete. Im Frühjahr 2018 erklärte unter Präsident Trump erstmals eine US-Regierung die Importe enger Partner und Verbündeter zu einer Sicherheitsbedrohung, als sie Zölle auf die Einfuhr von Stahl und Aluminium, u.a. aus Europa, erließ.[29] Damit besteht die Gefahr, dass die amerikanische Wirtschafts- und Finanzpolitik die von den USA geführten Sicherheitsbündnisse untergräbt.

Liberal-demokratische Werte

Die dritte Säule der Pax Americana betrifft die liberal-demokratischen Werte, für die die USA und der Westen beanspruchen, auf der internationalen Bühne einzustehen. Die USA haben über Jahrzehnte ihre außen- und sicherheitspolitische Macht mit diesem Wertekanon verknüpft. Das Selbstverständnis einer an liberalen Werten ausgerichteten Außen- und Sicherheitspolitik war lange Zeit in beiden großen politischen Parteien in den USA verankert, bei Demokraten und Republikanern, solange diese noch auf eine ideologisch breit gestreute Wählerschaft abzielten.[30] Der Aufstieg Donald Trumps und seiner MAGA-Republikaner stellt die Wertorientierung der US-Außenpolitik indes grundlegend infrage.

Dies betrifft sowohl die Art und Weise, wie Amerika seine sicherheitspolitische Führungsrolle wahrnimmt als auch die Werte, für die es dabei international einzutreten beansprucht. Mit Blick auf das „Wie" der Führung bedeutet das Attribut „liberal", dass sich Amerika von anderen heutigen und historischen Mächten – insbesondere von klassischen Imperien – darin unterscheidet, dass es breitere Zielsetzungen verfolgt, die über seine eigene, eng verstandene Sicherheit hinausgehen. Die Idee der Pax Americana basiert auf der Annahme, dass auch für die Weltmacht nicht das Recht des Stärkeren gilt und sich die USA entsprechend in machtpolitischer Selbstbeschränkung üben. Dementsprechend ist die Ausübung amerikanischer Macht mehr durch Konsens als durch Mächtegleichgewichte oder die Unterwerfung anderer Staaten gekennzeichnet.[31]

Die machtpolitische Selbstbeschränkung Amerikas wurde in den letzten Jahrzehnten teils sehr unterschiedlich gehandhabt. Manche US-Administrationen – wie etwa jene unter Führung von Bill Clinton oder zuletzt von Joe Biden – haben der amerikanischen Sicherheitspolitik ein multilaterales Antlitz verliehen, während andere (z.B. George Bush der Jüngere und Donald Trump) weitgehend darauf verzichteten. Dennoch beanspruchten die USA selbst während der ersten Amtszeit von Präsident Trump, geopolitische Blöcke, Einflusssphären oder Imperien abzulehnen.

Hinsichtlich der politischen Werte, für die die USA nach eigenem Selbstverständnis auf internationaler Ebene eintreten, sind zuvorderst Rechtsstaatlichkeit, Menschenrechte, demokratische Werte sowie die Achtung internationaler Regeln und des Völkerrechts zu nennen. Die Verbreitung liberal-demokratischer Werte trägt zur internationalen Sicherheit bei, so die Annahme, weil die Außen- und Sicherheitspolitik von Staaten letztendlich ein Spiegel ihrer inneren Verfasstheit ist. Mit anderen Worten: Liberale Demokratien verfolgen das Ziel einer offenen, freien und dem Recht verpflichteten internationalen Ordnung.

Sozialwissenschaftlich belegt ist, dass Demokratien in aller Regel keine Kriege gegeneinander geführt haben. Weniger klar ist allerdings, dass Demokratien tatsächlich weniger Gewalt in ihren Außenbeziehungen ausüben als autoritär regierte Staaten. In jedem Fall hat die „Theorie des Demokratischen Friedens“ großen Einfluss auf die amerikanische Außen- und Sicherheitspolitik der letzten 100 Jahre gehabt – von Woodrow Wilsons Versprechen, die „Welt sicher für die Demokratie“ zu machen, über das Eintreten der USA für EU-

und NATO-Osterweiterungen in den 1990er-Jahren bis zum Sturz Saddam Husseins im Namen der Freiheit.[32]

Der politische Liberalismus hat einige historische Metamorphosen durchlebt.[33] Er konnte zu verschiedenen Zeiten und in verschiedenen Ländern jeweils sehr unterschiedliche Dinge bedeuten. Im 18. und 19. Jahrhundert verband man in Europa (insbesondere in Frankreich und Deutschland) mit dem Liberalismus noch viel mehr als heute Werte wie Pflicht, Solidarität und Patriotismus.

Der angelsächsische Liberalismus beinhaltete – oder tolerierte zumindest – bis ins 20. Jahrhundert eine gehörige Portion Rassismus, denn wirklich „frei" waren nur weiße, männliche Landbesitzer. Gegen diese Lesart des Liberalismus wandte sich der Antikolonialismus, der eben auch eine antiliberale Komponente hatte. Bis heute können Länder wie Russland oder China dies nutzen, um den amerikanischen bzw. westlichen Liberalismus mit Kolonialismus gleichzusetzen.

In der zweiten Hälfte des 20. Jahrhunderts dominierte zunehmend eine auf individuelle Rechten – statt auf gemeinschaftlichen Pflichten – basierende Variante des Liberalismus.[34] Hintergrund waren die Erfahrungen zweier Weltkriege und des Holocaust sowie das ideologische Ringen mit dem Kommunismus während des Kalten Krieges. Der Neoliberalismus der 1970er- und 1980er-Jahre gab die soziale Einbettung individueller Freiheit weitgehend auf.

Bei allen Wandlungen und Variationen zeichnen die folgenden vier Grundmerkmale den klassischen Liberalismus jedoch im Wesentlichen aus.[35] Dies ist erstens der Individualismus, der dem Einzelnen einen moralischen Vorrang vor den Forderungen/Rechten sozialer Gruppen einräumt;

zweitens der Egalitarismus, wonach alle Menschen den gleichen moralischen Status haben, während rechtlichen und politischen Unterscheidungen keine Relevanz zugeschrieben wird; drittens der Universalismus, der von der moralischen Einheit der Menschheit ausgeht und spezifische historische Verbindungen und kulturelle Formen als zweitrangig ansieht; und schließlich viertens der Meliorismus, also der Glaube an die Verbesserungsfähigkeit des Menschen und der von ihm geschaffenen sozialen und politischen Institutionen. Dabei spielt auch die Freiheit der Wissenschaft eine wichtige Rolle.

Der Widerstand gegen den Liberalismus hat in den vergangenen Jahren deutlich zugenommen – durch die Antagonisten der Pax Americana wie Russland und China, generell durch autoritär regierte Länder, aber auch durch illiberale Bewegungen und sogar durch Regierungsvertreter von EU-Staaten (siehe Viktor Orbáns Plädoyer für eine illiberale Demokratie).[36] Aber auch in den USA stehen liberal-demokratische Institutionen zunehmend unter Druck (dazu im nächsten Kapitel mehr). Eine wesentliche Herausforderung für die liberal-demokratischen Grundlagen der Pax Americana liegt auch im weltweiten Rückzug der Demokratien, der sich seit der Jahrtausendwende beobachten lässt.[37]

Zu Beginn seiner Amtszeit stellte US-Präsident Joe Biden die Außenpolitik seiner Regierung in den Zusammenhang eines epischen Kampfes der Demokratien gegen autoritär regierte Staaten. Damit drohte er allerdings, ähnlich wie George W. Bush und dessen „Freiheitsagenda“ vor ihm, deutlich über das Ziel hinauszuschießen. Denn es ist mehr als fraglich, ob ein solcher Kampf von Demokratien gegen Autokratien, wenn er denn konsequent ausgetragen würde, der internationalen Sicherheit dienlich wäre.

Donald Trump dagegen hatte während seiner ersten Amtszeit im Weißen Haus von Anfang 2017 bis Anfang 2021 offensichtlich kein Interesse daran, die amerikanische Außen- und Sicherheitspolitik an liberalen Werten auszurichten. Stattdessen trachtete er danach, amerikanische Vormacht ohne die „liberale Infrastruktur" wie internationale Allianzen und multilaterale Organisationen zu gewährleisten.[38] Sein persönlicher Regierungsstil wirkte nicht nur erratisch, sondern zeichnete sich durch eine besondere Vorliebe für autoritäre Herrscher aus. Der Regierungsapparat agierte unter Trump zwar wesentlich planvoller und gemäßigter als der Präsident selbst. Dem Image der USA als liberale Führungsmacht hat die vierjährige Amtszeit Trumps trotzdem massiv geschadet. Es ist davon auszugehen, dass Trumps illiberale Tendenzen die amerikanische Außen- und Sicherheitspolitik während seiner zweiten Amtszeit noch stärker prägen werden.

Eine unfriedliche Welt

In den letzten 25 Jahren ist die Welt unsicherer, unberechenbarer und gewalttätiger geworden. Internationale Abkommen wie der Vertrag über konventionelle Rüstungskontrolle in Europa, der amerikanisch-russische Vertrag über das Verbot landgestützter Mittelstreckenraketen oder der Vertrag über die Reduzierung strategischer Atomwaffen (ebenfalls zwischen den USA und Russland) sind gescheitert oder drohen zu scheitern. Zentrale völkerrechtliche Normen wie das Gewaltverbot oder die Achtung der territorialen Integrität von Staaten werden offen missachtet.

Zugleich haben die Spannungen in den geopolitischen Brennpunkten in Osteuropa, Asien und im Nahen Osten deutlich zugenommen und sind teilweise in offene Kriege eskaliert.[39] Der Angriff Russlands auf die Ukraine hatte bereits vor dem Februar 2022 mehr als 14.000 Menschen das Leben gekostet. In Asien haben die territorialen Konflikte im Süd- und Ostchinesischen Meer sowie über die staatliche Eigenständigkeit Taiwans an Intensität gewonnen. Ein amerikanisch-chinesischer Krieg erscheint zunehmend als eine reale Möglichkeit.

Auch im Nahen Osten und Afrika haben sich die sicherheitspolitischen Spannungen in den letzten Jahren deutlich verschärft. Am 7. Oktober 2023 griff die palästinensische Terrorgruppe Hamas Israel an und tötete mehr als 1200 Menschen. Israel reagierte mit massiver Vergeltung, die wiederum Schätzungen zufolge bis zum Oktober 2024 mehr als 43.000 Palästinenserinnen und Palästinenser das Leben kostete und den Gazastreifen in ein Ruinenfeld verwandelte.[40]

Dass die Welt insgesamt gewalttätiger und unfriedlicher geworden ist, lässt sich auch anhand bestimmter Indikatoren „messen". Das im australischen Sydney ansässige Institute for Economics and Peace erstellt jährlich einen Global Peace Index, um zu bewerten, wie es um den Frieden in der Welt bestellt ist. Berücksichtigt werden dabei nicht nur Konflikte und Kriege, sondern auch die Zahl von Geflüchteten, Gewaltkriminalität, politischer Terror und die Höhe weltweiter Verteidigungsausgaben. Dabei kommen die Forscherinnen und Forscher zu einem ernüchternden Ergebnis: In zwölf von 16 Jahren seit Erstellung des ersten Friedensindex 2008 sei die Welt von Jahr zu Jahr weniger friedlich geworden – so zuletzt auch im Jahr 2024.[41]

Forscherinnen und Forscher an der Uppsala-Universität in Schweden zählen Jahr für Jahr akribisch die Zahl weltweiter Gewaltkonflikte. Für das Jahr 2002, im Jahr nach den Terroranschlägen in den USA und dem militärischen Eingreifen des Westens in Afghanistan, sind dort 122 Gewaltkonflikte auf der Welt verzeichnet. In den folgenden Jahren nahm deren Zahl tendenziell ab, bis sie 2010 auf 86 gesunken war. Seitdem ist sie jedoch wieder stark gestiegen – bis auf 181 im Jahr 2017 – und verharrte in den letzten Jahren auf diesem hohen Niveau.[42] Bemerkenswert ist in diesem Zusammenhang auch eine Erkenntnis des Forscherteams, das jährlich den Global Peace Index erstellt: Immer weniger Gewaltkonflikte werden entweder durch den klaren Sieg einer Seite oder durch ein Friedensabkommen beendet.[43]

Von Bedeutung ist jedoch nicht nur die Zahl der Gewaltkonflikte, sondern auch die Zahl der Menschenleben, die sie gekostet haben. Während 2002 mehr als 40.000 Menschen weltweit ihr Leben durch Gewaltkonflikte verloren, waren es 2022 mehr als 300.000 Tote. Diese Zahlen schwanken allerdings über die Jahre erheblich in Abhängigkeit davon, ob besonders verlustreiche Kriege ausgebrochen sind oder beendet werden konnten. Dabei wird mitunter auch deutlich, wie verzerrt die westliche Sicht auf das weltweite Konfliktgeschehen sein kann. So war der brutale Krieg in Äthiopien zwischen der Regierung und der Tigray People's Liberation Front im Jahr 2022 für mehr als die Hälfte aller weltweit erfassten Konflikttoten verantwortlich.[44] Der Friedensschluss zur Beendigung dieses Kriegs führte zu einem erheblichen Rückgang der Zahl globaler Konflikttoter im folgenden Jahr. Währenddessen fokussierte sich die öffentliche Aufmerksamkeit in den USA, Deutschland und anderen europäischen Ländern fast ausschließlich auf die Kriege in der Ukraine und in Gaza.

Die Ursachen für Gewalt und Kriege sind komplex und lassen keine einfachen Rückschlüsse auf die „Leistungsbilanz" der Pax Americana zu. Das trägt auch dazu bei, dass sich die Sichtweisen auf die Rolle der USA im internationalen Konfliktgeschehen sehr stark unterscheiden können. Ein „imaginäres" Streitgespräch zwischen einer Verfechterin der Pax Americana und einem Kritiker soll dies verdeutlichen.

Aus Sicht des Kritikers ist es vor allem das Streben Washingtons nach sicherheitspolitischer und ökonomischer Macht, das entsprechende Gegenreaktionen in China, Russland und anderen Ländern hervorruft – und so geopolitische Spannungen anheizt. Entsprechend dieser Sichtweise hätte China seine Politik im Südchinesischen Meer und gegenüber Taiwan als Reaktion auf die Hinwendung der USA nach Asien unter Präsident Obama verschärft.[45] Und Russland tritt aus dieser Perspektive in seiner europäischen Nachbarschaft vor allem deshalb so aggressiv auf, weil die USA das Land im Zuge der NATO-Osterweiterungen politisch und militärisch in die Enge getrieben haben.

Der Anspruch und das Ziel, liberale Werte nicht nur mit politischen und wirtschaftlichen Mitteln, sondern auch unter Androhung und Anwendung militärischer Gewalt in die Welt zu tragen, hat aus Sicht des Kritikers alles noch weiter verschlimmert. Denn schließlich rechtfertigte US-Präsident George W. Bush die amerikanische Militärintervention im Irak 2003 nicht zuletzt auch mit einer „Freiheitsagenda", also mit der Berufung der USA, liberale und demokratische Werte weltweit zu verbreiten. Zugleich dominierte der „Krieg gegen den Terrorismus" die amerikanische Politik nach den Terroranschlägen vom 11. September 2001 – mit dem Ergebnis, dass Menschenrechte und andere liberale Werte nicht nur missachtet, sondern willentlich mit Füßen getreten wurden.

Der Kritiker könnte auch darauf hinweisen, dass die USA und ihre europäischen Partner maßgeblich an „internationalisierten Gewaltkonflikten" beteiligt waren. Dabei greift ein Staat indirekt in das Konfliktgeschehen eines anderen Staates ein, indem er eine der Parteien militärisch unterstützt. Solche internationalisierten Konflikte sind in den vergangenen 20 Jahren zahlreicher geworden – angetrieben nicht zuletzt auch durch die Bemühungen der USA und ihrer westlichen Partner, dschihadistische Gruppen wie den „Islamischen Staat" (IS) zu bekämpfen.[46] Ein Mittel der Wahl war dabei der Einsatz bewaffneter Drohnen, wobei Amerika zwischen 2001 und 2021 für den Löwenanteil der geschätzt mehr als 1.900 Drohnenangriffe verantwortlich war.[47]

Die Verfechterin der Pax Americana würde dagegen darauf hinweisen, dass die Zurückdrängung des internationalen Terrorismus auch Menschenleben gerettet und die Welt sicherer gemacht habe. Tatsächlich hängt der Rückgang der Gewalt – gemessen an den Konflikttoten – in Syrien und im Irak bis 2019 auch mit der Zerschlagung des IS-Kalifats zusammen.[48] Die Verfechterin würde vielleicht auch darauf aufmerksam machen, dass die Welt gerade dann besonders gewalttätig wurde, wenn Amerika aus innenpolitischen oder anderen Gründen nicht eingeschritten ist. In nur drei Monaten – von April bis Juli 1994 – sprengte der Völkermord der Hutu an den Tutsi in Ruanda alle Gewaltdimensionen, die die Welt nach dem Ende des Zweiten Weltkriegs erlebt hatte. 500.000 bis 1.000.000 Menschen starben, je nach Schätzungen, in kürzester Zeit. Die Clinton-Administration wurde damals international heftig dafür kritisiert, dass sie im Vorfeld des Genozids untätig blieb, obwohl die Central Intelligence Agency (CIA) frühzeitig Kenntnisse über die zunehmenden Spannungen in Ruanda hatte.

Mit Blick auf die geopolitischen Brennpunkte in Osteuropa und Asien würde die Verfechterin der Pax Americana argumentieren, dass Amerika im Zuge seiner Abschreckungspolitik Schlimmeres verhindert habe. Ohne die US-Militärmacht hätte Russland demnach nicht nur die Ukraine, sondern auch NATO-Staaten angegriffen, während die Ukraine schon längst hätte kapitulieren müssen. Taiwan würde höchstwahrscheinlich als demokratisches Gemeinwesen nicht mehr existieren. Im Nahen Osten wäre schon längst ein (noch größerer) regionaler Krieg zwischen Israel und Iran ausgebrochen.

Die Verfechterin der Pax Americana würde die zunehmende Verhärtung der Außen- und Sicherheitspolitik Chinas, Russlands und Irans in erster Linie auf die innenpolitischen Entwicklungen in diesen Ländern zurückführen und nicht auf das Machtstreben Amerikas bzw. des Westens. Sie wäre zudem davon überzeugt, dass die internationalen Beziehungen in einer wichtigen Hinsicht den physikalischen Naturgesetzen folgen: Sie dulden kein Vakuum. Hinterlassen die USA ein solches, werden andere Mächte hineinstoßen, die die Werte und Interessen Amerikas und seiner Verbündeten nicht teilen und zudem mehr Unsicherheit stiften.

Der unvoreingenommene Zuhörer und die unvoreingenommene Zuhörerin werden am Ende dieses Streitgesprächs vermutlich weiterhin etwas unschlüssig sein. Trägt Amerikas Macht zur internationalen Sicherheit bei oder ist sogar das Gegenteil der Fall? Und was bedeutet in diesem Zusammenhang der Aufstieg des Trumpismus in den USA? Einig sind sich die Verfechterin und der Kritiker der Pax Americana aber vermutlich darin, dass Amerika an militärischer und wirtschaftlicher Macht eingebüßt hat und dass es immer weniger willens und in der Lage ist, die Geschicke der Welt zu lenken. Auch die innenpolitischen Grundlagen der außenpolitischen Macht Amerikas scheinen zu erodieren. Die Zukunft der amerikanischen Demokratie steht heute mehr denn je zur Disposition.

Angesichts einer zunehmend gewalttätigen und unberechenbaren Welt erscheint die Pax Americana heute mehr denn je als ein Versprechen, das nie eingelöst wurde. Bislang zeichnet sich allerdings auch kein alternatives Ordnungsmodell ab, dass besser geeignet wäre, die Werte und Interessen Deutschlands und der anderen EU- und NATO-Staaten zu schützen. In einem Konzert der Großmächte würde Europa wohl schonungslos zerrieben werden. Die Vorstellungen über „Multipolarität" gehen weit auseinander, allerdings ist klar, dass Länder wie China und Russland damit das Ziel einer illiberalen Weltordnung verbinden.

Der Niedergang der militärischen, wirtschaftlichen und normativen Grundlagen der Pax Americana bedeutet, dass auch die europäische Sicherheit auf eine neue Grundlage gestellt werden muss. Im Idealfall gelingt dies im Rahmen einer Neubegründung der transatlantischen Beziehungen, die einen wesentlich größeren europäischen Beitrag und mehr europäische Eigenständigkeit umfassen müssen. Die Wiederwahl Donald Trumps hat diese Aufgabe noch dringlicher, aber leider auch viel schwieriger gemacht.

Kapitel 2
Erosion von innen

Am Ende bestätigten sich die Befürchtungen nicht: Die US-Wahlen am 5. November 2024 verliefen geordnet und ohne größere Zwischenfälle. Bereits wenige Stunden nach der Schließung der letzten Wahllokale zeichnete sich ein klarer Wahlsieg Donald Trumps ab. Die Kandidatin der Demokraten, Kamala Harris, gestand kurz darauf ihre Wahlniederlage ein und gratulierte dem Sieger. Präsident Joe Biden sagte eine reibungslose Übergabe der Macht im Weißen Haus zu.

Doch der friedliche Ablauf der Wahlen erschien im Vorfeld keinesfalls sicher. Donald Trump hatte signalisiert, dass er – wie bereits vier Jahre zuvor – eine Niederlage nicht anerkennen würde. Zahlreiche Politikerinnen und Politiker der Republikanischen Partei schürten über die Sozialen Medien und andere Kanäle bis kurz vor dem Wahltermin Zweifel an der Integrität des Wahlprozesses.[1]

Die Erinnerungen an den 6. Januar 2021 waren noch frisch, als eine von Trump aufgestachelte Menschenmenge das

Kapitol in Washington D.C. gestürmt, die völlig überforderten Sicherheitskräfte überwältigt und gewählte Volksvertreter in panische Flucht getrieben hatte. Am Ende verloren fünf Menschen ihr Leben. Aufgrund der verbreiteten Sorge vor erneuter Gewalt fanden diese Wahlen unter verschärften Sicherheitsvorkehrungen statt. Was passiert wäre, wenn Trump diese Wahlen erneut verloren hätte, bleibt offen.

Soziale und wirtschaftliche Umwälzungen, die Polarisierung zwischen den politischen Kräften sowie die damit einhergehende gesellschaftliche Spaltung haben nicht nur die Grundlagen der US-Demokratie, sondern auch der Pax Americana zerrüttet. Denn mittlerweile ist die gegenseitige Verachtung zwischen den Anhängern der beiden großen Parteien in den USA so groß, dass ein Machtwechsel von vielen nicht mehr als ein normaler Bestandteil des demokratischen Prozesses angesehen wird – vielmehr hat er eine geradezu existenzielle Bedeutung erlangt.

Auch wenn Trump zum zweiten Mal in freien Wahlen zum US-Präsidenten gewählt worden ist, sind die Risse im demokratischen System der USA deutlich sichtbar: Die andauernde Delegitimierung des Wahlsystems hat ihre Spuren hinterlassen. Der US-Kongress scheint immer weniger willens und fähig, den Präsidenten effektiv zu kontrollieren. Die enorme Politisierung der Judikative und der Strafverfolgung mündet im Vorwurf beider politischer Lager, das Justizsystem als Waffe gegen die jeweils andere Seite einzusetzen.[2] Amerika kann auch international nicht glaubwürdig für demokratische Werte eintreten, wenn sie im eigenen Land so stark unter Druck stehen.

Darüber hinaus beschädigen die mit der Polarisierung einhergehenden Pendelschwünge in der Außen- und Sicherheitspolitik die Glaubwürdigkeit der USA in ihren internationalen Bündnissen und Partnerschaften. Schließlich ist das Zusammenspiel der Polarisierung mit tiefgreifenden ökonomischen und gesellschaftlichen Umbrüchen ein wesentlicher Grund dafür, dass sich die USA vom Paradigma wirtschaftlicher Offenheit abgewendet haben.

Von der Polarisierung zur Spaltung

Die politische Polarisierung ist spätestens seit den früher 1970er-Jahren ein wesentliches Merkmal der amerikanischen Politik. Darunter versteht man ganz allgemein, dass sich die inhaltlichen Positionen zu zentralen innenpolitischen und gesellschaftspolitischen Fragen in den beiden großen Parteien immer stärker in entgegengesetzte Richtungen – „liberal" versus „konservativ" – entwickelt haben.[3] Das bedeutet konkret, dass Demokraten tendenziell für eine starke, regulierende Rolle des Staates in gesellschaftlichen und wirtschaftlichen Belangen, für die Stärkung der Rechte von ethnischen und sexuellen Minderheiten, für das Recht auf Abtreibung, für weitreichende Einschränkungen des Waffenrechts und gegen die Todesstrafe eingetreten sind.

Republikaner hingegen haben in der Regel die genau entgegengesetzten Werte und Ziele unterstützt. Sie wollen einen schwachen Staat, der sich so weit wie möglich aus dem Leben der Menschen heraushält, eine entsprechend strikte Disziplin bei den Staatsausgaben, sie befürworten konservative Gesellschaftswerte, räumen dem Schutz ungeborenen Lebens höchste Priorität ein und sind für laxe Waffengesetze.

Ende der 1960er-Jahre gab es im US-Kongress noch große Überschneidungen der ideologischen Positionen von Demokraten und Republikanern. Diese waren allerdings bis zum Beginn der ersten Amtszeit Donald Trumps 2017 gänzlich verschwunden, so die Erkenntnis der drei USA-Experten Florian Böller, Sascha Lohmann und David Sirakov. Ihr Fazit: „Der konservativste Demokrat ist mittlerweile [...] liberaler als die liberalste Republikanerin."[4] Auch andere Sozialwissenschaftler belegen anhand von Datenbanken über das Abstimmungsverhalten im US-Kongress, wie weit sich die Parteien sowohl im Repräsentantenhaus als auch im Senat bei zentralen politischen Fragen voneinander entfernt haben.[5]

Die Amerika-Forschung zeigt zudem, dass die Polarisierung zwischen den beiden großen Parteien auch den Wettbewerb innerhalb der beiden Parteien angefeuert hat – einen Wettbewerb, bei dem die moderaten Fraktionen zunehmend gegenüber den radikaleren Flügeln ins Hintertreffen geraten sind.[6] Dabei spielen vor allem die Vorwahlen – die Primaries – eine entscheidende Rolle. Moderate Kandidatinnen und Kandidaten für politische Mandate werden entweder verdrängt oder verhalten sich opportunistisch, indem sie extremere Positionen vertreten.[7]

Besonders deutlich lässt sich diese Entwicklung bei den Republikanern im Repräsentantenhaus beobachten. Deren radikaler Flügel hat deutlich an Macht und Einfluss gegenüber den moderateren Kräften gewonnen. Trump ist es seither gelungen, die Republikanische Partei zu dominieren und damit auch dem US-Kongress seinen Stempel aufzudrücken. Knappe Mehrheitsverhältnisse, die in Zukunft eher die Normalität als die Ausnahme sein dürften, stärken den Einfluss der Radikalen zusätzlich.

Dazu zählen die Abgeordneten, die sich im Repräsentantenhaus im sogenannten Freedom Caucus der Republikaner zusammengeschlossen haben oder ihm nahestehen. Diese Gruppierung steht für eine extrem „rechte" Agenda, d.h. sie befürwortet eine enge Begrenzung der Staatsausgaben, vertritt konservative Werte (gegen Wokeness und Abtreibungsrechte) und eine besonders restriktive Einwanderungspolitik.

Die Ursachen für die politische Polarisierung in den USA sind vielfältig. Es überrascht nicht, dass die Spaltungstendenzen in und zwischen den Parteien letztendlich gesellschaftliche Gräben widerspiegeln. Ähnlich wie in anderen westlichen Ländern sind wirtschaftliche und soziale Umbrüche ein wichtiger Treiber für politische Konflikte. Es sind jedoch spezifische Merkmale des politischen Systems und der politischen Kultur in den USA, die die Polarisierung zusätzlich befeuert haben. Zu nennen wäre beispielsweise die verbreitete Praxis, Wahlbezirke nach politischem Gutdünken neu zuzuschneiden (das sogenannte Gerrymandering). Dadurch gibt es immer weniger Bezirke, die bei Kongresswahlen tatsächlich zwischen Demokraten und Republikanern umkämpft sind – ein Umstand, der tendenziell extreme Positionen stärkt. Die kaum gezügelte Wahlkampffinanzierung schwächt Parteiorganisationen und -führungen, die einen moderierenden Einfluss auf die politische Auseinandersetzung haben könnten. Auch die Verödung der amerikanischen Medienlandschaft – nicht zuletzt auf lokaler Ebene – trägt dazu bei, dass Positionen Andersdenkender allenfalls noch verzerrt wahrgenommen werden.[8]

Was Amerika jedoch besonders „ausgezeichnet" hat, ist, wie sehr politische Eliten die bestehenden gesellschaftlichen Konflikte aus wahltaktischen Gründen vertieft haben, indem sie bestehende Ressentiments bewusst geschürt haben. Daran hat die Republikanische Partei einen besonders großen Anteil. Nach den Erfolgen der Bürgerrechtsbewegungen und der Verabschiedung des Civil Rights Act von 1964 entschieden sich die Republikaner im Grundsatz dazu, auf eine weiße, konservative und überwiegend männliche Wählerschaft zu setzen, die um ihre politische, wirtschaftliche und gesellschaftliche Stellung fürchtete. Später kam der demografische Wandel als wesentlicher Faktor hinzu. Schon seit Langem zeichnet sich nämlich ab, dass die weiße Bevölkerungsmehrheit zu einer Minderheit in Amerika wird. Für viel Aufmerksamkeit sorgte vor gut zehn Jahren eine Schätzung des Census Bureau der US-Regierung, wonach bis zum Jahr 2044 die Bevölkerungsgruppe der weißen Amerikanerinnen und Amerikaner, die nicht hispanischer Abstammung sind, zu einer Minderheit werden würde.[9] Aktuelle Projektionen gehen davon aus, dass ihr Anteil bis 2060 auf knapp 43 Prozent sinken könnte, wenn das Niveau der Zuwanderung in die USA hoch bleibt.[10]

Bei dem Versuch, ihre Unterstützung bei weißen Working Class Americans auszubauen und zu festigen, setzten die Republikaner verstärkt auf die Betonung „südlicher Werte" und das bewusste Schüren von Ressentiments gegen Menschen mit anderer Hautfarbe, gegen die Geschlechtergleichberechtigung sowie gegen kulturelle Diversität.[11] Zunehmend wurden auch die wirtschaftlichen Existenzängste der weißen Arbeiterschaft in den vom industriellen Niedergang besonders betroffenen Staaten des Mittleren Westens von Parteistrategen als Chance für die politische Mobilisierung gesehen.

Der Abbau von Industriearbeitsplätzen und deren Verlagerung in den Dienstleistungssektor haben für viele Amerikanerinnen und Amerikaner ohne einen höheren Bildungsabschluss die Möglichkeit des sozialen Aufstiegs verbaut. Schließlich haben kulturelle Veränderungen seit den 1960er- und 1970er-Jahren entscheidend dazu beigetragen, ethnische und sexuelle Minderheiten – überhaupt individuelle Entscheidungsautonomie und Identität – politisch und rechtlich zu stärken. Die „Kulturkriege" wurden von rechts wie von links mit großem ideologischem Eifer geführt und trugen zusätzlich zur gesellschaftlichen Spaltung in den USA bei.

Der US-amerikanische Kolumnist Dana Milbank beschreibt viele dieser Entwicklungen in seinem Buch über die Republikanische Partei. Aus seiner Sicht begann mit dem Republikaner Newt Gingrich Mitte der 1990er-Jahre ein Prozess, in dessen Folge sich die Partei von konservativen Leitprinzipien löste und sich stattdessen immer mehr durch die Abneigung, mitunter auch den Hass, auf die Demokratische Partei und andere „Liberale" definierte.[12] Gingrich gilt als einer der Architekten der „republikanischen Revolution", die der Partei 1994 erstmals nach vier Jahrzehnten wieder eine Mehrheit im Repräsentantenhaus brachte. Das Schüren von Ressentiments, die Diffamierung des politischen Gegners bzw. von Andersdenkenden, die Kulturkriege – viele Elemente der heutigen MAGA-Republikaner bzw. der „Trump-Bewegung" waren bereits Mitte der 1990er-Jahre angelegt.

Umgekehrt hat sich auch die Sicht der Anhänger der Demokratischen Partei auf die Republikaner verdüstert. Während die Republikaner in den vergangenen Jahrzehnten nach rechts gedriftet sind, sind die Demokraten deutlich nach links gewandert.[13] Zugleich ist auch bei ihnen der extreme Anti-Establishment-Flügel erstarkt. Anders als die Republikaner setzen die Demokraten jedoch auf eine breitere und heterogenere Wählerkoalition, die unterschiedliche Hautfarben, politische Einstellungen und Altersgruppen umfasst.[14] Sie sind daher eher darauf angewiesen, moderatere Inhalte und einen gemäßigteren Politikstil zu vertreten. Unter dem Strich ist die parteipolitische Spaltung über die Jahre jedoch immer mehr zu einer tiefen gesellschaftlichen Spaltung geworden. Der US-amerikanische Politikwissenschaftler Alan Abramowitz bezeichnet dieses Phänomen als Great Alignment. Dabei haben sich die Parteizugehörigkeiten immer stärker mit anderen politischen und sozialen Unterschieden verbunden, sodass sich die amerikanische Wählerschaft in zwei Lager – heute wird auch gerne der Begriff der „Stämme" (tribes) benutzt – gespalten hat.[15]

Einige Beobachter sehen im Siegeszug von Trump und dessen konservativem Populismus einen Beleg dafür, dass sich die politische Landschaft in den USA erneut grundlegend verändert.[16] So gelang es Trump bei den Wahlen vom November 2024 tatsächlich, mehr Latino-Wähler (v.a. Männer) sowie jüngere Wählerinnen und Wähler zwischen 18 und 29 Jahren für sich zu gewinnen. Bei allen Vorbehalten gegenüber den Umfragemethoden – meist handelt es sich um Exit Polls, also Nachwahlbefragungen – zeichnet sich trotzdem nicht ab, dass die politischen und gesellschaftlichen Gräben in Amerika wieder kleiner werden. Schwarze wählen weiterhin mit großer Mehrheit demokratisch, auch wenn ihre Unterstützung für die Demokraten im Vergleich zu den Wahlen von 2016 und 2020 rückläufig zu sein scheint. Auch die Religion wirkt in Kombination mit der Hautfarbe weiterhin spaltend. So gaben Schätzungen zufolge mehr als 80 Prozent der weißen Evangelikalen bei den Wahlen 2024 Trump die Stimme, ein in etwa gleich großer Anteil der schwarzen Protestanten dagegen unterstützte Kamala Harris.[17]

Das ländliche Amerika wählt wie gehabt ganz überwiegend republikanisch. Die urbanen Zentren votieren für die Demokraten, während die Vororte der Städte umkämpft bleiben.[18] Wenig überraschend wählen Amerikaner, die sich als liberal betrachten, die Demokraten, während jene mit konservativen Wertvorstellungen ihr Kreuz ganz überwiegend bei den Republikanern machen. Der ideologische Graben scheint sogar noch größer geworden zu sein. „Liberale und Konservative haben sich während der Trump-Jahre noch weiter in ihre parteipolitischen Ecken zurückgezogen", lautet die Schlussfolgerung einer Analyse, welche die Nachwahl-Umfragen für die Jahre 2016, 2020 und 2024 miteinander vergleicht.[19]

Während Trump also bei einigen Wählergruppen zulegen konnte, ist der Anteil dieser Gruppen an der Gesamtwählerschaft jedoch gesunken. Mit anderen Worten: Von denjenigen, die ihre Stimme abgaben, votierte ein größerer Anteil für Trump. Viele haben aber auch gar nicht gewählt. Einiges spricht deshalb dafür, dass sich die Wählerbasis

Donald Trumps zwischen 2020 und 2024 unter dem Strich nicht wesentlich verändert hat. Sie ist weiterhin überwiegend weiß, älter, weniger gebildet und mehrheitlich männlich.[20]

Eine wesentliche Folge politischer Polarisierung und gesellschaftlicher Spaltung ist, dass Wahlentscheidungen in den USA stark durch die Abneigung der jeweils anderen Partei geprägt werden – ein Phänomen, das man *Negative Partisanship* nennt. Noch Mitte der 1990er-Jahre war es nur eine kleine Minderheit bei den Demokraten, die eine sehr negative Sicht auf die Republikanische Partei hatte (17 Prozent). Heute trifft dies bereits auf mehr als die Hälfte der demokratischen Parteigänger zu.[21] Eine sehr ähnliche Entwicklung hat auch die Sicht der Republikaner auf die Demokratische Partei genommen.

Die aus der Polarisierung hervorgegangene gegenseitige Verachtung zwischen den beiden großen Parteien stellt auch die Funktionsfähigkeit des politischen Systems infrage. Dieses System ist noch mehr als viele andere westliche Demokratien auf Kompromissfähigkeit angewiesen.[22] Das liegt an den zahlreichen Checks and Balances, die aus der politischen Gewaltenteilung sowie den föderalen Strukturen mit ihren 50 Bundesstaaten resultieren. Zwar werden auch in Zeiten der Polarisierung wichtige Gesetze im Kongress mit überparteilichen Mehrheiten verabschiedet, wie beispielsweise das große Infrastrukturgesetz vom November 2021 zeigt. Dennoch erschwert die Polarisierung den Gesetzgebungsprozess und untergräbt mitunter auch die Arbeitsfähigkeit des Kongresses insgesamt.

Außenpolitische Folgen

Die politische Polarisierung wirkt sich jedoch nicht nur negativ auf den gesellschaftlichen Zusammenhalt und die Leistungsfähigkeit des politischen Systems aus. Sie hat auch den einst breiten Konsens zugunsten des „liberalen Internationalismus" in der amerikanischen Außenpolitik erodieren lassen und begünstigt zudem extreme außenpolitische Pendelschwünge, wie ein Vergleich der Amtsperioden von Donald Trump und Joe Biden verdeutlicht. Damit sinken auch die Verlässlichkeit und Glaubwürdigkeit der amerikanischen Außenpolitik.

Tatsächlich hat sich die politische Spaltung Amerikas lange Zeit weit weniger stark auf die Außen- als auf die Innenpolitik ausgewirkt. Politics stops at the water's edge – so lautet der berühmte Ausspruch, der auf den früheren US-Senator Arthur Vandenberg zurückgeht. Damit ist gemeint, dass innenpolitisches Gezänk dort aufhört (oder zumindest aufhören soll), wo die außenpolitische Handlungsfähigkeit Amerikas in Gefahr ist. Während des Kalten Krieges galt dieser Grundsatz in beiden Parteien als entscheidend dafür, im Wettbewerb mit der Sowjetunion zu bestehen. Entsprechend erstreckte sich der überparteiliche Konsens auf die Grundlinien der Außenpolitik und die drei Säulen der Pax Americana. Amerika sollte sich demnach international stark engagieren, gestützt auf eine Politik des offenen Handels (wenngleich während der Zeit des Kalten Krieges nicht gegenüber der Sowjetunion), demokratische Werte, ein starkes Militär sowie auf die Führungsrolle in sicherheitspolitischen Allianzen.

Die Niederlage Amerikas im Vietnamkrieg stellte den außenpolitischen Konsens Mitte der 1970er-Jahre zwar infrage. Tatsächlich führte das Trauma dieses Krieges jedoch dazu, dass der amerikanische Kongress die Macht des Präsidenten bei Fragen von Krieg und Frieden wieder stärker einzuhegen versuchte. Ein genereller Rückzug Amerikas aus internationalen Zusammenhängen ging damit jedoch nicht einher.

Auch nach dem Ende des Kalten Krieges blieb das Festhalten an den US-geführten Bündnissen sowie das Streben nach militärischer, technologischer und wirtschaftlicher Überlegenheit tief im bürokratischen Apparat, in beiden Parteien und in den meisten außenpolitischen Denkfabriken des Landes verankert. Echte Isolationisten, die für einen weitgehenden Rückzug Amerikas aus der Welt (oder auch nur aus internationalen Bündnissen) plädieren, ließen sich im US-amerikanischen Kongress kaum finden.

Auf gesellschaftlicher Ebene brodelte es dagegen bereits gewaltig. Nicht nur in Amerika, sondern auch in anderen westlichen Ländern wurde die Kluft zwischen den ambitionierten Zielen in der Außenpolitik – im Sinne der Ausweitung der liberalen internationalen Ordnung – und der innenpolitischen Unterstützung für diesen Kurs immer größer. Nach dem Ende des Kalten Krieges spielte neben dem Wegbrechen der geopolitischen Begründung einer aktivistischen Außenpolitik auch der Rückbau sozialer Sicherungssysteme während der Amtszeiten von Ronald Reagan und Bill Clinton eine wichtige Rolle.[23] Die soziale und wirtschaftliche Kompensation der Globalisierungsverlierer geriet ins Stocken und damit auch die innenpolitische Unterstützung für die internationale Führungsrolle Amerikas.

Dennoch dauerte es noch eine Weile, bis sich diese Entwicklungen auch sichtbar auf die amerikanische Außenpolitik auszuwirken begannen. Lange Zeit betrafen die außenpolitischen Differenzen zwischen Demokraten und Republikanern vor allem Fragen der Umsetzung der außenpolitischen Grand Strategy. So haben Demokraten in aller Regel die Bedeutung von Diplomatie und Kooperation stets mehr betont und sind wesentlich empfänglicher gewesen für deutsche bzw. europäische Vorstellungen von multilateraler Zusammenarbeit. Republikaner dagegen haben im Allgemeinen die Stärken der USA in dessen militärischer Überlegenheit gesehen und sind weniger als Demokraten vor einseitigen (unilateralen) außenpolitischen Maßnahmen zurückgeschreckt.

Die jüngere Forschung zum Abstimmungsverhalten im amerikanischen Kongress belegt, dass die Polarisierung bei Fragen der internationalen Politik bis zum Beginn der ersten Trump-Präsidentschaft deutlich weniger relevant war als bei innen- und gesellschaftspolitischen Fragen. Besonders ausgeprägte Formen der Spaltung, bei der die Abgeordneten bzw. die Senatorinnen und Senatoren einer Partei fast geschlossen gegen die andere Seite stimmen, waren bis 2017 die Ausnahme.[24]

Seither lässt sich jedoch beobachten, dass parteipolitische Gräben auch in außenpolitischen Bereichen sichtbarer werden. Das betrifft in erster Linie Themen, die besonders eng mit innen- und gesellschaftspolitischen Debatten verknüpft sind, wie die Klima- oder Migrationspolitik. Zugleich spalten außenwirtschaftliche Themen Parteien und Gesellschaft mehr als die Sicherheitspolitik. Aber auch bei sicherheitspolitischen Themen, wie der Rüstungskontrolle oder der Atomwaffenpolitik, haben die Auseinandersetzungen zwischen Demokraten und Republikanern an Intensität zugenommen.[25]

Die Idee der Pax Americana basiert sicherheitspolitisch auf der militärischen Stärke Amerikas und der Bereitschaft der USA, mittels dieser Stärke Führung in Bündnissen auszuüben. Das Streben nach militärischer Stärke bzw. Überlegenheit wiederum spiegelt sich nicht zuletzt auch in den Debatten über den amerikanischen Verteidigungshaushalt wider. Die gute materielle Ausstattung der US-Streitkräfte genießt traditionell eine breite überparteiliche Unterstützung – ungeachtet der Differenzen über einzelne Rüstungsprojekte und wiederkehrende Forderungen des progressiven (d.h. linken) Flügels der Demokraten nach einer deutlichen Reduzierung der Militärausgaben.

In Deutschland ist der Verteidigungshaushalt meist einer der ersten Etatposten, der in schlechten Zeiten dem Rotstift zum Opfer fällt. Es bleibt abzuwarten, ob die nach Beginn des Ukrainekrieges von Bundeskanzler Olaf Scholz ausgerufene Zeitenwende daran dauerhaft etwas ändert. In Amerika verhält es sich anders. Zwar unterliegen die Verteidigungsausgaben dort ebenfalls Schwankungen. Zuwächse der Militärausgaben resultierten in der Vergangenheit jedoch vor allem aus Krisen und Kriegen (vom Zweiten Weltkrieg, über Korea und Vietnam bis zu den Terroranschlägen vom 11. September). Einschnitte bei den Militärausgaben waren die Folge veränderter sicherheitspolitischer Prioritäten (Abkehr von der Aufstandsbekämpfung in Irak und Afghanistan bis hin zum Abzug vom Hindukusch).

Fiskalische Zwänge haben dagegen in den USA lange Zeit nur wenig Auswirkungen auf die Höhe der Militärausgaben gehabt. Selbst die globale Finanz- und Wirtschaftskrise 2008/2009 sowie die Folgen der Coronapandemie 2020–2021 führten nur zu moderaten Einschnitten im US-Verteidigungshaushalt.[26] Amerika kann sich dabei auf einen entscheidenden Vorteil stützen, den andere Länder – ob nun Partner oder Gegner – so nicht haben: Aufgrund ihres „Dollarprivilegs“ und der damit verbundenen starken internationalen Stellung ihrer nationalen Währung können die USA zu deutlich günstigeren Konditionen Schulden machen als viele andere Länder.

Doch mittlerweile gibt es Anzeichen dafür, dass sich das Blatt wenden könnte – mit Folgen auch für die finanziellen Grundlagen der amerikanischen Außen- und Sicherheitspolitik. So ist der Prozess der Haushaltsgesetzgebung in den letzten Jahren zunehmend in den Malstrom des Parteiengezänks geraten. Die Verabschiedung eines regulären Haushalts durch den Kongress ist mittlerweile die Ausnahme. Stattdessen streiten die Parteien regelmäßig zum Ende des Haushaltsjahres (immer Ende September) um die Verabschiedung eines kurzfristigen Übergangsbudgets, das die Ausgaben aus dem letzten Jahr einfach fortschreibt. Gelingt das nicht, droht ein Government Shutdown – also die komplette oder teilweise Unterbrechung der Regierungsgeschäfte.

Vieles spricht dafür, dass der Streit ums Geld in Zukunft noch erbitterter und mit gravierenderen Folgen auch für die

Außen- und Sicherheitspolitik ausgetragen werden wird. Es hat die US-Administration, wie auch andere Regierungen, viel Geld gekostet, die wirtschaftlichen und sozialen Folgen der globalen Krisen – von der Finanz- und Wirtschaftskrise über die Coronapandemie bis hin zum Inflationsschock nach Beginn des Ukrainekrieges – zu bewältigen. In der Folge ist der öffentliche Schuldenstand stetig angewachsen. Zwar sind die Rekord-Haushaltsdefizite aus den beiden Coronajahren 2020 und 2021 deutlich zurückgegangen (von nahezu 15 Prozent des BIP auf sieben Prozent 2024). Der öffentliche Schuldenberg ist dagegen immer weiter angewachsen. Allein auf Bundesebene machte er 2023 schon nahezu 100 Prozent des BIP aus, Tendenz deutlich steigend. Im Jahr 2034 könnte Prognosen zufolge der Schuldenstand auf mehr als 120 Prozent steigen, deutlich mehr als der historische Höchststand kurz nach dem Ende des Zweiten Weltkriegs. 2014 lag das Schuldenniveau noch bei 73 Prozent des BIP.[27]

Diese Entwicklungen stärken die „fiskalen Falken" im amerikanischen Kongress, die für strikte Ausgabenbegrenzungen des Staates eintreten – und deren radikalste Vertreterinnen und Vertreter am rechten Rand der Republikanischen Partei verortet sind. Wie sehr der Streit um das Geld mittlerweile auch die Außen- und Sicherheitspolitik der USA betrifft, zeigt die Zitterpartei um die Fortsetzung der Ukraine-Hilfen.

Zwischen März 2022 und April 2024 beschloss der US-Kongress insgesamt fünf Hilfspakete – sogenannte Supplemental Appropriations – für die Ukraine zwar mit überparteilichen Mehrheiten.[28] Dabei war der Widerstand bei den Republikanern jedoch bereits früh und auch deutlich zu spüren. Gegen das zweite Ukraine-Hilfspaket vom Mai 2022 stimmten 57 Republikaner im Repräsentantenhaus und 11 Senatorinnen bzw. Senatoren. Als das Repräsentantenhaus im Spätsommer 2023 einen Übergangshaushalt beschloss, fehlten die Ukraine-Hilfen zunächst. Beim vorerst letzten Hilfspaket vor den US-Wahlen stimmte im April 2024 mehr als die Hälfte der Republikaner-Fraktion im Repräsentantenhaus dagegen.[29]

Infolge des Terrorangriffs der Hamas auf Israel im Oktober 2023 konkurriert die Ukraine verschärft auch mit dem nahöstlichen Verbündeten der USA um Militärhilfen. Immer offener wird in Washington die Frage diskutiert, ob sich Amerika weiterhin alles leisten kann: Militärhilfen für ein europäisches Partnerland, für Israel und vor allem dafür, die militärische Abschreckungsfähigkeit gegenüber einem immer selbstbewusster auftretenden China aufrechtzuerhalten.

Potenziell noch folgenschwerer für Europa dürfte jedoch sein, dass die Ukraine-Debatte in den USA auch erste Risse in der traditionell breiten Unterstützung für die NATO offenbart hat. Eine kleine, aber lautstarke Gruppe republikanischer Abgeordneter verbindet ihre Ablehnung der Ukraine-Hilfen nämlich mit einer grundlegenden Kritik an der Allianz und am sicherheitspolitischen und militärischen Engagement Amerikas in Europa. Im Juli 2022 votierten 18 Republikaner im Repräsentantenhaus gegen eine – wenngleich nur symbolische – Resolution, mit der die NATO-Mitgliedschaft Schwedens und Finnlands begrüßt wurde. Das war eine kleine Minderheit, aber immerhin. Im Bereich der Außenpolitik ist der Senat die wichtigere der beiden Parlamentskammern – und an dieser entscheidenden Stelle hält bislang die Unterstützung für die NATO. Die Frage lautet allerdings, wie lange noch. Noch vor einigen Jahren musste man offene NATO-Skeptiker im amerikanischen Kongress mit der Lupe suchen.

Über Jahrzehnte konnten sich Deutschland und die anderen Bündnispartner darauf verlassen, dass große Mehrheiten in beiden Kammern des US-Kongresses die sicherheitspolitische Führungsrolle Washingtons in Europa unterstützen. Doch an dieser einhelligen Position kommen immer mehr Zweifel auf.[30] Die bereits beschriebenen Veränderungen bei den Republikanern haben auch Konsequenzen für die Außen- und Sicherheitspolitik. Abgeordnete, Senatorinnen und Senatoren, die „internationalistisch" ausgerichtet sind, eine globale Führungsrolle Amerikas unter liberalen Vorzeichen befürworten und sich dabei in der Tradition Ronald Reagans sehen, sind nach und nach aus der Politik ausgeschieden.[31]

Aber auch im linken Flügel der Demokraten werden Stimmen lauter, die eine Reduzierung der Militärausgaben anmahnen, um andere staatliche Aufgaben finanzieren zu können. Mit Blick auf die Ukraine lauten die Forderungen, Diplomatie zur Beendigung des Krieges in den Vordergrund zu rücken und Waffenlieferungen zu reduzieren oder gar einzustellen. Eine entsprechende Initiative der „Progressiven" im Kongress scheiterte zwar im Oktober 2022, doch entsprechende Forderungen dürften wieder lauter werden, je länger sich der Krieg hinzieht.

Während der ersten Amtszeit Donald Trumps von 2017 bis 2021 konnten viele europäische Bündnispartner noch hoffnungsvoll auf den US-Kongress blicken, um Schützenhilfe gegen den Kurs des Präsidenten zu erhalten. Trump drohte schon damals unverhohlen mit dem Austritt der USA aus der NATO und forderte den Abzug eines Teils der amerikanischen Truppen aus Deutschland. Der Widerstand dagegen in beiden Parteien und in beiden Kammern des Kongresses zeigte Trump damals zumindest die politischen Kosten solcher Entscheidungen für ihn auf. Mit Blick auf die zweite Amtszeit Trumps bestehen große Zweifel daran, dass der Kongress – mit seinen ohnehin begrenzten außen- und sicherheitspolitischen Hebeln – aus europäischer Sicht noch eine Korrektivfunktion ausüben kann und will.

Protektionistische Wende

Die USA sind protektionistischer geworden. Mit seiner Leidenschaft für Zölle – für ihn „das schönste Wort" – steht kaum ein anderer so deutlich für diese Entwicklung wie Donald Trump. Allerdings haben sich die wirtschaftlichen Abschottungstendenzen lange vor Trump abgezeichnet. Sie wurden auch von Joe Biden weiter vorangetrieben, wenngleich mit anderen Mitteln und ohne die Verbindung mit einem kruden Nationalismus. Die Bereitschaft, den wirtschaftlichen und technologischen Vorsprung der USA mit Zöllen, Exportkontrollen und anderen Handelsbeschränkungen zu schützen, hat in beiden politischen Lagern deutlich zugenommen. Das hängt nicht zuletzt mit den wirtschaftlichen und sozialen Umbrüchen im Land selbst zusammen.

Amerika erlebt – ähnlich wie andere westliche Industrienationen – schon seit Jahrzehnten einen wirtschaftlichen Strukturwandel, der fundamentale gesellschaftliche und politische Auswirkungen hat. Ein besonders wichtiger Teil dieser Entwicklung wird gelegentlich mit dem Begriff der „De-Industrialisierung" umschrieben. Das ist etwas missverständlich, weil die Industrieproduktion in den USA in den letzten Jahrzehnten sogar deutlich zugenommen hat. Dabei ist jedoch der Anteil der Industrie an der gesamten Wirtschaftsleistung der USA immer weiter gesunken, während insbesondere der Dienstleistungssektor an Bedeutung gewonnen hat.[32]

Politisch brisant ist dabei jedoch vor allem, dass der Anteil der Beschäftigten im verarbeitenden Gewerbe immer weiter zurückgegangen ist, während das Lohnniveau sank. Denn: Im Zuge dieser Restrukturierung sind im Schnitt besonders viele gut bezahlte Arbeitsplätze in der Industrie weggebrochen, während neue Jobs im Dienstleistungsbereich oft schlechter bezahlt werden.[33] Viele besonders arbeitsintensive Produktionsprozesse sind ins Ausland, zuvorderst nach Asien, ausgelagert worden, wo das Lohnniveau zumeist niedriger ist. Von diesem Kahlschlag sind Amerikanerinnen und Amerikaner mit geringerem Bildungsniveau besonders stark betroffen.

Einer Studie des National Bureau for Economic Research (NBER) zufolge gingen zwischen 2000 und dem Beginn der ersten Amtszeit von Donald Trump (2017) 5,5 Millionen Industriearbeitsplätze in den USA verloren.[34] Aufgrund der Bedeutung des verarbeitenden Gewerbes für andere Wirtschaftszweige waren die Auswirkungen auf den gesamten Arbeitsmarkt der Studie zufolge sogar noch gravierender. So sank die Beschäftigungsquote von Männern in ihren „besten Jahren" (21 bis 55) um mehr als vier Prozent. Die NBER-

Analysten schätzen, dass zwischen einem Drittel und der Hälfte dieses Abbaus auf den Rückgang der Beschäftigung in der Industrie zurückzuführen ist.[35]

2023 machte das verarbeitende Gewerbe gut zehn Prozent der Gesamtbeschäftigung (die Landwirtschaft nicht eingerechnet) in den USA sowie einen ähnlich hohen Anteil des Bruttoinlandsprodukts aus.[36] Das hört sich nach wenig an. Doch die Industrie ist in politischer Hinsicht äußerst bedeutend. Zum einen sind Industriejobs für viele Amerikanerinnen und Amerikaner ohne höheren Bildungsabschluss der einzige Weg in die wohlhabende Mittelschicht. Das Wegbrechen vieler dieser Arbeitsplätze mag nicht der einzige Faktor sein, der den Aufstieg von Trump begünstigt hat – aber es ist nichtsdestotrotz ein wichtiger Faktor.

Hinzu kommt die Geografie. Die Industrie ist meist mehr als andere wirtschaftliche Sektoren räumlich konzentriert. Vom industriellen Niedergang sind also bestimmte Regionen besonders stark betroffen, andere dagegen kaum. Angesichts oft knapper politischer Mehrheitsverhältnisse reicht manchmal schon der Wechsel von einer Partei zur anderen in einzelnen Wahlbezirken, um eine große Auswirkung auf die Machtverhältnisse in den Bundestaaten sowie in Washington D.C. zu haben. So konzentrierten sich die Jobverluste in einigen Bundesstaaten, die in den US-Wahlzyklen zwischen 2016 und 2024 zu sogenannten Swing States gezählt wurden, nämlich Pennsylvania, Ohio, Michigan und Wisconsin.[37]

Schließlich spielt die Industrie nicht nur für die Identität und das Selbstwertgefühl des Einzelnen, der vom Verlust seines Arbeitsplatzes betroffen ist, eine wichtige Rolle. Sie betrifft auch die nationale Identität. In einem Beitrag für die Zeitschrift *Foreign Affairs* aus dem Jahr 2023 bringt Jake Sullivan, der Sicherheitsberater Joe Bidens, dies auf den Punkt. Er weist darauf hin, dass in den Jahrzehnten nach dem Zweiten Weltkrieg verschiedene US-Regierungen in einer starken Industrie den Weg zu nationaler Stärke gesehen haben.[38] Die Wiederbelebung der amerikanischen Industrie ist daher nicht nur für Trump der Weg, um Amerika wieder stark zu machen.

Der wirtschaftliche Strukturwandel der letzten Jahre und Jahrzehnte – der Bedeutungsverlust des verarbeitenden Gewerbes, die Automatisierung und Digitalisierung – trägt auch eine nicht unwesentliche Mitverantwortung dafür, dass die soziale und wirtschaftliche Kluft in der amerikanischen Gesellschaft zugenommen hat. Die beiden USA-Experten Johannes Thimm und Christian Lammert unterlegen dies auf Grundlage der World Inequality Database eindrucksvoll mit Zahlen. Im Jahre 1980 verfügten die Top-Verdiener in Amerika, das oberste „Ein Prozent" der Einkommensgruppen, über etwa zehn Prozent des Nationaleinkommens der USA. 2019 lag dieser Anteil schon bei 19 Prozent. In der gleichen Zeit sank der Anteil der „unteren 50 Prozent" der Gesellschaft am Nationaleinkommen von circa 20 Prozent auf unter 14 Prozent.[39] Seitdem hat sich die Ungleichheit in Amerika noch weiter verschärft, wenngleich nicht mehr ganz so schnell. 2023 verfügten die amerikanischen Top-Verdiener über knapp 21 Prozent des Nationaleinkommens, während die „unteren 50" in etwa auf dem Niveau von 2019 verharrten.[40]

Die negativen Folgen der wirtschaftlichen Umbrüche und der auseinandergehenden Einkommens- und Vermögensschere sind seit Langem eine wesentliche Triebfeder der politischen Spaltung in Amerika. Das sinkende Vertrauen in demokratische Institutionen, die Prominenz und Lautstärke sozialer Protestbewegungen sowie der Aufstieg des linken und des rechten Populismus sind die Folgen. Die linken bzw. rechten Flügel der Parteien sehen allerdings sehr unterschiedliche Ursachen für die wirtschaftliche und soziale Misere ihres Landes.

Die Linken verweisen auf die De-Regulierung der Finanz- und Arbeitsmärkte, die Steuerkürzungen und den allgemeinen Rückbau des Sozialstaates seit den 1980er-Jahren. Traditionell sehen die Parteigänger der Republikaner die Lösung dagegen in der weiteren Beschneidung des (Sozial-) Staates. Zuletzt hat sich das Bild aufseiten der Rechten etwas geändert, seitdem Demokraten und MAGA-Republikaner verstärkt um die Stimmen der Working Class und der Rentnerinnen und Rentner buhlen. Hinzu kommt, dass die Zahl derjenigen, die auf staatliche Hilfen angewiesen sind, auch in republikanisch dominierten Regionen steigt.[41] So versprach auch Donald Trump während des Wahlkampfs 2024, die Sozialversicherung und das Medicare-Programm vor Einschnitten zu schützen. Trotzdem bleiben die Republikaner gegenüber sozialpolitischen Maßnahmen überwiegend feindselig eingestellt.

Einig sind sich Demokraten und Republikaner aber in der Ablehnung des Globalismus sowie in der damit verbundenen wirtschaftlichen Offenheit Amerikas gegenüber dem Rest der Welt. Viele Middle Class und Working Class Americans glauben schon längst nicht mehr, dass sie vom internationalen Engagement Amerikas und von wirtschaftlicher Offenheit profitieren. Vielmehr verbinden sie damit wachsende wirtschaftliche Unsicherheit.[42] Entsprechend haben nationalistische und protektionistische Sichtweisen in Amerika großen Auftrieb bekommen – und dies nicht nur im Lager der Trump-Wählerinnen und Wähler.

Ro Khanna ist ein gutes Beispiel dafür, wie sich der linke Flügel der Demokratischen Partei im Kongress zu außenwirtschaftlichen Fragen positioniert. Er vertritt den 17. Wahlbezirk Kaliforniens im US-Repräsentantenhaus und bezeichnet sich selbst als einen der führenden Vertreter der progressiven Demokraten. Ganz ähnlich wie MAGA-Republikaner beklagt Khanna, dass Amerikas Handelspolitik der letzten Jahrzehnte in Verbindung mit einer „ungezügelten Globalisierung" Millionen von amerikanischen Jobs vernichtet, zur Schließung von tausenden Fabriken geführt und etliche Gemeinden und Städte ruiniert habe.

Zwar grenzt sich Khanna vom „kruden Nationalismus" à la Trump ab. Zugleich propagiert er selbst einen „ökonomischen Patriotismus", der die Ankurbelung der heimischen Produktion und der amerikanischen Exporte vorsieht. Die richtigen Mittel dazu sind aus seiner Sicht u.a. Subventionen und die Reduzierung der Abhängigkeit Amerikas von ausländischen Rohstoffketten. Andere Länder – zuvorderst China – sollen unter Androhung unilateraler Maßnahmen seitens der USA dazu gezwungen werden, ihre Exporte nach Amerika einzuschränken. Diese Programmatik unterscheidet sich nicht allzu sehr von jener Trumps und der MAGA-Republikaner.[43]

Besonders drastisch sind die Folgen der wirtschaftlichen Umbrüche für das Verhältnis zu China. Bei allen Meinungsverschiedenheiten sind sich Demokraten und Republikaner nämlich einig darin, dass China wie kein anderes Land die Schuld für die De-Industrialisierung und damit für den Verlust von Millionen amerikanischer Arbeitsplätze trägt. Die Wut wird noch dadurch verstärkt, dass China die amerikanische Unterstützung beim Beitritt zur Welthandelsorganisation 2001 nicht durch die eigene wirtschaftliche Öffnung quittierte, sondern sich im Gegenteil unlautere Vorteile verschaffte, indem es geistiges Eigentum stahl, seine heimische Industrie stark subventionierte und seine Märkte abschottete. Die Breite und Tiefe der Ressentiments gegenüber Peking über das gesamte politische Spektrum in den USA hinweg lässt sich ohne diese wirtschaftliche Dimension nicht verstehen.

Unter Ökonomen ist umstritten, wie sehr der Wettbewerb mit China tatsächlich zu Jobverlusten in den USA beigetragen hat. Eine Studie des Economic Policy Institutes in Washington D.C. kam 2020, also am Ende der ersten Trump-Administration, zu dem Schluss, dass zwischen 2001 und 2018 durch das Handelsdefizit mit China etwa 3,7 Millionen amerikanische Jobs vernichtet worden seien – drei Viertel davon im verarbeitenden Gewerbe. Der Handel mit China sei damit, so die Autoren der Studie, für einen Großteil aller Verluste von Industriearbeitsplätzen in den USA in diesem Zeitraum verantwortlich.[44] Das wachsende Handelsdefizit mit China habe außerdem zu erheblichen Lohneinbußen bei Arbeitnehmerinnen und Arbeitnehmern ohne einen College-Abschluss geführt.

Andere Ökonomen weisen dagegen darauf hin, dass neben China weitere Faktoren, wie insbesondere die Automatisierung, wesentlich zum Abbau von Arbeitsplätzen beigetragen hätten. Demnach sind Industriearbeitsplätze auch in Marktsegmenten verloren gegangen, in denen die Konkurrenz mit China nicht ausschlaggebend sei.[45] Einigen Schätzungen zufolge gehen 85 Prozent der Jobverluste in der US-Industrie auf technologischen Wandel zurück und nur 15 Prozent auf die Importkonkurrenz aus Billiglohnländern wie China.[46] Mittlerweile dürfte diese Debatte jedoch tatsächlich eher akademischer Natur sein. Entscheidend ist, dass China von beiden politischen Lagern für die wirtschaftlichen Probleme im Land verantwortlich gemacht wird.

Als Präsident Trump 2018 einen Handelskrieg gegen die Volksrepublik vom Zaun brach und zudem Zölle gegenüber europäischen Partnern verhängte, wurde endgültig klar, dass Amerika fortan einen anderen Kurs einschlagen würde als in den vorangegangenen 70 Jahren. Mit Trumps erster Amtszeit ging endgültig eine Ära zu Ende, in der sich Amerika – trotz aller protektionistischen Reflexe – grundsätzlich am Ziel des freien Handels und der offenen Märkte ausgerichtet hatte. Für seine zweite Amtszeit kündigte Trump sogar noch weitergehende Zölle an: 10 bis 20 Prozent auf alle Einfuhren nach Amerika und sogar 60 Prozent gegenüber Importen aus China.

Unterschiedliche Ansichten gibt es in Washington weiterhin hinsichtlich der jeweiligen Instrumente, mit denen die amerikanische Wirtschaft vor ausländischer Konkurrenz geschützt werden soll. Trump ist geradezu besessen vom Handelsdefizit Amerikas gegenüber China und anderen Ländern und konzentriert sich auf Warenzölle. Biden legte sein wirtschaftspolitisches Augenmerk auf massive öffentliche

Investitionen und Subventionen, um Amerikas Industrie wieder auf die Beine zu bringen und die grüne Transformation in Richtung Klimaneutralität zu schaffen. Zugleich hielt Biden jedoch an den von Trump eingeführten Zöllen gegenüber China fest.

Bidenomics stand im Kern für eine binnenorientierte Wirtschaftspolitik, die auf die Ankurbelung von Investitionen in den USA setzte – verbunden jedoch mit eindeutig protektionistischen Elementen wie Buy American und Local Content Rules. Biden verzichtete anders als Trump zwar auf Frontalangriffe gegen die Welthandelsorganisation und die von ihr getragene Weltwirtschaftsordnung. Er investierte jedoch auch kein politisches Kapital in eine Reform und Stärkung der Organisation. Stattdessen vollzog er kleinere und pragmatische Schritte, um die Beziehungen zu wichtigen Handelspartnern zu verbessern. Dazu zählten die Einrichtung eines Handels- und Technologierats zwischen den USA und der EU, die Initiative eines indopazifischen Wirtschaftsrahmens und die Initiative der Amerikanischen Partnerschaft für wirtschaftliche Wohlfahrt.[47]

Die protektionistische Wende in den USA spiegelt auch grundlegende Verschiebungen im amerikanischen Kongress wider. Historisch haben Demokraten und Republikaner entgegengesetzte Positionen in der Handelspolitik vertreten, wobei die Rollen mehrfach wechselten. Während die eine Partei eher für offene Märkte eintrat, verfolgte die andere einen protektionistischeren Kurs. Heute verläuft der Graben nicht mehr in erster Linie zwischen Demokraten und Republikanern. Stattdessen sind beide Parteien im Innern gespalten. Auf der einen Seite stehen jene, die weiterhin für freien

Handel eintreten, und auf der anderen Seite jene, die eher dem „fairen“ Handel oder ganz offen dem Protektionismus das Wort reden.[48]

Um die Handelspolitik sei im amerikanischen Kongress schon immer hart gerungen worden, so der frühere Wirtschaftsberater der Biden-Administration, Peter Harrell. Heute sei es jedoch fast unmöglich, neue Handelsabkommen durch den Kongress zu bekommen. Die Zahl derjenigen Politikerinnen und Politiker nehme rapide ab, die sich für solche Abkommen noch stark machen würden.[49]

Die Krise der amerikanischen Demokratie

Der politische Aufstieg Donald Trumps und seiner MAGA-Bewegung wäre ohne die Polarisierung der politischen Parteien, die Spaltung der amerikanischen Gesellschaft sowie die sozialen und wirtschaftlichen Umbrüche in Amerika nicht möglich gewesen. Zugleich haben Polarisierung und Spaltung mittlerweile so toxische Ausmaße angenommen, dass nicht nur die Arbeitsfähigkeit des politischen Systems, sondern auch der Zusammenhalt der amerikanischen Gesellschaft und damit die Funktionsweise der US-Demokratie schlechthin gefährdet sind.

In gefestigten Demokratien ist die geregelte und friedliche Übergabe der Macht ein normaler Aspekt des politischen Prozesses. In den USA erscheint der Übergang von einer Administration zur nächsten beiden politischen Lagern jedoch immer mehr als etwas existenziell Bedrohliches. Das ist auch im Vorfeld der Wahlen vom November 2024 deutlich geworden. So erklärten Kamala Harris und die Demokraten den Urnengang zu einer Schicksalsfrage für die amerikanische Demokratie. Ein Teil der Öffentlichkeit debattierte darüber, ob Donald Trump ein Faschist sei. Trump wiederum rief seine Anhänger dazu auf, für ihr Land zu kämpfen und bezeichnete seine Widersacher als „innere Feinde“, „linksradikale Irre“ und „kranke Leute“. Er spielte auch öffentlich mit dem Gedanken, das Militär gegen diese „enemies from within“ einzusetzen.[50]

In den vergangenen drei Jahrzehnten sind aus politischen Differenzen persönliche Animositäten oder gar offener Hass auf die Parteigänger der jeweils anderen Seite geworden. Der Schritt von verbaler Gewalt, wie sie seit Beginn der ersten Amtszeit Donald Trumps zu einem schon fast normalen Bestandteil der politischen Auseinandersetzung geworden ist, bis zur physischen Gewalt ist dann nicht mehr so groß.

Heute steht die amerikanische Demokratie vor drei zentralen Herausforderungen. Die erste davon betrifft die Legitimität von Wahlen. Zwar sind die Präsidentschafts- und Kongresswahlen im November 2024 weitgehend frei und fair abgelaufen, wie es in Demokratien sein sollte. Das ändert jedoch nichts an der Tatsache, dass Donald Trump 2020/2021 der erste Kandidat der US-Geschichte wurde, der das Ergebnis einer Präsidentschaftswahl kategorisch und dauerhaft nicht anerkannte. Das Problem reicht sogar noch viel tiefer, weil der weitaus größte Teil der Republikanischen Partei sich den Vorwurf des Wahlbetrugs zu eigen gemacht hat. Am 6. Januar 2021 stand die Möglichkeit im Raum, dass der friedliche Transfer der Macht misslingen könnte.

Auch 2024 strickten Trump, die Republikaner und konservative Lobby-Organisationen wie die Heritage Foundation fleißig an dem Narrativ der gestohlenen Wahl. Weil das Wahlergebnis eindeutig zu ihren Gunsten ausfiel, mussten sie diese Karte am Ende nicht ziehen. Allerdings dürfen in einer Demokratie Wahlen nicht nur auf Akzeptanz stoßen, wenn das Ergebnis den eigenen Präferenzen entspricht.

Aber auch auf der linken Seite des politischen Spektrums wird die Legitimität des Wahlprozesses immer wieder infrage gestellt. So werfen Demokraten den Republikanern schon seit einiger Zeit vor, die Stimmen von Minderheiten bewusst unterdrücken zu wollen, die oft mehrheitlich die Demokraten wählen. Republikanisch dominierte Bundesstaaten, so der Vorwurf, verschärfen Regelungen des Wahlrechts, um den Wahlakt möglichst schwierig zu gestalten. Hinzu kommt mitunter der Vorwurf, dass in Wahlbezirken mit einem hohen Anteil schwarzer Wählerinnen und Wähler Wahllokale geschlossen werden. Auch die Verschärfung von Ausweispflichten oder Hürden bei der Wählerregistrierung werden von den Demokraten als „Voter Suppression" interpretiert.

Die zweite Herausforderung für die amerikanische Demokratie betrifft die Verschiebung des Machtgefüges zwischen dem Präsidentenamt bzw. der Exekutive und dem Kongress, die sich bereits seit Längerem vollzieht. Der Kampf gegen den Terrorismus nach den Anschlägen vom 11. September 2001 und die Kriege in Afghanistan und Irak haben dazu geführt, dass die Machtfülle des Präsidenten in der Innen- wie in der Außenpolitik zugenommen hat. Diese Entwicklung vollzog sich sowohl unter dem Republikaner George W. Bush als auch dem Demokraten Barack Obama.[51] Parallel dazu hat sich der Kongress seiner eigenen Einflussmöglichkeiten beraubt. Aufgrund der tiefen politischen und ideologischen Gräben zwischen und innerhalb der Parteien ist das Parlament in Washington zusehends unwillig und unfähig, seiner Kontrollfunktion gegenüber der Regierung gerecht zu werden. Wichtige parlamentarische Abläufe werden immer öfter durch parteipolitische Instrumentalisierung entwertet.

Exemplarisch ließ sich das in jüngerer Vergangenheit am Instrument des Amtsenthebungsverfahrens ablesen. Die Demokraten wendeten das Impeachment-Verfahren zweimal (erfolglos) gegen Donald Trump an – einmal im Zusammenhang mit den US-Militärhilfen für die Ukraine und ein weiteres Mal wegen der Rolle Trumps beim Sturm auf das US-Kapitol am 6. Januar 2021. Im Gegenzug strengten die Republikaner vor dem Hintergrund des Streits über die Migrationspolitik ein Amtsenthebungsverfahren gegen den Heimatschutzminister der Biden-Administration an. In keinem der Fälle stand das Bemühen um eine sachliche Aufklärung der Vorwürfe im Vordergrund.[52]

Trump hat zudem immer wieder deutlich gemacht, dass er ein sehr ausgreifendes Verständnis exekutiver Macht hat. Das zeigte sich beispielsweise, als er kurz nach dem Wahlsieg im November 2024 die Möglichkeit ins Spiel brachte, den Senat zu umgehen, um Kabinettsposten und andere hohe Regierungsämter ohne die Zustimmung der Kammer zu besetzen. Er könnte dies mit sogenannten Aussetzungsernennungen (Recess Appointments) tun, die es dem Präsidenten erlauben, eigenmächtig Posten zu besetzen, wenn der Senat nicht tagt.[53]

Hinzu kommt, dass Trump es sich zum Ziel gesetzt hat, einen direkteren Einfluss auf Ministerien und Regierungsbehörden zu nehmen und dazu einen großen Teil der Beamtenschaft durch loyale Anhänger zu ersetzen. Da die innerparteilichen Kritikerinnen und Kritiker Trumps weitgehend marginalisiert worden sind, ist größerer Widerstand aus der Republikanischen Partei nicht zu erwarten. Schließlich hat der Oberste Gerichtshof der USA durch seine Entscheidung vom Juli 2024 zur Immunität des Präsidenten vor Strafverfolgung bei Amtshandlungen deutlich gemacht, dass er der Macht der Exekutive nur sehr weite Grenzen zu ziehen bereit ist.

Die dritte Herausforderung für die Zukunft der amerikanischen Demokratie liegt in der Politisierung der amerikanischen Justiz und Strafverfolgung. Im Vergleich zu Deutschland ist das amerikanische Justizsystem ohnehin politisierter, weil zahlreiche Ämter in der Polizei und in den Gerichten durch Wahlen besetzt werden. Ähnlich wie bei den politischen Parteien kommt der ideologischen Ausrichtung der Richterinnen und Richter eine immer größere Bedeutung zu – was sich besonders deutlich beim Obersten Gericht der USA zeigt.[54] Immer häufiger sind Vorwürfe auf beiden Seiten des politischen Spektrums zu hören, dass die Justiz vom jeweiligen politischen Gegner als Waffe eingesetzt werde – ein klassisches Merkmal fragiler Demokratien und Autokratien.

Die Debatten über die zivil- und strafrechtlichen Verfahren gegen Donald Trump haben die US-Gesellschaft nur noch weiter gespalten, während Trump selbst stets von einer politisch motivierten „Hexenjagd" gesprochen hat. Zugleich hat Trump damit gedroht, das Justizsystem unter seiner erneuten Präsidentschaft gegen politische Gegner in Stellung zu bringen. So kündigte er noch vor den Wahlen von 2024 die Ernennung eines Sonderermittlers an, der Joe Biden, dessen „gesamte kriminelle Familie" sowie all jene ins Visier nehmen werde, die „unsere Wahlen, unsere Grenzen und unser ganzes Land“ zerstört hätten.[55]

Die andauernde Anzweiflung der Wahlen, die Erosion der Gewaltenteilung und das ständige Gerede von der „Justiz als Waffe“ haben dem Ansehen staatlicher Institutionen und der Demokratie in Amerika sichtlich geschadet. Eine repräsentative Umfrage des Meinungsforschungsinstituts Pew Research vom Sommer 2023 ergab, dass gerade einmal 27 Prozent der Amerikanerinnen und Amerikaner denken, das politische System der USA funktioniere sehr gut oder einigermaßen gut. Mehr als 60 Prozent äußerten dagegen kein oder nur wenig Vertrauen in die Zukunft dieses Systems.[56] Positive Einstellungen zu staatlichen und politischen Institutionen der USA sind auf einen historischen Tiefstand gefallen. Auch ein länderübergreifender Vergleich zeigt, dass die Amerikaner mit der Funktionsweise ihrer Demokratie besonders unzufrieden sind.[57] Renommierte und überparteiliche Nicht-Regierungsorganisationen wie Varieties of Democracy oder Freedom House stellen seit einigen Jahren für die USA zudem klare Tendenzen in Richtung Autokratie fest.[58]

Diese innenpolitischen Entwicklungen in Amerika würden auch in dem Streitgespräch zwischen der Verfechterin und dem Kritiker der Pax Americana zur Sprache kommen. Der Kritiker könnte darauf verweisen, dass die USA wohl kaum glaubhaft auf der internationalen Bühne für liberaldemokratische Werte eintreten könnten, wenn die Demokratie im Land selbst so stark unter Druck steht. Er würde auch sagen, dass die innenpolitische Zustimmung für die amerikanische Führungsrolle auf der Weltbühne immer weiter schrumpft.

Die Verfechterin der Pax Americana hätte dagegen deutlich mehr Vertrauen in die Selbstheilungskräfte der amerikanischen Demokratie und würde optimistischer in die Zukunft blicken. Sie würde auch darauf verweisen, dass es bei aller Polarisierung und Spaltung – und trotz der Wiederwahl Donald Trumps – noch immer eine große überparteiliche Unterstützung für eine amerikanische Führungsrolle in seinen Bündnissen und in der Weltpolitik gibt. Das gilt aus ihrer Sicht umso mehr, weil die Herausforderung durch China von Republikanern wie von Demokraten immer wieder betont wird.

Kapitel 3
Europa: Sicherheit gegen Russland – ohne Amerika?

Mit dem Beginn des russischen Angriffskrieges gegen die gesamte Ukraine am 24. Februar 2022 ist eine durch Frieden und Demokratie gekennzeichnete Sicherheitsordnung für Europa in weite Ferne gerückt. Nach dem Ende des Kalten Krieges hatten die europäischen Staaten sowie die USA noch das Ziel bekräftigt, eine solche Ordnung zu schaffen. Die „Charta von Paris" vom November 1990 beschreibt die damalige Vision für ein „neues Europa" und ein „neues Zeitalter der Demokratie, des Friedens und der Einheit". Das Dokument wurde von allen Regierungschefs der an der Konferenz über Sicherheit und Zusammenarbeit in Europa (KSZE) teilnehmenden Staaten unterzeichnet – einschließlich der damals noch existierenden Sowjetunion. Für die große Mehrheit – zu der Moskau freilich nicht zählte – sollte die neue Ordnung zudem Teil einer Pax Americana sein, Europa also eng mit Amerika verbunden bleiben.

Im Frühjahr 2025 ist von der in der Paris-Charta beschriebenen Vision kaum noch etwas übrig. Im Herzen Europas herrscht seit drei Jahren Krieg, die meisten Rüstungskontroll- und Abrüstungsverträge sind Makulatur geworden. Ähnlich wie vor 1989/1990 ist Europa sicherheitspolitisch wieder geteilt in einen westlichen und einen östlichen Teil. Diese Teilung verläuft wesentlich weiter im Osten als vier Jahrzehnte zuvor, allerdings gibt es diesmal keine klare Grenze zwischen Ost und West, sondern einen ausgedehnten politischen und sicherheitspolitischen Graubereich. In ihm sind Länder wie die Ukraine, Georgien oder die Republik Moldau gefangen.

Zu Beginn des Ukrainekrieges war in Berlin sowie in den anderen EU- und NATO-Hauptstädten zunächst eine große Erleichterung zu spüren, dass im Weißen Haus der Demokrat Joe Biden saß. Dieser ließ keinen Zweifel an seiner Unterstützung für die NATO und für den Widerstandskampf der Ukraine. Zudem bekräftigte er Amerikas fortdauernden Anspruch, für die europäische Sicherheit und Verteidigung einzutreten. In den Monaten nach dem russischen Angriff rückten die Bündnispartner unter amerikanischer Führung eng zusammen, während die Ukraine Russland mit westlicher Waffenhilfe zunächst stoppen und dann sogar zurückdrängen konnte.

Doch dieser Optimismus ist längst verflogen. Schon vor dem erneuten Wahlsieg Donald Trumps war die Bewilligung neuer finanzieller und militärischer Hilfspakete für die Ukraine innenpolitisch in den USA immer schwerer durchzusetzen, während die ukrainische Armee deutliche Ermüdungserscheinungen zeigte. Auch wenn es während der zweiten Amtszeit Trumps gelingt, einen Waffenstillstand auszuhandeln, wäre mehr als fraglich, ob daraus auch ein dauerhafter Frieden entstehen könnte. Das gilt insbesondere dann, wenn die Ukraine geteilt und/oder zu einem Vasallenstaat Russlands würde. Mit dem Wiedereinzug Donald Trumps ins Weiße Haus stellt sich für Berlin, Paris, Warschau und Brüssel sogar die Frage, welche Konsequenzen ein sicherheitspolitischer Totalabzug der USA aus Europa hätte.

Für die Verfechterin der Pax Americana ist die Lage klar. Solange Europa keine Herkules-Anstrengungen unternimmt, um in kurzer Zeit seine eigene Sicherheits- und Verteidigungsfähigkeit zu schaffen, bleibt Amerika auch unter einer zweiten Trump-Präsidentschaft unverzichtbar. Die Glaubwürdigkeit der konventionellen und nuklearen Abschreckung gegenüber Russland würde ohne die USA in sich zusammenfallen und Moskau umso mehr dazu ermutigt werden, seine imperialen Ambitionen weiter zu verfolgen. Aus ihrer Sicht ist die zunehmende Aggressivität Russlands auch nicht als Reaktion auf die amerikanische bzw. westliche Politik zu verstehen, sondern sie ist vor allem die Folge innenpolitischer Entwicklungen in Russland.

Auch der Kritiker der Pax Americana kommt nicht umhin, Russland eine Mitverantwortung für den Zusammenbruch der europäischen Sicherheitsordnung zu geben. Für ihn sind es aber letztendlich amerikanisches Dominanzstreben und westliche Arroganz, die Russland in die Enge und damit letztlich auch in den Krieg gegen die Ukraine getrieben haben. Aus dieser Sicht böte ein sicherheitspolitischer Rückzug Amerikas aus Europa auch Chancen für einen Frieden in der Ukraine und langfristig auch für eine Entspannung im Verhältnis zu Russland.

Für den Kritiker sind die NATO-Osterweiterungen seit Beginn der 1990er-Jahre so etwas wie die Ursünde. Demnach brach das Bündnis auf Drängen Amerikas nicht nur ein Versprechen gegenüber Moskau, sich nach dem Fall der Berliner Mauer „keinen Schritt" weiter nach Osten auszuweiten. Aus seiner Perspektive zwang die NATO Russland auch dazu, seine Sicherheitsinteressen zunehmend aggressiv und letztendlich mit Gewalt zu verteidigen.[1]

Bei der Debatte um die NATO-Osterweiterungen geht es um weit mehr als um eine historische Frage. Heute stehen sowohl das Bündnis als auch die Europäische Union vor der Frage, wie sie die Ukraine, Georgien und andere Länder in der „Grauzone" des neuen Ost-West-Konflikts an sich heranführen können – und welche Konsequenzen es hätte, wenn dies misslingt.

Russlands Verbitterung

Es ist viel darüber debattiert worden, ob die NATO nach dem Ende des Kalten Krieges gegenüber Moskau das Versprechen brach, sich nicht weiter nach Osten auszudehnen. Die zeithistorischen Quellen zeigen, dass zu Beginn des Umbruchjahres 1990 tatsächlich ein entsprechender „Deal" – als Gegenleistung für die sowjetische Zustimmung zur deutschen Wiedervereinigung – vom damaligen US-Außenminister James Baker an Generalsekretär Michail Gorbatschow angetragen wurde.[2] Auch Bundeskanzler Helmut Kohl und sein Außenminister Hans-Dietrich Genscher haben dies teils öffentlich, teils in vertraulichen Gesprächen ins Spiel gebracht.[3]

Nur wurde ein solcher Handel nie zu einer gemeinsamen NATO-Position erhoben und auch nicht schriftlich festgelegt. Der historische Kontext legt zudem nahe, dass mit dem Verzicht auf die Vergrößerung des Bündnisgebiets gen Osten nur die Gebiete der DDR gemeint waren. Dies spielt jedoch rückblickend für Russlands Präsidenten Wladimir Putin und andere führende russische Politiker keine Rolle. Für sie sind die späteren NATO-Erweiterungen ein Wortbruch und letztendlich ein amerikanischer Plot, um Russland einzudämmen.

Dieses russische Narrativ steht jedoch insofern auf wackeligen Beinen, als dass die USA in den NATO-Entscheidungsprozessen der Jahre 1991 bis 2004 zwar stets ein wichtiger, aber eben nicht der einzige entscheidende Akteur waren.[4] Mindestens ebenso bedeutend war die frühzeitig und deutlich in den östlichen Beitrittsaspiranten artikulierte Forderung, in die euro-atlantischen Institutionen aufgenommen zu werden. Vor dem Hintergrund ihrer eigenen historischen Erfahrungen spielten für sie sicherheitspolitische Überlegungen gegenüber Russland tatsächlich eine wichtige Rolle.

Für Amerika und die anderen „Altmitglieder" ging es seinerzeit jedoch vorrangig nicht um Russland, sondern um die sicherheitspolitische Flankierung der politischen und wirtschaftlichen Reformprozesse in den späteren Beitrittsländern. Gerade in Berlin und Washington wurde zudem viel diplomatische Energie in einen Ansatz investiert, der die Einbeziehung Russlands in die europäische Sicherheitsordnung vorsah. Dazu zählte die Gründung des Nordatlantischen Kooperationsrates, dem auch Russland angehörte, der Partnerschaft für den Frieden sowie die Stärkung der KSZE.

Hinzu kommt, dass militärische Fragen weit im Hintergrund der bündnisinternen Entscheidungsprozesse standen.

Kaum jemand der politisch Verantwortlichen verschwendete damals viel Zeit und Energie auf die Frage, wie die neu aufgenommenen Mitglieder im Ernstfall militärisch gegen Russland (oder gegen eine andere Bedrohung) verteidigt werden könnten. Vielmehr ging der Trend in die entgegengesetzte Richtung: Der Fußabdruck des amerikanischen Militärs in Europa wurde immer kleiner, bis Washington 2013 sogar die letzten amerikanischen Kampfpanzer abzog. Der Abbau der Militärpotenziale ging dabei Hand in Hand mit einem grundlegenden Wandel der Strategie und des Selbstverständnisses der NATO: weg von einer exklusiven, gegen Russland ausgerichteten Militärorganisation und hin zu einer politisch-inklusiv(er)en Sicherheitsinstitution.

Bis zur Annexion der Krim durch Russland 2014 verzichteten die NATO und ihre Mitgliedstaaten auch weitgehend darauf, Truppen und Kommandostrukturen in den Beitrittsländern bzw. -kandidaten zu stationieren. Dies gilt allerdings mit zwei Ausnahmen: Zum einen traf Washington mit einigen ost- und südosteuropäischen Ländern bilaterale Vereinbarungen. Diese ermöglichten es den amerikanischen Streitkräften, dort militärische Liegenschaften zu nutzen bzw. zu errichten und in begrenztem Umfang Truppen zu stationieren. Entsprechende Vereinbarungen wurden bereits Mitte der 1990er-Jahre mit Ungarn und Albanien sowie 2006 mit Bulgarien und Rumänien getroffen.[5] Der Umfang dieser Präsenz war zwar nicht dazu geeignet, Russland ernsthaft militärisch zu bedrohen. Allerdings verdeutlichten diese Abkommen, dass die sicherheitspolitischen Beziehungen der USA mit den betreffenden Staaten enger wurden.

Zum anderen verfolgte Washington gegen russische Bedenken das Ziel, eine Raketenabwehr in Europa aufzubauen. Erste Pläne dazu wurden 2007 von US-Präsident George W. Bush verkündet und ab 2009 von dessen Nachfolger Barack Obama in angepasster Form vorangetrieben. Obamas Plan sah unter anderem die Stationierung von amerikanischen Abfangraketen in Rumänien und Polen vor.[6] Die USA haben immer wieder betont, dass sich die Raketenabwehrpläne ausschließlich gegen eine Bedrohung aus Iran richten würden. Im Frühjahr 2013 verzichtete die Obama-Administration zudem auf die Umsetzung der vierten und letzten Phase der Raketenabwehrpläne, welche die Stationierung von besonders leistungsfähigen Abfangraketen vorsah.

All dies wirft die Frage auf, ob Moskau in den NATO-Osterweiterungen vorrangig eine militärische Bedrohung sah. Oder ging es aus russischer Sicht vielmehr um das Vordringen westlichen Einflusses und liberal-demokratischer Normen in Richtung Osten? Lässt man die Atomwaffen einmal außen vor, dann ist die NATO Russland militärisch deutlich überlegen – zumindest dann, wenn man die Größe der Verteidigungshaushalte und die Zahl der Truppen auf beiden Seiten gegenüberstellt (dazu im Folgenden mehr). Mit jedem Beitritt vergrößerte sich nicht nur das NATO-Gebiet, sondern auch der Pool an alliierten Streitkräften.

Das alles lässt russische Bedrohungswahrnehmungen zwar auf den ersten Blick durchaus plausibel erscheinen – zumindest dann, wenn man unterstellt, dass das Bündnis Russland vor der Krimannexion feindlich gesonnen war. Trotzdem besteht ein zentraler Widerspruch: Wenn es Moskau tatsächlich vorrangig um militärische Einkreisungsängste ging, dann ist schwer zu erklären, warum der Konflikt mit Russland gerade dann eskalierte, als sich die USA unter Obama militärisch von Europa abwendeten und sich sicherheitspolitisch und wirtschaftlich Asien zuwendeten.

Für die Bedeutung von Werten als dem eigentlichen Konflikttreiber spricht zudem, dass es am Ende nicht die Frage eines Beitritts zum Militärbündnis war, welche 2014 die erste Phase des russischen Krieges gegen die Ukraine auslöste, sondern ein bereits ausgehandeltes Assoziierungsabkommen Kyivs mit der EU. So weist die Osteuropa- und Russland-Expertin Gwendolyn Sasse in ihrem Buch zu den Hintergründen des Ukrainekrieges darauf hin, dass Putin die mit einer Assoziierung einhergehende Teilintegration der Ukraine in EU-Strukturen und den gemeinsamen Binnenmarkt als ein großes Risiko für Russland betrachtete.[7]

Die desaströsen Erfahrungen Anfang der 1990er-Jahre mit wirtschaftlicher Liberalisierung und politischem Chaos diskreditierten in Russland den Glauben an freie Märkte und politische Freiheiten.[8] Liberale, prowestliche Kräfte habe es in der Jelzin-Ära durchaus gegeben, so die britisch-amerikanische Russland-Expertin Angela Stent. Sie seien aber bereits damals eine Minderheit in der politischen Elite des Landes gewesen.[9] Stattdessen haben nach und nach nationalistische Sichtweisen das ideologische Vakuum nach dem Ende der Sowjetunion gefüllt, die zudem dezidiert antiliberal und antiwestlich ausgerichtet sind.

Dazu zählen nicht zuletzt die verschiedenen Varianten des Eurasianismus, dessen ideelle Grundlagen in den 1920er-Jahren von Exilrussen in Abgrenzung zum Kommunismus und in Verfolgung einer „konservativen Utopie" entwickelt wurden.[10] Eurasianismus umfasst nicht nur einen nostalgischen Blick auf den früheren Großmachtstatus Russlands bzw. der Sowjetunion sowie die Ablehnung westlicher Ideen, sondern misst auch der russischen Kultur und Zivilisation einen besonders hohen Stellenwert bei. Diese werden dann gegen den westlichen Liberalismus in Stellung gebracht: „Der Einzelne muss das Wesen seiner nationalen Gruppe (oft in einer ethnisch geprägten Terminologie ausgedrückt) respektieren und nicht versuchen, es zu bekämpfen," so die französische Historikerin und Soziologin Marlène Laruelle.[11]

Nach ihrer Einschätzung ist der Eurasianismus in seinen unterschiedlichen Spielarten zu einer wichtigen intellektuellen Strömung geworden, die großen Einfluss auf die russische Politik und Gesellschaft genommen habe.[12] Eine kohärente Staatsideologie vertritt allerdings auch Putin nicht. Sein Denken scheint vielmehr recht eklektisch auf unterschiedlichen Theorien und Ideologien aufzubauen, zu denen neben den Eurasianismus-Varianten auch die Slawophilie zählt.[13]

Slawophile setzen nicht nur auf Orthodoxie, Gemeinschaft und Nationalismus, sondern betrachten die „Besonderheit der russischen Entwicklung, die sie von der des Westens unterschied, [...] als kostbares Gut, das den eigentlichen Wert der russischen Geschichte ausmache", so der Professor für Ost- und Mitteleuropäische Zeitgeschichte Leonid Luks.[14] Gemein haben diese unterschiedlichen Denkansätze, dass sie sich gut von Putin instrumentalisieren lassen, um die Übertragbarkeit des westlich-liberalen Modells auf die postsowjetischen Länder zu verneinen. Zudem nutzt Putin sie, um den hegemonialen Anspruch Russlands in diesem Raum sowie eine hervorgehobene Stellung in einer neuen, multipolaren Welt zu begründen.

Ist die Ablehnung liberal-demokratischer Werte in Russland und der antiwestliche Kurs der russischen Außenpolitik vorrangig das Ergebnis innerer politischer, wirtschaftlicher und sozialer Entwicklungen in Russland? Oder trägt der Westen – zuvorderst Amerika – dafür eine wesentliche Verantwortung? Viele westliche Russland-Expertinnen und Experten verweisen auf innere Faktoren. In der Zeit relativer wirtschaftlicher Prosperität zwischen 2000 und 2008, so beispielsweise der US-Historiker Timothy Snyder, hätte Russland gegenüber Amerika und Europa einen sehr gemäßigten außenpolitischen Kurs verfolgt. So bot Putin den USA nach den Terroranschlägen vom 11. September 2001 sogar Hilfe an und vermied es, die NATO als Gegner zu diffamieren.[15] Die globale Finanz- und Wirtschaftskrise sowie fallende Weltmarktpreise für Öl und Gas trugen dann wesentlich zur Verhärtung der russischen Innen- und Außenpolitik bei.[16] Die heimischen Proteste nach den russischen Parlaments- und Präsidentschaftswahlen 2011 bzw. 2012 verstärkten diesen Trend.

Auch der 2018 verstorbene Russland-Kenner Walter Laqueur blickt in seinem 2022 posthum neu aufgelegten Buch über den „Putinismus“ vorrangig auf die inneren Faktoren der russischen Politik.[17] Der Autor ist der Ansicht, dass die imperialen Zielsetzungen der russischen Außenpolitik seit dem Ende der Sowjetunion weitgehend unverändert geblieben seien. Was sich jedoch verändert habe, sei die russische Wahrnehmung des Machtgefüges im Verhältnis zum Westen. Anfang der 1990er-Jahre war Russland schwach und der

Westen (respektive die USA) stark. Später kehrte sich die Situation, zumindest in der Wahrnehmung Putins, um.[18]

Es ist durchaus möglich, dass der Verzicht auf einen Beitritt osteuropäischer Staaten zur NATO das Verhältnis zu Russland nach dem Ende des Kalten Krieges in weniger konfrontative Bahnen gelenkt hätte, wie beispielsweise die US-Historikerin Mary Sarotte meint.[19] Die westlichen und russischen Wertevorstellungen über die künftige Ordnung Europas wären aber wohl trotzdem unvereinbar geblieben. Hätten sich in Russland trotz eines Erweiterungsverzichts nationalistische und antiliberale Kräfte durchgesetzt, hätte dies fundamental negative Auswirkungen nicht nur auf die Mitglieder von EU und NATO gehabt, sondern vor allem auf diejenigen Staaten, die eben nicht dem Bündnis beigetreten wären. Sie wären möglicherweise heute in einer ähnlich prekären Lage wie die Ukraine.

Seit dem Beginn des Ukrainekrieges steht die Frage der Aufnahme neuer Mitglieder in EU und NATO unter einem ganz anderen Stern als in den drei Jahrzehnten zuvor. Seit 2014 fokussiert sich das atlantische Bündnis wieder auf seine ursprüngliche Kernaufgabe der kollektiven Verteidigung. Die rasche Aufnahme Finnlands und Schwedens in die NATO wäre ohne den Ukrainekrieg wohl nicht vollzogen worden. Gleiches gilt für die Aufnahme von EU-Beitrittsgesprächen mit der Ukraine und der Gewährung des Kandidatenstatus für Georgien. Bei den Debatten über einen möglichen NATO-Beitritts der Ukraine haben, anders als bei den Erweiterungsdebatten in den 1990er- und frühen 2000er-Jahren, sicherheitspolitische und militärische Fragen wieder einen hohen Stellenwert.

Rückkehr der Verteidigungsfrage

Die militärische Überlegenheit der NATO gegenüber Russland scheint auf der Hand zu liegen. So gaben alleine die USA nach Angaben des Stockholmer Instituts für Internationale Friedensforschung (SIPRI) im Jahr 2023 circa 916 Mrd. Dollar für ihr Militär aus. Für alle NATO-Staaten zusammengenommen waren es sogar 1,34 Billionen Dollar, mehr als zwölfmal so viel wie Russland (109,5 Mrd. Dollar).[20]

Die Bündnispartner unterhielten im gleichen Jahr Streitkräfte im Gesamtumfang von rund 3,2 Millionen Soldaten (Reservisten nicht mitgezählt), wovon wiederum 1,3 Millionen auf die USA entfielen. Für Russland waren es 1,1 Millionen.[21] Schließlich spricht auch die Wirtschaftsleistung für die militärische Überlegenheit des westlichen Bündnisses. Die Mitglieder der NATO erreichten 2023 ein gemeinsames Bruttoinlandsprodukt von 50,8 Billionen Dollar (davon 27 Billionen für die USA), während Russlands Wirtschaft nur auf magere 1,9 Billionen Dollar kam.[22]

Solche einfachen Vergleiche sind jedoch mit großer Vorsicht zu genießen. Sie verleiten dazu, die russischen Fähigkeiten zu unterschätzen (und jene der NATO zu überschätzen). Das liegt auch daran, dass diese Zahlen die jeweilige Kaufkraft nicht berücksichtigten. Der russische Verteidigungsetat ist tatsächlich deutlich höher, weil das Land in eigener Währung und bei der eigenen Rüstungsindustrie deutlich günstiger militärische Güter beschaffen kann als beispielsweise die USA. Außerdem sagen die Zahlen nur wenig aus über die Qualität des amerikanischen Beitrags für die europäische Sicherheit. Anders als Russland unterhalten die USA weltweit Bündnisse, was zwar aus amerikanischer Sicht ein strategischer Vorteil ist, aber eben auch sehr viel Geld kostet.

Die Glaubwürdigkeit US-amerikanischer Sicherheitszusagen im Rahmen der NATO hängt von verschiedenen politischen und militärischen Faktoren ab. In den USA gibt es ein politisches Entscheidungszentrum, nämlich das Oval Office im Weißen Haus (auch wenn der amerikanische Kongress bei finanziellen Fragen mitentscheidet). Dagegen setzt ein effektiver europäischer Verteidigungsbeitrag die Zusammenarbeit von mindestens 27 Hauptstädten voraus. Aus diesem Grund war die Sicherheitspolitik der USA für viele östliche EU- bzw. NATO-Staaten selbst während der ersten Präsidentschaft von Donald Trump noch glaubwürdiger als rein europäische Sicherheitszusagen.[23]

Amerika galt lange als eine Art „Rückversicherer" für den Fall, dass die multilateralen Entscheidungsprozesse im Atlantischen Bündnis und in der EU im Krisen- oder Kriegsfall versagen.[24] Diese Rolle hat allerdings die Bereitschaft Washingtons vorausgesetzt, politische Führung in der NATO zu übernehmen und dabei die Interessen der Bündnispartner gebührend zu berücksichtigen. Äußerungen Trumps haben in Europa jedoch die Befürchtung befeuert, dass Amerika dieses „liberale" Führungsverständnis im Bündnis aufgeben und sich in Zukunft wie eine „normale" Großmacht verhalten könnte. Dazu würde auch zählen, die NATO-Staaten gegeneinander auszuspielen, wenn es kurzfristig dem amerikanischen Interesse dient.

Neben diesen wichtigen politischen Fragen kommt es darauf an, mit welchen militärischen Beiträgen Amerika seine Sicherheitszusagen untermauert und wie diese im Verhältnis zu den Fähigkeiten potenzieller Gegner in bestimmten Krisen- und Kriegsszenarien stehen. Waren während des Kalten Krieges zeitweise mehr als 400.000 US-Soldaten in 100 Gemeinden in Europa dauerhaft stationiert,[25] schrumpfte diese Präsenz bis zur Krimannexion durch Russland deutlich. 2014 waren noch knapp 67.000 US-Truppen in Europa stationiert, der größte Anteil davon in Deutschland und in Italien.

Erst danach wuchs der amerikanische Fußabdruck in Europa wieder deutlich an. Besonders groß war die Steigerung nach dem Angriff Russlands auf die gesamte Ukraine: Waren 2021 noch 74.000 US-Soldaten in Europa stationiert, so waren es 2023 bereits 92.000.[26] Washington hat aber nicht nur die amerikanische Militärpräsenz in Europa wieder stark ausgebaut, sondern deren Schwerpunkt auch nach Osten verlagert. 2023 befanden sich in Polen 16.000 amerikanische Soldaten und in Rumänien 4100. 2021, also vor dem Beginn der zweiten Phase des Ukrainekrieges, standen etwas mehr als 5000 amerikanische Truppen in Polen.

Die NATO beschloss 2016 auf ihrem Gipfeltreffen in Warschau als Reaktion auf die verschlechterte Sicherheitslage in Europa den Aufbau einer „verstärkten Vornepräsenz" in ihren östlichen Mitgliedstaaten. Dabei handelte es sich zunächst um vier multinationale Bataillone in Estland, Lettland, Litauen und Polen. Ein Bataillon kann zwischen 500 und 1000 Soldaten umfassen. In Reaktion auf den russischen Angriff auf die gesamte Ukraine wurde diese Vornepräsenz um vier weitere Bataillone in Bulgarien, Ungarn, Rumänien und der Slowakei erweitert. Zugleich sollten alle nunmehr acht multinationalen NATO-Bataillone zahlenmäßig jeweils auf Brigadegröße (3000–5000 Soldaten) verstärkt werden können, „wo und wenn dies erforderlich ist".[27] Die USA sind die Führungsnation des multinationalen Verbandes in Polen, zu dem auch Kroatien, Rumänien und Großbritannien militärische Beiträge leisten.[28]

Es sind allerdings nicht nur die schieren Truppenzahlen, die den amerikanischen Beitrag bisher so entscheidend gemacht haben. Was darüber hinaus zählt, ist, wie schnell diese Verbände im Falle einer Krise oder eines Krieges tatsächlich einsatzfähig sind. So will das Bündnis künftig in der Lage sein, 300.000 Truppen innerhalb von 30 Tagen einsatzfähig zu bekommen.[29] Solange die USA ihre eigenen Beiträge zu dieser NATO-Eingreiftruppe jedoch nicht substanziell erhöhen, müssten die Einsatzkräfte vor allem aus europäischen Ländern kommen. Es sind allerdings Zweifel angebracht, ob der europäische Teil der Allianz dies stemmen kann. Bereits in der Vergangenheit klaffte bei der NATO Response Force eine große Lücke zwischen den – damals noch viel bescheideneren – Ambitionen und den tatsächlich zur Verfügung stehenden Kräften.

Die Glaubwürdigkeit sicherheitspolitischer Rückversicherung und Abschreckung hängt schließlich auch an spezifischen militärischen Fähigkeiten. Dabei ist die Rückkehr amerikanischer Kampfpanzer nach Europa infolge der Krimannexion sicherlich besonders augenscheinlich und symbolträchtig. Heute verfügen die USA allein in Deutschland wieder über so viele einsatzfähige Kampfpanzer wie die gesamte Bundeswehr in ihren Beständen hat.[30] Bedeutsam ist darüber hinaus auch die Entsendung von modernen US-

Kampfflugzeugen. Die europäischen NATO-Staaten bleiben bei modernen Kampfflugzeugen der „fünften Generation“ stark abhängig von den USA bzw. von amerikanischer Technik, solange eigene europäische Projekte noch in den Kinderschuhen stecken.

Ein weiterer Bereich, in dem Deutschland und andere europäische NATO-Staaten bislang besonders abhängig von den USA bzw. von der amerikanischen Rüstungsindustrie sind, ist die Verteidigung des Luftraums. Der Ukrainekrieg führt jeden Tag vor Augen, wie elementar die Fähigkeit ist, die eigenen Truppen, Infrastruktur und Bevölkerungen gegen feindliche Artillerie, Raketen, Drohnen und Flugzeuge schützen zu können.

Die beschriebenen Abhängigkeiten bedeuten, dass der Abzug amerikanischer Militärfähigkeiten aus Europa den europäischen Teil der NATO vor gewaltige Probleme stellen würde. Bereits vor Trumps Wiederwahl im November 2024 kursierten in konservativen Kreisen der USA recht konkrete Vorstellungen zu einer radikalen Lastenverschiebung im transatlantischen Verhältnis. Unter dem Schlagwort der „ruhenden NATO“ wurde vorgeschlagen, dass sich die Vereinigten Staaten zukünftig weitgehend auf die nukleare Abschreckung konzentrieren und alles andere den Europäern überlassen sollen.[31] Diese Idee fand auch Eingang in das berühmt-berüchtigte Project 2025 unter Federführung der Heritage Foundation, dass von vielen als inoffizielles Regierungsprogramm für die zweite Trump-Regierung gehandelt worden ist.

Entscheidend für die Glaubwürdigkeit von Rückversicherung und Abschreckung sind letztendlich die konkreten Krisen- und Kriegsszenarien, auf die sich die NATO vorbereitet. Solange die USA in der europäischen Sicherheit engagiert bleiben, ist es aufgrund der bestehenden militärischen Kräfteverhältnisse sehr unwahrscheinlich, dass Russland einen Krieg gegen die gesamte NATO lostreten – geschweige denn gewinnen – würde.[32] Angesichts der russischen Atomwaffen gilt dies allerdings auch umgekehrt für die NATO (sofern man unterstellt, dass die Allianz ein Interesse daran hätte, Russland anzugreifen).

Seit der Krimannexion 2014 steht für das Bündnis jedoch eine geografisch wesentlich begrenztere Bedrohung im Fokus. Das Augenmerk ist seitdem auf Szenarien gerichtet, in denen Russland einen Angriff auf die besonders exponierten Bündnisländer, nämlich Estland, Lettland oder Litauen startet.[33] Alle drei Länder waren Teil der Sowjetunion und in allen drei Ländern gibt es russische Minderheiten. Die NATO stünde im Falle eines Angriffs vor dem großen Problem, dort verlorenes Territorium wieder zurück erobern zu müssen. Das wäre deshalb nötig, weil das Bündnis seine Glaubwürdigkeit untrennbar damit verknüpft hat, „jeden Quadratzentimeter" seines Gebiets verteidigen zu können. In den vergangenen zehn Jahren sah sich die NATO aufgrund der geografischen und logistischen Gegebenheiten bei einem solchen Szenario im Nachteil. Der Beitritt der beiden Ostseeanrainer Finnland und Schweden hat die militärischen Kräfteverhältnisse im Baltikum allerdings zugunsten der Allianz verschoben.

Russland hat in der jüngeren Vergangenheit ein beachtliches Arsenal an Raketen und Marschflugkörpern aufgebaut, mit denen es die Verlegung und Versorgung von NATO-Truppen im östlichen Bündnisgebiet deutlich erschweren oder gar unterbinden könnte. In Kaliningrad – der kleinen russischen Enklave zwischen den beiden NATO-Staaten Polen und Litauen – sowie in Belarus sind moderne Iskander-Raketen stationiert. Sie sind mobil, schwer zu bekämpfen, sehr treffgenau und können „konventionell" oder als Nuklearwaffe eingesetzt werden. Russland besitzt insgesamt über 500 bodengestützte Mittelstreckenflugkörper (so bezeichnet man Raketen, die eine Reichweite zwischen 500 und 5500 km haben).[34]

Bis zum Auslaufen des russisch-amerikanischen Vertrags über landgestützte Mittelstreckensysteme (kurz: INF-Vertrag) war der Besitz und die Stationierung dieser Waffenkategorie beiden Ländern untersagt. Die USA haben diesen Vertrag während der ersten Präsidentschaft Donald Trumps mit der Begründung aufgekündigt, dass Russland vertragswidrig solche Waffen entwickelt und auch stationiert habe. Einige Militärexperten sehen ihren entscheidenden Vorteil darin, dass sie schnell einsatzfähig gemacht und besser versteckt werden können als Flugzeuge oder Schiffe. Zudem fliegen sie weit und schnell. Vor dem Hintergrund des Ukrainekrieges wurden noch während der Präsidentschaft Joe Bidens Pläne bekannt, 2026 landgestützte US-Mittelstreckenwaffen in Deutschland zu stationieren. Anders als während der Zeit des Kalten Krieges sollen sie jedoch keine Atomwaffen tragen.

Aber auch jenseits der Raketen und Marschflugkörper hat Russland in den 15 Jahren vor der Ukraine-Invasion große Anstrengungen unternommen, um seine Streitkräfte aufzurüsten und zu modernisieren. 2019 kam eine Studie der Schwedischen Agentur für Verteidigungsforschung (FOI) zu folgendem Ergebnis:

„In den letzten zehn Jahren hat die Russische Föderation ihre militärischen Fähigkeiten radikal ausgebaut. 2008 hatte Russland noch Mühe, einen kurzen lokalen Krieg mit dem benachbarten Georgien zu bewältigen. Weniger als zehn Jahre später war Russland in der Lage, einen regionalen Krieg zu führen und gleichzeitig eine Luftkampagne in Syrien, eine Machtprojektion im Mittelmeer und einen Stellvertreterkrieg in der Ostukraine aufrechtzuerhalten."[35]

Im Lichte des Ukrainekrieges haben Washington und andere NATO-Hauptstädte die militärischen Fähigkeiten Russlands neu bewertet. So offenbarten die russischen Streitkräfte große Probleme mit den Kommandostrukturen und im Bereich der Logistik. Die Luftwaffe erfüllte offensichtlich nicht die vom Kreml in sie gesetzten Erwartungen, während die Zusammenarbeit zwischen Luftwaffe und Bodentruppen nicht gut funktionierte. Westliche Beobachter machten zudem die Korruption in der Armee für die anfänglichen Rückschläge Russlands verantwortlich.[36]

Hinzu kommt, dass der Sturz Baschar al-Assads in Syrien für Russland einen herben strategischen Rückschlag bedeutet. Moskau unterhält dort an der Mittelmeerküste einen Luftwaffen- sowie einen Marinestützpunkt. Beide sind für die russische Machtprojektion in den Mittelmeerraum sowie nach Nordafrika von großer Bedeutung. Mit dem Machtwechsel in Damaskus im Dezember 2024 ist ungewiss, inwieweit Russland seine Präsenz in Syrien aufrechterhalten kann.

Allerdings ist davon auszugehen, dass Moskau aus seinen anfänglichen Rückschlägen in der Ukraine Lehren gezogen hat. Westlichen Militärs bereitet zudem Sorge, dass Russland in dem Krieg Kampferfahrung sammeln konnte, die den meisten NATO-Armeen, darunter auch der Bundeswehr, fehlt.[37] Moskau strebt zudem an, wieder größere militärische Verbände aufzubauen. Präsident Putin treibt auch die Umstellung wichtiger Teile der russischen Wirtschaft auf den Kriegsmodus voran. So wendete Moskau 2023 nahezu sechs Prozent seiner Wirtschaftsleitung für das Militär auf.[38] Vieles wird davon abhängen, wie es mit dem Krieg in der Ukraine weitergeht, denn seit dem Beginn der Invasion ist der größte Teil der einsatzfähigen russischen Bodentruppen in der Ukraine gebunden.[39]

Die nukleare Abschreckung

Fragen der nuklearen Abschreckung haben im Verlauf des letzten Jahrzehnts eine Renaissance erlebt. Verflogen ist der Optimismus der 1990er-Jahre, als Washington und Moskau die Bedeutung von Atomwaffen in ihrer jeweiligen Verteidigungspolitik deutlich herabstuften und tiefe Einschnitte in ihren Waffenarsenalen vornahmen. Noch 2010 konnten sich die USA und Russland auf einen weitreichenden Rüstungskontrollvertrag einigen: den sogenannten New START-Vertrag.

Mit dem Beginn des russischen Angriffs auf die gesamte Ukraine 2022 verschärfte der russische Präsident seine atomaren Drohgebärden in Richtung Westen.[40] Die Wiederkehr des atomaren Schreckens hat allerdings nicht nur mit dem Zusammenbruch der europäischen Sicherheitsordnung in der Folge des Ukrainekrieges zu tun. Technologische Veränderungen – insbesondere die Entwicklung immer präziserer und schnellerer Raketen und Marschflugkörper – hatten bereits zuvor die Rüstungsspirale wieder angetrieben. Nuklearwaffen gelten zudem wieder als Symbol nationaler Stärke.

Sowohl die USA als auch Russland investieren enorme Summen in die Modernisierung ihrer Atomwaffen, während China große Anstrengungen unternimmt, um zu den beiden größten Atomwaffenmächten aufzuschließen.

Diese Entwicklungen werfen für die europäischen Verbündeten der USA schwierige Fragen auf. Die NATO versteht sich als ein nukleares Bündnis und stützt sich dabei fast vollständig auf die USA – die Atomwaffen Frankreichs und Großbritanniens spielen für die Verteidigung Europas bislang nur eine untergeordnete Rolle. Was also tun, wenn Amerika eines Tages seine nuklearen Sicherheitszusagen infrage stellt? Der Wiedereinzug Trumps ins Weiße Haus hat entsprechende Sorgen in den europäischen Hauptstädten erneut befeuert. Ließe sich der US-Beitrag zur Not auch durch eine „europäische Atombombe" ersetzen?

Die USA sind die einzige Atommacht der Welt, die anderen Staaten – mehr als 30 an der Zahl, darunter alle NATO-Staaten sowie Japan und Südkorea – im Rahmen von formalen Bündnissen zugesagt haben, sie unter ihren „nuklearen Schutzschirm" zu stellen. Diese sogenannte erweiterte nukleare Abschreckung hat allerdings ein großes inhärentes Glaubwürdigkeitsproblem. Denn es ist keineswegs offensichtlich, warum die USA die Zerstörung Washingtons oder einer anderen amerikanischen Großstadt riskieren sollten, um die Sicherheit Berlins oder Tallinns zu garantieren.

Trotz dieses Glaubwürdigkeitsproblems haben die europäischen Partner seit Jahrzehnten auf die nuklearen Sicherheitszusagen der USA vertraut. Das hat im Wesentlichen drei Gründe. Zum einen ist die „erweiterte nukleare Abschreckung" politisch und institutionell bisher fest in den USA verankert gewesen. Nachfolgende US-Administrationen haben diese Politik immer wieder in ihren jeweiligen nationalen Sicherheits- und Verteidigungsstrategien bekräftigt. Das gilt sogar für die erste Amtszeit Trumps zwischen 2017 und 2021. Hinzu kommt die Tatsache, dass zumindest bislang breite und überparteiliche Mehrheiten im US-Kongress diese Politik unterstützt und mit entsprechenden Finanzmitteln ausgestattet haben. Letztendlich haben die USA die Glaubwürdigkeit ihrer nuklearen Schutzzusagen mit ihrer eigenen außenpolitischen Glaubwürdigkeit eng verknüpft.

Zweitens kommt es auf die „konventionellen" militärischen Fähigkeiten jenseits der Atomwaffen an.[41] Amerika verfügt weltweit weiterhin mit Abstand über die größte militärische Streitmacht. Auch das erhöht die Glaubwürdigkeit der amerikanischen Sicherheitszusagen in einem Maße, wie es Europa aus eigener Kraft auf absehbare Zeit nicht kann. Eine klassische Maßnahme, um atomare Rückversicherung und Abschreckung glaubwürdiger zu machen, ist, eigene Truppen auf dem Gebiet der Bündnispartner zu stationieren. Wenn Russland auf die Idee käme, einen NATO-Staat anzugreifen, in dem amerikanische, französische oder britische Truppen stationiert sind, steigt – so jedenfalls die Theorie – die Wahrscheinlichkeit, dass diese westlichen Atommächte auch atomar auf einen Angriff reagieren würden. Das bedeutet im Umkehrschluss, dass ein (Teil)Abzug von US-Truppen aus Europa auch die nuklearen Zusagen Amerikas infrage stellen würde.

Drittens haben die USA immer wieder auch Anpassungen an ihrem Atomwaffenarsenal vorgenommen, um die Glaubwürdigkeit der nuklearen Rückversicherung und Abschreckung zu erhöhen. Dazu zählt beispielsweise die bereits unter Obama angestoßene Modernisierung der amerikanischen B-12 Fallbomben, die als letzte amerikanische Atomwaffen noch auf europäischem Boden gelagert sind. Sie sind die Grundlage der sogenannten nuklearen Teilhabe, weil sie im Krisen- oder Kriegsfall von europäischen Flugzeugen transportiert würden. Deutschland verfügt zu diesem Zweck nur noch über das mittlerweile völlig veraltete Tornado-Kampflugzeug, das in Zukunft durch das moderne amerikanische Kampfflugzeug F-35 ersetzt werden soll.

Auch die erste Trump-Administration verkündete im Februar 2018 im Rahmen ihrer Nukleardoktrin die Entwicklung neuer Waffen, die ausdrücklich auch der „erweiterten nuklearen Abschreckung" dienen sollen. Dies betraf unter anderem ballistische Raketen, die von U-Booten abgeschossen werden und einen Atomsprengkopf mit verhältnismäßig geringer Sprengkraft (low yield) tragen. Die Idee dahinter lautet, dass amerikanische Sicherheitszusagen glaubwürdiger sind, wenn die USA im Falle einer Eskalation nicht nur mit dem „ganz großen Hammer" (sprich den „strategischen" Atomwaffen mit großer Reichweite und Sprengkraft) drohen könnten, dessen Einsatz nahezu zwangsläufig auch die eigene Vernichtung einschließen würde. „Kleinere" Atombomben (die immer noch eine erhebliche Zerstörungswirkung haben), so die Logik, ermöglichen eine Art von „Eskalationskontrolle" – die Androhung ihres Einsatzes wäre damit auch glaubwürdiger.

Diese Logik der nuklearen Abschreckung ist allerdings in Fachkreisen umstritten. Das Dilemma besteht nämlich darin, dass Maßnahmen, welche die nukleare Abschreckung glaubwürdiger machen sollen – die Stationierung von Soldaten oder der Ausbau des atomaren Arsenals –, auch konfliktverschärfend wirken können. Klar ist allerdings, dass die nukleare Abschreckung im gegenwärtigen Sicherheitsumfeld sowohl für Russland als auch für die europäischen NATO-Staaten eine wachsende Bedeutung bekommen hat.

Gäbe es für Europa also glaubwürdige Alternativen zur „erweiterten nuklearen Abschreckung" der USA? Nach dem Austritt Großbritanniens aus der Europäischen Union ist die „französische Option" in den Fokus gerückt. Französische Politiker haben gelegentlich angedeutet, dass die Force de Frappe auch der Sicherheit der europäischen Partner diene. So bot Frankreichs Staatspräsident Emmanuel Macron in einer viel beachteten verteidigungspolitischen Grundsatzrede im Februar 2020 den europäischen Partnern einen „strategischen Dialog" über die Rolle der französischen Abschreckung für die kollektive Verteidigung Europas an.[42]

Allerdings ist die „französische Option" als mögliche Alternative zu den USA mit einer Reihe von Problemen behaftet. Erstens hat Macron – wie andere französische Staatspräsidenten vor ihm – deutlich gemacht, dass französische Atomwaffen zuvorderst Frankreich schützen sollen. Paris kennt keine Politik der „erweiterten nuklearen Abschreckung" und sagt den Partnern in EU und NATO folglich auch nicht ausdrücklich zu, sie im Falle eines Angriffs im Extremfall auch mit Nuklearwaffen zu verteidigen. Macron erklärte in der besagten Rede von 2020 sibyllinisch, dass Frankreichs „vitale Interessen heute auch eine europäische Dimension" hätten. Solch ambivalente Äußerungen sind kaum dazu geeignet, die Glaubwürdigkeit der „französischen Option" zu untermauern.

Hinzu kommt, dass das französische (ebenso wie das britische) Atomwaffenarsenal wesentlich kleiner ist als jenes der USA. Der französische Präsident hat die Kommandogewalt über etwa 300 Nuklearwaffen. Um diese im Kriegsfall einsetzen zu können, verfügt Frankreich, ebenso wie Großbritannien, über U-Boote, auf denen ballistische Raketen mitfahren, sowie über Marschflugkörper, die von Flugzeugen aus abgeschossen werden können. Dieses Arsenal würde ausreichen, um Russland oder einem anderen Aggressor einen erheblichen Schaden zuzufügen. Es ist aber fraglich, ob es auch ausreichen würde, um allen EU- bzw. europäischen NATO-Staaten einen glaubwürdigen nuklearen Schutzschirm zu bieten. Schließlich verfügt keine der beiden europäischen Atommächte über eine ähnlich große Armee, Luftwaffe und Marine wie Amerika.

Krieg gegen die Ukraine

Als Russland zum Generalangriff auf die Ukraine überging, wurden die USA zum Schrittmacher westlicher Waffenlieferungen an das Land. Washington ist nicht nur zum größten Geber für militärische und nicht-militärische Hilfen geworden. Darüber hinaus haben die USA anfangs bei der Koordinierung der Waffenhilfe im Rahmen des sogenannten Ramstein-Formats (benannt nach der US-Luftwaffenbasis in Rheinland-Pfalz) die Führungsrolle übernommen. Washington hat zwischen Januar 2022 und Dezember 2024 knapp die Hälfte aller militärischen Hilfen für die Ukraine bereitgestellt (insgesamt 64 von 130 Mrd. Euro).[43] Der Anteil an den gesamten Hilfen, inklusive der finanziellen und humanitären Unterstützung, war zwar geringer, aber immer noch substanziell (114 von 267 Mrd. Euro). Der Wegfall des US-Beitrags – oder auch nur eines großen Teils davon – wäre daher von

Europa nur mit großen Kraftanstrengungen zu kompensieren. Das gilt umso mehr, weil der Finanzbedarf der Ukraine absehbar noch steigen wird. Schätzungen ukrainischer Ökonomen zufolge wird das Land 2025 gut die Hälfte seines Staatsbudgets sowie ein Viertel seiner Wertschöpfung in die Verteidigung investieren müssen.[44]

In den vergangenen zehn Jahren hat der Westen die militärischen Hilfen immer weiter gesteigert. Nach der Krimannexion lieferten die Europäische Union und ihre Mitgliedstaaten zunächst praktisch keine Waffen, Amerika dagegen nur sogenannte nicht-tödliche Militärgüter. Es war ausgerechnet Donald Trump, der diesen Kurs 2017 änderte und erstmals auch Kriegswaffen an die Ukraine lieferte.

Seit 2022 wurden die Militärhilfen – oder genauer: die entsprechenden Zusagen dafür – in Umfang und Qualität dann immer weiter gesteigert. Zunächst ging es um leichte Waffen zur Abwehr von Panzern und Flugzeugen, dann wurden der Ukraine vom Westen immer schwerere Waffen, zunächst ältere Kampfpanzer sowjetischer Bauart, schließlich modernere westliche Kampfpanzer, Artillerie, Raketenwerfer, Kampfflugzeuge und Marschflugkörper zugesagt.

Dabei blieben Washington und andere Hauptstädte darum bemüht, eine möglichst klare Trennlinie zwischen ihrer Rolle als „Unterstützer der Ukraine“ und derjenigen einer Kriegspartei zu ziehen. US-Präsident Biden zog diese Linie dort, wo NATO-Länder eigene Truppen in die Ukraine schicken oder andernorts in unmittelbare Kampfhandlungen mit russischen Truppen verwickelt würden.[45] Je komplexer jedoch die zugesagten und gelieferten Waffensysteme wurden, desto schwerer ließ sich diese Trennung bzw. die Behauptung, keine Kriegspartei zu sein, aufrechterhalten. Zuletzt entzündete sich diese Debatte an der Frage, ob es der Ukraine gestattet werden soll, vom Westen gelieferte Marschflugkörper auch gegen Ziele weit auf russischem Territorium einzusetzen.

Die USA sind nicht nur der Hauptlieferant der Waffenhilfe für die Ukraine, sondern auch der ultimative „Rückversicherer“ für diese Hilfen. Letztendlich ist es die amerikanische Militärmacht und das amerikanische Abschreckungspotenzial, das den europäischen Bündnispartnern zumindest eine gewisse Sicherheit gibt, dass Russland nicht doch beim nächsten „Sprung“ in der Qualität der gelieferten Waffen Vergeltung übt und die Allianz in militärische Auseinandersetzungen mit Russland hineingezogen wird.

Je länger dieser Krieg dauert, desto mehr rückt jedoch die Frage in den Vordergrund, welche Seite die größere Leidens- und Durchhaltefähigkeit besitzt. In den westlichen Hauptstädten ist die politische Unterstützung für die finanzielle und militärische Unterstützung zuletzt immer weiter gebröckelt. Das gilt besonders für die USA. Schon vor der Wiederwahl Trumps im November 2024 wuchs der Widerstand dagegen im amerikanischen Kongress – vor allem bei der Republikanischen Partei – an. Zudem sollte man nicht unterschätzen, wie groß die Ablehnung gegenüber der Verwicklung in Kriegen ohne eine klare Exit-Strategie in beiden Parteien geworden ist. Das gilt umso mehr, wenn diese Verwicklung als eine Ablenkung von der eigentlichen Bedrohung – nämlich China – gedeutet werden kann.

Neben der Frage des politischen Rückhalts kommt es immer mehr darauf an, welche Seite am schnellsten Rüstungsgüter produzieren bzw. beschaffen kann. Der präzedenzlose Verbrauch alleine an Artilleriemunition und Raketen stellt sowohl den Westen als auch Russland vor große Probleme. Selbst in den USA mit ihrem weiterhin gigantischen Verteidigungshaushalt wurde nach dem Ende des Kalten Krieges der Rüstungssektor verkleinert und zudem stärker auf komplexe und moderne Waffensysteme wie Schiffe und Flugzeuge ausgerichtet, mit denen sich mehr Geld verdienen lässt als mit Munition.

Präsident Putin dagegen scheint es leichter gefallen zu sein, Russlands Wirtschaft auf die Erfordernisse des Krieges umzustellen, wobei erhebliche Industriekapazitäten in den Rüstungssektor verlagert worden sind. Nach Einschätzung von Experten für russische Verteidigungspolitik wird das Land auch in absehbarer Zukunft die Masse an Artillerie und Munition nachproduzieren können.[46] Fraglich ist allerdings, ob es Moskau unter dem Druck westlicher Sanktionen auch gelingen wird, technologisch anspruchsvolle Waffensysteme zu produzieren. Hinzu kommt, dass die Umstellung der russischen Wirtschaft auf den Krieg erhebliche Risiken birgt. Aufgrund der westlichen Sanktionen kann Moskau sein Öl und Gas nur zu geringeren Preisen an Länder wie China oder Indien verkaufen. Zudem droht der militärische Sektor die zivile Wirtschaft weiter zu verdrängen, was sich in Form von Arbeitskräftemangel, höherer Inflation und damit auch steigenden Zinsen niederschlägt.[47]

Das Kalkül hinter den westlichen Waffenlieferungen an die Ukraine lautet, dass damit die Voraussetzungen für eine politische Lösung geschaffen werden, die kein russischer Diktatfrieden ist. Immer wieder sind nicht zuletzt in

Deutschland Forderungen laut geworden, mit Russland in einen politischen Prozess einzutreten. Donald Trump hat die Erwartung geweckt, dass zu Beginn seiner zweiten Präsidentschaft die Beendigung des Ukrainekrieges gelingt. Um die Chancen für ein dauerhaftes Ende des Krieges einzuschätzen, ist ein Rückblick sinnvoll, denn Verhandlungen mit Russland hat es schon viele gegeben.

Ab Juni 2014 wurde das sogenannte Normandie-Format die zentrale Bühne für die Beilegung des Konflikts und bildete den diplomatischen Rahmen für den sogenannten Minsk-Prozess. Dem Normandie-Format gehörten Deutschland, Frankreich, Russland und die Ukraine an. Der Kern der beiden daraus hervorgegangenen Minsker Abkommen vom September 2014 („Minsk 1“) und Februar 2015 („Minsk 2“) war ein Waffenstillstand zwischen den von Russland unterstützten militärischen Kräften und der Ukraine, der Rückzug schwerer Waffen, eine Verfassungsreform in der Ukraine zur Stärkung der Selbstverwaltung im Donbas und eine Wiederherstellung der ukrainischen Kontrolle über die Grenze zu Russland.

Rückblickend ist jedoch klar, dass der Minsk-Prozess nicht an technischen Problemen oder fehlendem Vertrauen scheiterte, sondern an unvereinbaren Zielsetzungen. Die Ukraine wollte mit den Minsker Vereinbarungen die volle Souveränität des Landes wiederherstellen, Russland wollte sie dauerhaft untergraben, um dem Land somit den Weg in EU und NATO zu versperren.[48] Der russische Präsident Putin bereitete dem Minsk-Prozess schließlich das finale Ende, als er kurz vor dem Einmarsch in die Ukraine im Februar 2022 die sogenannten Volksrepubliken Donezk und Luhansk als eigenständige Staaten anerkannte, um sie dann wenig später an Russland anzuschließen.[49]

Auch nach dem Angriff Russlands auf die gesamte Ukraine kam die Diplomatie keineswegs zum Stillstand. Zunächst verhandelten ukrainische und russische Delegationen ohne greifbare Ergebnisse direkt miteinander. Im März 2022 trafen sich russische und ukrainische Vertreter unter türkischer Vermittlung. Die ukrainische Seite bot damals den Verzicht auf die NATO-Mitgliedschaft im Gegenzug für einen Waffenstillstand und internationale Sicherheitsgarantien an. Die Krimfrage sollte durch Verhandlungen in den nächsten 15 Jahren gelöst werden.[50]

Die Verhandlungen schienen einem Durchbruch nahe, scheiterten am Ende jedoch. Russland und auch einige westliche Kommentatoren machten dafür amerikanischen Druck auf die Ukraine verantwortlich. Einem Bericht der New York Times zufolge hatte Putin jedoch eine neue Bedingung formuliert. Demnach sollte Russland nach einem Friedensschluss nicht nur selbst „Sicherheitsgarant" für die Ukraine sein. Moskau sollte darüber hinaus auch die Möglichkeit haben, militärische Maßnahmen zur Umsetzung des Schutzversprechens mit einem Veto zu blockieren. Das war für die Ukraine offensichtlich nicht akzeptabel.[51]

Als Reaktion auf die einseitige russische Erklärung zur Annexion der ukrainischen Gebiete Luhansk, Donezk, Saporischschja und Cherson im September 2022 schloss der ukrainische Präsident Selenskyj fortan direkte Gespräche mit Putin aus. Beim G20-Gipfeltreffen in Bali im November 2022 legte Selenskyj einen Zehn-Punkte-Friedensplan vor, der sich diesmal erkennbar aber nicht mehr an die russische Seite, sondern vor allem an die Weltöffentlichkeit richtete. Neben den Sicherheitsgarantien forderte er den vollständigen Rückzug russischer Truppen aus der Ukraine und die Einrichtung eines Sondertribunals zur Ahndung russischer Kriegsverbrechen. Von einer möglichen Neutralität der Ukraine war nun keine Rede mehr.[52]

Immer wieder traten auch nicht-europäische Länder wie Mexiko, Indonesien, Südafrika, Brasilien und China mit Friedensvorschlägen an die Öffentlichkeit. Hochrangige Treffen unter Beteiligung zahlreicher Staaten (allerdings ohne Russland) widmeten sich ebenfalls der Beendigung des Krieges, darunter der Peace Summit im schweizerischen Bürgenstock im Juni 2024.

Die zahlreichen diplomatischen Initiativen seit dem Sommer 2014 sind nicht am fehlenden Verhandlungswillen der Ukraine oder gar an der Obstruktion Amerikas bzw. des Westens gescheitert. Allerdings haben die USA in diesen Prozessen oft eher die Rolle eines Zaungastes gespielt. Schon Barack Obama betrachtete den Ukraine-Konflikt vorrangig als ein Problem der Europäer.[53] Auch unter „Trump I" und Biden investierte Washington nur wenig politisches Kapital in mögliche Verhandlungen mit Russland. Durch die Einverleibung ukrainischer Gebiete hatte Russland Fakten geschaffen. Weder die Ukraine noch die USA oder andere westliche Partner wollten sich auf einen Verhandlungsprozess einlassen, der am Ende die völkerrechtswidrige Annexion ukrainischer Gebiete festschreiben und legalisieren würde.

Die entscheidende Frage lautet nunmehr, ob die USA unter Trump von diesem Prinzip abrücken werden. Im Februar 2025 bestätigten sich Befürchtungen in Kyiv und anderen europäischen Hauptstädten, dass Trump einen Verhandlungsprozess mit Russland über ihre Köpfe hinweg starten könnte. Washington signalisierte zudem, dass es die Ukraine im Rahmen von Verhandlungen zum Verzicht auf von Russland besetzte Gebiete drängen würde.

Sollte es in naher Zukunft tatsächlich zu einem Waffenstillstand oder gar einem Friedensschluss kommen, wird die Frage der Sicherheitsgarantien für die Ukraine eine entscheidende Bedeutung haben. Andernfalls könnte sich Kyiv nicht sicher sein, dass Russland nicht bei nächster Gelegenheit erneut angreift. Auf Initiative der G7-Staaten haben zahlreiche Länder mit der Ukraine bilaterale Sicherheitsvereinbarungen getroffen.

Diese Abkommen bieten der Ukraine allerdings keinen echten Schutz, solange die Mehrzahl der Länder, allen voran die USA, nicht bereit ist, bei Bedarf direkt in den militärischen Konflikt mit Russland einzugreifen. Diese wesentliche Einschränkung steht auch einem robusten Mandat für eine künftige Überwachungs- bzw. Friedensmission in der Ukraine entgegen. Trump hat bereits deutlich gemacht, dass er bei der Aufstellung einer solchen Mission vor allem die Europäer in der Pflicht sieht.

Eine offene Frage ist auch, ob die Ukraine Mitglied der NATO werden kann. Das Bündnis hat bislang davor zurückgeschreckt, der Ukraine eine offizielle Einladung für einen baldigen Beitritt auszusprechen. Bislang gehört es nämlich zu den Grundsätzen des Bündnisses, keinen Staat aufzunehmen, der sich in einem Krieg oder einem bewaffneten Territorialkonflikt mit einem anderen Staat befindet. Auf ihrem Washingtoner Jubiläumsgipfel im Juli 2024 konnten sich die Bündnispartner lediglich dazu durchringen, das schon 2008 gegebene Versprechen eines Beitritts – was nicht das gleiche ist wie eine konkrete Einladung – zu bekräftigen. Der Weg der Ukraine zur „vollen euro-atlantischen Integration" sei „unumkehrbar" heißt es in der Abschlusserklärung. Vieles spricht jedoch dafür, dass Trump der Perspektive eines NATO-Beitritts für die Ukraine eine klare Absage erteilen wird.

Transatlantische Wirtschaftskonflikte

Der Zusammenbruch der europäischen Sicherheitsordnung und der Ukrainekrieg haben den engen Zusammenhang zwischen wirtschaftlichen und sicherheitspolitischen Fragen einmal mehr deutlich gemacht. Das betrifft nicht nur die Russland-Sanktionen, sondern auch die transatlantischen Wirtschaftsbeziehungen. Im Zusammenhang mit der NATO steht meist Artikel 5 des Washingtoner Vertrages im Fokus der Aufmerksamkeit, in dem es um die kollektive Verteidigung geht. Artikel 2 dagegen findet weniger Beachtung, obwohl er in Zukunft eine wachsende Bedeutung erlangen könnte. Dort nämlich verpflichten sich die Bündnispartner, „Konflikte in ihrer internationalen Wirtschaftspolitik zu beseitigen" und die wirtschaftliche Zusammenarbeit untereinander zu befördern. Dahinter steht letztendlich die Erkenntnis, dass enge wirtschaftliche Beziehungen zwischen den Mitgliedern Bündnisse wie die NATO stärken, während Wirtschaftskonflikte sie schwächen können.

Die Europäische Union und die Vereinigten Staaten sind besonders enge Wirtschaftspartner – sowohl mit Blick auf den Handel als auch die gegenseitigen Investitionen.[54] Berücksichtigt man nicht nur Güter, sondern auch Dienstleistungen und Investitionen, sind die USA weiterhin der größte Handelspartner der EU, noch vor China. Allerdings hat sich das Bild in den letzten Jahren eingetrübt.

Europa und Amerika verfügen weiterhin über kein umfassendes Handelsabkommen, nachdem der letzte große Anlauf – das Transatlantic Trade and Investment Partnership (TTIP) – zunächst unter Obama strauchelte und dann unter Trump einen schnellen Tod starb. Unter Präsident Biden verbesserten sich die Wirtschaftsbeziehungen zu Europa wieder deutlich, aber auch unter seiner Präsidentschaft stritten die transatlantischen Partner über zahlreiche Themen wie die Subventionierung grüner Industrien, die Regulierung neuer Technologien wie Künstliche Intelligenz und „digitale Souveränität".[55]

Prägend für die Zukunft der transatlantischen Wirtschaftsbeziehungen dürfte jedoch der Umgang mit China sein. Einig waren sich Brüssel und Washington während der Präsidentschaft Bidens, dass es vorrangig um „Risikominderung" gegenüber Peking geht, nicht um wirtschaftliche Abkoppelung. Es gibt jedoch einen großen Interpretationsspielraum, wo Risikominderung aufhört und wo Abkoppelung anfängt.

Der Handel über den Atlantik weist weiterhin einen der niedrigsten Durchschnittszölle der Welt auf.[56] Trotzdem wurde die Zollfrage in den letzten Jahren zu einem transatlantischen Konfliktthema. Im Frühjahr 2018 erließ Donald Trump auf die Einfuhr von Stahl und Aluminium Zölle, die auch die europäischen Partner trafen. Das Besondere daran war, dass der amerikanische Präsident diesen Schritt mit einer Bedrohung für die nationale Sicherheit der USA begründete. Tatsächlich war es ein Novum, dass eine US-Regierung Importe enger Partner und Verbündeter als eine Gefahr für die nationale Sicherheit der USA einstufte.[57] Darüber hinaus drohte Trump den amerikanischen Wirtschaftspartnern auch mit Strafzöllen auf Autos.

Unter Präsident Biden gelang es zwar, den transatlantischen Zollkonflikt zu entschärfen, gänzlich gelöst wurde er allerdings auch unter ihm nicht. Biden wandelte einen Teil der Stahl- und Aluminiumimporte aus Europa in zollfreie Importkontingente um, während die EU ihrerseits auf Gegenmaßnahmen verzichtete. Beide Seiten einigten sich zudem darauf, ein globales Abkommen anzustreben, dass u.a. den Handel mit „klimafreundlichem" Stahl erleichtern würde.[58]

Die zweite Amtszeit Donald Trumps könnte noch gravierendere wirtschaftliche Auswirkungen auf Deutschland und andere europäische Länder haben – vor allem, wenn er seine Zolldrohungen wahrmacht. Trump und dessen Berater hatten im Wahlkampf angedroht, pauschal alle amerikanischen Einfuhren mit zehn bis 20 prozentigen Zöllen zu belegen, solche aus China sogar mit 60 Prozent. Nicht auszuschließen wäre dann, dass China mit ähnlich hohen Zöllen auf Einfuhren aus den USA reagieren würde. Wirtschaftsfachleute haben prognostiziert, dass ein solches Szenario auch die deutsche und europäische Wirtschaft hart treffen würde.[59]

Ein weiteres potenzielles Konfliktfeld zwischen den USA und Europa betrifft die Renaissance der Industriepolitik auf beiden Seiten des Atlantiks. Im August 2022 traten in den USA sowohl der Inflation Reduction Act (IRA) als auch der CHIPS and Science Act in Kraft. Der IRA sorgte in Europa für erhebliche Irritationen, weil er Elemente enthält, die diskriminierend gegenüber europäischen und anderen ausländischen Firmen wirken.[60] So müssen Produkte, die in den Genuss staatlicher Förderung kommen, bestimmte Anforderungen hinsichtlich des Anteils an amerikanischen Komponenten erfüllen (Local Content Rules).

Eines der zentralen Ziele des CHIPS Act lautet, die Produktion von Computerchips in den USA zu fördern. Zugleich bemühen sich auch Deutschland und andere Länder ebenfalls um entsprechende Produktionsstätten, indem sie große Chip-Konzerne wie die Taiwan Semiconductor Manufacturing Company (TSMC) oder Intel mit gewaltigen staatlichen Zuschüssen locken. Im September 2023 setzte die Europäische Union ihren eigenen CHIPS Act in Kraft. Beobachter sehen die Gefahr, dass sich Europa und Amerika in einen kostspieligen Subventionswettlauf begeben, der großen Firmen die Möglichkeit eröffnen könnte, beide Seiten gegeneinander auszuspielen.[61]

Konfliktträchtig ist schließlich auch der Einsatz von Exportkontrollen und Sanktionen, der in den USA eine immer größere Bedeutung gewinnt. So führt das amerikanische Handelsministerium eine Liste mit ausländischen Firmen sowie öffentlichen und privaten Institutionen, die Exportbeschränkungen unterliegen. Diese Liste ist zuletzt immer länger geworden. Sie ist zwar nicht ausschließlich, aber doch ganz wesentlich gegen China gerichtet. Das Ziel lautet, China den Zugang zu bestimmten Technologien zu verwehren, die auch militärisch genutzt werden können. Auch dabei spielen Chips sowie Technologien für deren Herstellung eine wichtige Rolle.[62]

Aus europäischer Perspektive ist dabei problematisch, dass Exportkontrollen oft nicht nur amerikanische Firmen treffen, sondern auch ausländische. In der EU wächst die Sorge, dass solche „extraterritorialen" Maßnahmen als Druckmittel eingesetzt werden könnten, um europäische Staaten „auf Linie" mit der amerikanischen Chinapolitik zu bringen.[63] Präsident Biden hatte sich noch darum bemüht, Exportkontrollen in multilateralen Formaten mit den Verbündeten eng abzustimmen. Das hat insbesondere mit Blick auf Russland offensichtlich auch gut funktioniert. Zudem versprach Biden, einen Ansatz zu verfolgen, der einen eher eng abgesteckten Bereich ausgewählter Technologien ins Visier nimmt. Dieser Ansatz wird als „Small Yard, High Fence" bezeichnet. Grundsätzlich ließe sich das Instrument allerdings auch auf weitere Wirtschaftsbereiche als nur den Technologiesektor anwenden. Von der Trump-II-Administration kann Europa jedenfalls deutlich weniger multilaterale Abstimmung und amerikanische Selbstbeschränkung erwarten.[64]

Neben den Exportkontrollen gewinnen auch Sanktionen im außenpolitischen Instrumentenkasten der USA zunehmend an Bedeutung. Ähnlich wie bei Exportkontrollen oder Investitionsbeschränkungen besteht aus deutscher bzw. europäischer Sicht das Grundproblem darin, dass Amerika auf Grundlage seiner eigenen Interessendefinition über den Einsatz von Sanktionen entscheidet. Zugleich haben diese Entscheidungen jedoch mitunter weitreichende wirtschaftliche Auswirkungen auf die außenpolitischen Partner der USA. Bei den Finanzsanktionen hat Washington aufgrund der fortbestehenden hegemonialen Stellung des Dollars sogar einen besonders langen Hebel.

So hat der Einsatz sogenannter Sekundärsanktionen immer wieder für Konflikte im transatlantischen Verhältnis gesorgt. Dabei weiten die USA die Wirkung der Sanktionen auf den Handel von Drittstaaten mit dem sanktionierten Land aus. Prominente Beispiele der jüngeren Vergangenheit sind die amerikanischen Sanktionen gegen Iran sowie gegen die Nordstream-2-Gaspipeline vor Beginn des russischen Angriffskrieges.

Der Ukrainekrieg hat transatlantische Differenzen über die Anwendung von Sanktionen in den Hintergrund gedrängt, weil beide Seiten an einem Strang zogen. Die deutsche Bundesregierung gab ihren Sonderweg hinsichtlich der Nordstream-2-Pipeline auf, nachdem Berlin zuvor gegen den erbitterten Widerstand östlicher EU-Länder und der USA an dem umstrittenen Projekt festgehalten hatte.

Washington und seine europäischen und außereuropäischen Partner (darunter Japan und Australien) einigten sich nach dem Überfall Russlands auf die Ukraine im Februar 2022 schnell auf die wesentlichen Elemente des Sanktionsregimes gegen Russland. Es besteht im Kern aus Finanzsanktionen gegen russische Banken, Export- und Importbeschränkungen, Sanktionen gegen den russischen Energiesektor sowie individuelle Sanktionen gegen tausende russische Politiker, Vertreter des Militär- und Sicherheitsapparats, Oligarchen sowie russische Organisationen und Firmen.[65]

Eine enge und fortlaufende Abstimmung über den Atlantik hinweg ist auch deshalb notwendig gewesen, weil die Kosten, die sich aus der Durchsetzung der Sanktionen ergeben, für Europa wesentlich höher waren (und sind) als für Amerika. Das hängt schlicht damit zusammen, dass Europa vor dem Ukrainekrieg handels- und energiepolitisch wesentlich enger mit Russland verbunden war als die USA. Bei dem Ziel, die Abhängigkeit Europas von russischem Gas zu reduzieren, haben auch amerikanische Flüssiggaslieferungen eine wichtige Rolle gespielt. 2022 exportierten die USA 56 Mrd. Kubikmeter Flüssiggas in die EU – 34 Mrd. Kubikmeter mehr als im Jahr vor der russischen Invasion.[66] Einige Analysten sehen darin eine Art Kompensation für die ökonomischen Verluste der europäischen Verbündeten, welche den engen transatlantischen Schulterschluss zur Ukraine erst möglich gemacht haben.[67] Dabei sollte allerdings nicht unterschlagen werden, dass die USA von den Flüssiggasexporten nach Europa auch selbst wirtschaftlich profitieren.

Jenseits von Zöllen, Exportkontrollen und Sanktionen stellt sich auch die grundlegendere Frage, wie weit Europa und Amerika bei der Gestaltung der Weltwirtschaftsordnung noch einen gemeinsamen Kurs fahren. So spiegelt der andauernde Zwist über den Streitschlichtungsmechanismus in der Welthandelsorganisation (WTO) auch grundsätzliche Differenzen über die Zukunft der internationalen Wirtschafts-

und Handelsordnung wider. Bereits unter Obama begannen die USA sehr zum Ärger ihrer europäischen Partner damit, die Wiederernennung von Richtern für die Berufungsinstanz der WTO zu blockieren. Diese Instanz fungiert als eine Art „Oberster Gerichtshof für den Welthandel".[68] Aus amerikanischer Sicht hat die WTO versagt, gegen Chinas unlautere Handelspraktiken vorzugehen. Darüber hinaus scheint es so, als habe Amerika generell das Interesse am globalen Handelssystem verloren.

Aufgrund ihrer großen Wirtschaftsmacht sind die USA in einer sehr starken Position, wenn es darum geht, Handelsabkommen mit anderen wichtigen Wirtschaftsmächten abzuschließen. Kleinere Länder sind dagegen viel stärker auf das multilaterale Regelwerk der WTO angewiesen.[69] Trump setzt besonders deutlich darauf, die amerikanische Wirtschaftskraft und die Größe des US-Marktes als Druckmittel gegenüber kleineren Volkswirtschaften einzusetzen. Es ist daher davon auszugehen, dass sich die Konflikte über die Zukunft der Welthandelsordnung auch unter den NATO-Partnern in Zukunft weiter verschärfen werden.

Die Pax Americana in Europa

Die eigentliche Ursache für den Konflikt mit Russland sowie für den Ukrainekrieg liegt weniger in militärischen oder territorialen Fragen, sondern vor allem in den unvereinbaren Wertvorstellungen über die innere und äußere Ordnung Europas. Genau das hat den Konflikt mit Russland so schwer verhandelbar gemacht. Auch in der Ukraine geht es um weit mehr als militärische Kräfteverhältnisse und territoriale Ansprüche. Deshalb wird es eine enorme Herausforderung sein, aus einem möglichen Waffenstillstand auch einen langfristigen und stabilen Frieden zu schaffen.

Die Verfechterin und der Kritiker der Pax Americana blicken sehr unterschiedlich auf die Bedeutung liberal-demokratischer Werte. Für die Verfechterin spielen sie im Verhältnis zu Russland eine entscheidende Rolle. Der Kritiker dagegen sieht diese Werte als zweitrangig bzw. vorgeschoben an. Die entscheidenden Konflikttreiber sind demnach amerikanisches Dominanzstreben und westliche Arroganz, nicht Werte. Überhaupt kann Amerika aus seiner Perspektive nicht glaubhaft für sich in Anspruch nehmen, für die Demokratie einzutreten. Das gilt nach der Wiederwahl Donald Trumps umso mehr.

Tatsächlich aber hat amerikanische Macht nach 1945 und 1990 zur Ausbreitung und Konsolidierung liberal-demokratischer Normen und Institutionen in Europa maßgeblich beigetragen. Allerdings führte dieses Democratic Enlargement anders als erhofft nicht zu Sicherheit und Stabilität in ganz Europa. Russland unter Putin sieht die Ausbreitung liberaler Werte in den „postsowjetischen“ Raum als eine existenzielle Bedrohung an.

Aber auch aus Sicht Deutschlands und der meisten anderen EU- und NATO-Staaten sind Werte nicht verhandelbar. Aus ihrer Sicht ruht die europäische Sicherheitsordnung auf einem liberal-demokratischen Wertefundament. Bislang sind nur wenige NATO-Staaten von dieser Sichtweise abgerückt – in erster Linie Ungarn und die Türkei. Sollten weitere europäische Länder und insbesondere auch die USA unter der zweiten Trump-Administration Werte und Sicherheit in Europa entkoppeln, hätte dies gravierende Konsequenzen.

Das lässt sich anhand des NATO-Bündnisfalls verdeutlichen. Gelegentlich ist die Frage aufgeworfen worden, ob die USA unter Trump (I oder II) Estland gegen einen russischen Angriff verteidigen würden. Aus einer rein „realpolitischen" Brille betrachtet würde der „Verlust" Estlands das strategische Gleichgewicht in Europa nicht wesentlich verändern. Der historische Grund, warum die NATO dennoch jeden Mitgliedstaat zu verteidigen beansprucht, ist, dass sich das Bündnis seit seiner Gründung als eine demokratische Sicherheitsgemeinschaft begreift.[70]

Die unmittelbare Verbindung von Sicherheit und Werten ergibt sich schlicht daraus, dass es sich in Europa um die eigene Sicherheitsordnung handelt. Russland unter Putin greift nicht nur völkerrechtliche Prinzipien an, sondern – durchaus auch im eigenen Verständnis – die liberalen Werte, die es vehement ablehnt. Hat es damit Erfolg, stehen auch die demokratischen Grundlagen der EU und ihrer Mitgliedstaaten zur Disposition. Letztendlich ist auch die sicherheitspolitische Bedeutung der USA in Europa untrennbar mit demokratischen Werten verknüpft. Strauchelt die Demokratie in Amerika, strauchelt auch seine sicherheitspolitische Rolle in Europa.

All das bedeutet nicht, dass militärische Fragen keine Rolle mehr spielen. Russland hat in den vergangenen 15 Jahren große Anstrengungen unternommen, um seine Streitkräfte aufzurüsten und zu modernisieren. Der Ukrainekrieg hatte zwar die militärischen Schwächen Russlands offenbart, allerdings auch gezeigt, dass Moskau bereit und in der Lage ist, viele Ressourcen – Geld, Rekruten und Material – für diesen Krieg zu mobilisieren. Zudem sammeln russische Truppen Kampferfahrungen, die insbesondere dem europäischen Teil der NATO fehlen.

Gleichzeitig werden die USA sicherheitspolitisch immer stärker in anderen Weltregionen herausgefordert, zuvorderst durch China. Damit steht letztendlich auch die Glaubwürdigkeit amerikanischer Bündniszusagen in Europa infrage. Das gilt umso mehr, wenn unter der zweiten Trump-Präsidentschaft Stimmen in Washington lauter und einflussreicher werden, die eine Verlagerung der Militärmacht Amerikas in den Indopazifik befürworten. Der Gedanke ist also vollkommen richtig, dass Europa auch verteidigungspolitisch unabhängiger von Amerika werden muss.

Dabei geht es jedoch nicht nur um militärische Fragen, sondern auch um die glaubwürdige Fähigkeit, weitreichende politische Entscheidungen unter den Bedingungen einer existenziellen Krise treffen zu können. Der Anspruch Amerikas lautet seit Jahrzehnten, dass es anders als klassische Imperien in erster Linie mit machtpolitischer Selbstbeschränkung anstatt durch Zwang führt. Das gilt in besonderem Maße für die NATO, deren Institutionen auf multilateraler Entscheidungsfindung und demokratischen Werten basieren – auch wenn Washington unbestritten „Erster unter Gleichen“ ist. Ohne die USA wäre es wesentlich schwieriger für die europäischen Länder, einen politischen Konsens bei zentralen sicherheits- und verteidigungspolitischen Belangen zu erzielen. Aufgrund ihrer heterogenen Interessenlagen gelingt dies der Europäischen Union und ihren Mitgliedstaaten oft nicht.

Als das Szenario eines amerikanischen NATO-Abzugs nach dem ersten Amtsantritt von Donald Trump im Januar 2017 als eine reale Option erschien, erstarkten auch die Fliehkräfte zwischen den EU- und NATO-Staaten. Die europäischen Bündnispartner bewerteten nämlich die Glaubwürdigkeit der amerikanischen Sicherheitspolitik sehr unterschiedlich. Frankreich forderte noch vehementer die „strategische Autonomie" für Europa, während Deutschland sich wieder einmal abwartend verhielt. Polen und andere Länder in Mittelosteuropa gingen den entgegengesetzten Weg zu Paris und suchten verstärkt die Nähe zu Washington. Indessen liebäugelten wiederum andere Länder damit, einen Ausgleich mit Russland zu finden.

Der Amtsantritt der Biden-Regierung und der erneute russische Angriff auf die Ukraine haben diese Differenzen zeitweise überbrückt, aber nicht gänzlich verschwinden lassen. Es steht zu befürchten, dass die inneren Fliehkräfte in NATO und EU während der zweiten Trump-Präsidentschaft wieder deutlich zunehmen werden. Vor allem, wenn Trump Differenzen innerhalb und zwischen den Bündnispartnern sogar aktiv schüren sollte.

In Zukunft könnte die NATO allerdings nicht nur erneut mit sicherheitspolitischen Differenzen ihrer Mitgliedstaaten konfrontiert sein, sondern verstärkt auch mit handfesten wirtschaftlichen Interessenkonflikten. Die Abwendung Amerikas vom Paradigma wirtschaftlicher Offenheit und die

Zunahme protektionistischer Tendenzen setzt auch seine europäischen Partner unter Zugzwang. Europa und Amerika bleiben füreinander zwar wichtige Wirtschaftspartner. Darüber hinaus teilt man in Berlin, Brüssel und Washington Sorgen über die wirtschaftliche und sicherheitspolitische Herausforderung durch China.

Dennoch hat das Konfliktpotenzial in den transatlantischen Wirtschaftsbeziehungen im Laufe der letzten Jahre deutlich zugenommen. Der offene Protektionismus Donald Trumps in Kombination mit dessen „America First"-Nationalismus dürfte es für die Bündnispartner in Zukunft noch schwerer machen, ihr in Artikel 2 des NATO-Vertrags gegebenes Versprechen einzulösen – nämlich ihre wirtschaftlichen Interessenkonflikte beizulegen.

Kapitel 4
Indopazifik: Rivalität mit China

Im April 2023 sorgte der französische Präsident für Schlagzeilen. Auf dem Rückflug von einer offiziellen China-Reise gab Emmanuel Macron mehreren Medien ein Interview, das es in sich hatte. „Europa“, so Macron, „muss seine Abhängigkeit von den Vereinigten Staaten von Amerika reduzieren und vermeiden, in eine Konfrontation zwischen China und den USA in der Taiwan-Frage zu geraten.“ Europa riskiere in Krisen hineinzugeraten, „die nicht unsere sind [...]“.[1] Macrons gar nicht so unterschwellige Botschaft lautete: Der konfrontative Kurs der USA gegenüber China heizt Konflikte an und könnte möglicherweise sogar einen Krieg im Indopazifik auslösen, der nicht im Interesse Europas sei.

Macron löste mit seiner Bemerkung in Frankreich, anderen europäischen Ländern sowie in den USA auch Verständnislosigkeit und Irritation aus. Da er kurz zuvor mehrere Stunden mit dem chinesischen Staats- und Parteichef Xi Jinping verbracht hatte, wirkte es so, als habe er seinen

Sprechzettel in großen Teilen von diesem abgeschrieben. Hinzu kommt, dass Frankreich sich zurückgesetzt fühlte, nachdem die USA mit Großbritannien und Australien im September 2021 das sogenannte AUKUS-Bündnis für eine engere Zusammenarbeit im Verteidigungsbereich geschlossen hatten. Paris blieb dabei außen vor.

Macrons Bemerkung hat aber wohl auch deshalb heftige Reaktionen ausgelöst, weil sie die Grundannahme hinterfragt, auf der das amerikanische Bündnissystem im indopazifischen Raum seit Jahrzehnten basiert: dass nämlich die regionale Stabilität entscheidend von der sicherheitspolitischen und wirtschaftlichen Macht Amerikas abhängt.

Tatsächlich haben die Vereinigten Staaten nach dem Zweiten Weltkrieg sicherheitspolitisch in Asien eine vergleichbare Rolle gespielt wie in Europa. Der ehemalige Kriegsgegner Japan wurde wie Westdeutschland in eine militärische Allianz mit Amerika eingebettet. Damit haben die USA andere Staaten der Region gegen mögliche Bedrohungen durch ein wiedererstarktes Japan rückversichert. Während der Zeit des Kalten Krieges spielte die Bedrohung durch die Sowjetunion auch für die US-Bündnisse in Asien eine wichtige Rolle. Für die USA ist der Indopazifik spätestens seit der 2011 von Barack Obama verkündeten Hinwendung nach Asien (Pivot to Asia) diejenige Weltregion mit der strategisch größten Bedeutung. Als Außenministerin unter Obama rief Hillary Clinton das „pazifische Jahrhundert“ aus. Dreh- und Angelpunkt der amerikanischen Politik in der Region ist und bleibt das Verhältnis zu China.

Seit der ersten Trump-Präsidentschaft wird die Region von amerikanischer Seite offiziell nicht mehr als „Asien-Pazifik", sondern als Indopazifik bezeichnet. Das spiegelt nicht zuletzt die deutlich gestiegene Bedeutung Indiens wider, das sich in vielerlei Hinsicht ebenfalls als Rivale Chinas betrachtet. Der geografische Verantwortungsbereich des Indopazifik-Kommandos der US-Streitkräfte erstreckt sich von der Westküste Indiens bis zur Westküste der USA und von der Arktis bis zur Antarktis.

Diese Mega-Region macht einen Großteil der Weltwirtschaft, des globalen Wirtschaftswachstums und der Weltbevölkerung aus. Im Jahr 2021 wurden über asiatische Häfen 64 Prozent des globalen seewärtigen Güterumschlags abgewickelt.[2] Die Straße von Malakka, die zwischen Indonesien, Malaysia und Singapur verläuft, ist die meistbefahrene Wasserstraße der Welt. Fast der gesamte maritime Handel zwischen Europa und Südostasien führt durch dieses Nadelöhr.[3] Ein militärischer Konflikt, beispielsweise in der Taiwanstraße, hätte gravierende ökonomische Auswirkungen auf globaler Ebene.

Die zentrale Bedeutung der Region und die Rivalität mit China werden in Washington über Parteigrenzen hinweg ähnlich bewertet. Unterschiedliche Positionen gibt es allerdings dazu, wie die Konfrontation und der Wettbewerb mit der Volksrepublik am besten gehandhabt werden sollten – nicht zuletzt auch, um einen militärischen Konflikt zu verhindern.[4]

Der amerikanisch-chinesische Systemkonflikt

Nach den Kriegen in Korea und Vietnam galt der Raum, der heute als Indopazifik bezeichnet wird, lange Zeit als relativ sicher – zumindest in der Hinsicht, dass zwischenstaatliche Kriege die Ausnahme blieben. Das renommierte Stockholmer Institut für Friedensforschung (SIPRI) stellt für die vergangenen 40 Jahre sogar einen Rückgang bewaffneter Konflikte in Asien und Ozeanien fest – und warnt zugleich davor, dass sich dieser positive Trend in der jüngeren Vergangenheit umzukehren scheint.[5] Ein deutlicher Indikator für die Zunahme sicherheitspolitischer Spannungen sind die wachsenden Rüstungsausgaben in der Region – besonders deutlich im Falle Chinas und Indiens, aber auch mit Blick auf die US-Verbündeten Japan, Südkorea und Australien.[6]

Die negativen Sicherheitsdynamiken werden von einer Reihe von Faktoren angetrieben. So identifiziert SIPRI neben zwischenstaatlichen Konflikten auch den dschihadistischen Terrorismus, der weiterhin in vielen asiatischen Ländern wütet, den Hindu-Nationalismus in Indien sowie den buddhistischen Extremismus in Myanmar, Sri Lanka und Thailand als Quellen von Unsicherheit in der Region.[7]

Von zentraler Bedeutung für die Sicherheit im indopazifischen Raum sind jedoch die Territorialkonflikte zwischen China und seinen Nachbarn sowie die amerikanisch-chinesische Rivalität. Um sowohl die Ursachen als auch die sicherheitspolitischen Konsequenzen dieser Rivalität besser zu verstehen, ist es wichtig, ihre drei wesentlichen Dimensionen voneinander zu unterscheiden. Sie betreffen jeweils die Sicherheit, die Wirtschaft und die Werte.[8]

Das Verhältnis zwischen den USA und China ist im Grundsatz durch ein klassisches Sicherheitsdilemma gekennzeichnet, bei dem jede Seite ihr eigenes Verhalten als defensiv betrachtet, die andere Seite jedoch als aggressiv. So sehen die USA ihre militärischen Patrouillen in internationalen Gewässern vor den Küsten Chinas als wesentlichen Beitrag zur Wahrung der Freiheit der Meere, China dagegen sieht sie als Bedrohung. Das Problem beginnt schon damit, dass China einen Großteil dieser Gewässer, wie insbesondere das Südchinesische Meer, nicht als international, sondern als chinesisch begreift. Entsprechende militärische Maßnahmen zur Untermauerung seines Anspruchs, wie die Beschaffung von modernen Antischiffsraketen, betrachtet Peking wiederum als Schutzmaßnahme, während die USA und ihre Verbündeten darin ein aggressives Verhalten sehen.[9]

Im Falle des chinesisch-amerikanischen Konflikts kommt verschärfend hinzu, dass eine aufstrebende Macht auf eine etablierte (bzw. nach chinesischer Lesart absteigende) Macht trifft. Diese Konstellation wird in Anlehnung an den Peloponnesischen Krieg in der Antike zwischen Sparta und Athen als „Thukydides-Falle“ bezeichnet.[10]

Das verschärfende Element ist hier der Zeitfaktor: Die absteigende Macht steht unter großem Druck, eher früher als später zu handeln, bevor die eigene Position sich noch weiter verschlechtert. Auch diese Dynamik lässt sich im amerikanisch-chinesischen Verhältnis beobachten. So wächst der politische und militärische Druck Chinas auf Taiwan, das Peking als abtrünnige Insel betrachtet. Die Sicherheitspolitik Amerikas gegenüber China wird zunehmend von der Angst getrieben, dass die früher nicht hinterfragte militärische Überlegenheit Amerikas erodiert.[11]

Zuletzt haben sich die Warnungen aus dem US-Militär gehäuft, die einen Angriff Chinas auf Taiwan in einem immer kurzfristigeren Zeitfenster für wahrscheinlich halten.

Auch der von Trump und den Republikanern im Wahlkampf 2024 propagierte Slogan „Frieden durch Stärke" spielt auf die verbreitete Sorge vor amerikanischer Schwäche gegenüber China an. Die politisch und militärisch Verantwortlichen in den USA treten daher für eine militärische Vorsorgestrategie ein, die wiederum in Peking Bedrohungswahrnehmungen verschärft.

Das sicherheitspolitische und militärische Ringen zwischen China und den USA wird vom Konzept der „Inselketten" strukturiert und definiert.[12] Während Washington bestrebt ist, den militärischen Handlungsspielraum Pekings zwischen dem chinesischen Festland und den Inselketten einzuhegen, zielt die Aufrüstung Chinas darauf ab, diese Ketten sozusagen „zu sprengen". Dabei erstreckt sich die erste Inselkette von den Kurileninseln im Norden über Japan, Taiwan, die Philippinen bis nach Indonesien und schließt unter anderem das Ost- und Südchinesische Meer mit ein.

Die zweite Inselkette erstreckt sich von der Südostküste Japans (mit der amerikanischen Marinebasis in Yokosuka) über die US-Territorien der nördlichen Marianeninseln (mit der Hauptinsel Saipan) und Guam bis zum indonesischen Teil der Insel Neuguinea in einem weiten Bogen durch den Westpazifik. Die dritte Inselkette beschrieb ursprünglich einen noch größeren Raum bis nach Hawaii, spielt in den heutigen sicherheitspolitischen Überlegungen jedoch keine große Rolle mehr. Stattdessen geht es aus US-Sicht um das Bestreben Chinas, sicherheitspolitisch und militärisch auch global handlungsfähig zu werden.

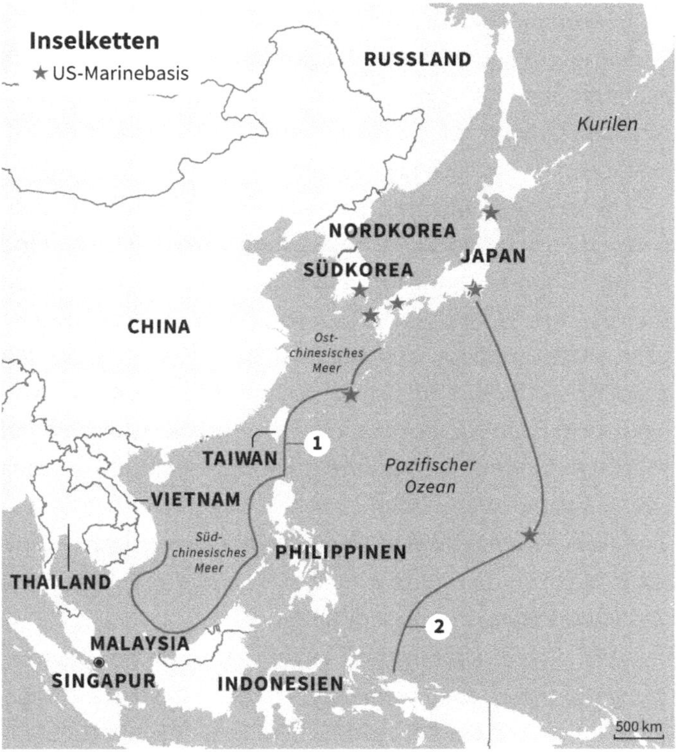

(1) **Erste Inselkette**
Japan (Okinawa) – Taiwan – Philippinen – Südchinesisches Meer – Malaysia

(2) **Zweite Inselkette**
Japan – Guam – Indonesien

Das Inselketten-Konzept stützt sich auf die klassischen Operationsräume, nämlich den Luftraum, das Land und vor allem den maritimen Raum. Diese Sichtweise ist nicht obsolet geworden, aber sie wird zunehmend überlagert von der Bedeutung „neuer" Räume, die globaler Natur sind bzw. sich geografisch nicht mehr definieren lassen: dem Weltraum und dem Cyberraum, die für die moderne Kriegsführung immer mehr an Bedeutung gewinnen.

Wirtschaftliche Faktoren sind die zweite wichtige Triebfeder der amerikanisch-chinesischen Rivalität. Während China in den ersten zehn Jahren nach seinem Beitritt zur Welthandelsorganisation im Dezember 2001 noch vorwiegend arbeitsintensive Konsumgüter exportierte, tritt es seit 2010 immer deutlicher auch bei technologisch anspruchsvolleren Gütern in die Konkurrenz mit Amerika und anderen Industrieländern.[13] Verschärfend kommt hinzu, dass China sich aufgrund seiner Marktbeschränkungen, erzwungenen Technologietransfers und dem Diebstahl geistigen Eigentums nicht an die internationalen Spielregeln gehalten hat (vgl. dazu Kapitel 2 in diesem Buch).

Vor diesem Hintergrund setzte sich in Amerika zunehmend die Sichtweise durch, dass Chinas wirtschaftliche Erfolge auf Kosten der USA gingen: Während Chinas Industrialisierung voranschritt, mussten in Amerika und in anderen entwickelten Ländern zahlreiche Fabriken schließen. Daher kann sich die chinakritische Haltung in den USA auch auf einen breiten, überparteilichen Konsens stützen.

Auch in China hat die wirtschaftliche Entwicklung naturgemäß eine große innenpolitische Bedeutung. In autoritär regierten Staaten wie Russland und China kommt hinzu, dass das Versprechen von Stabilität und Wohlstand als Voraussetzung dafür gesehen wird, dass die Gesellschaft die

Einschränkungen persönlicher Freiheitsrechte akzeptiert. Im „neuen Entwicklungskonzept" von Staats- und Parteichef Xi Jinping spiegelt sich dieser Gesellschaftsvertrag in der Idee des „gemeinsamen Wohlstands" wider. Das „neue Entwicklungskonzept" bricht mit der unter Deng Xiaoping betriebenen wirtschaftlichen Öffnung Chinas und propagiert Gleichheit vor individuellem Wohlstand, sozialen Zusammenhalt vor wirtschaftlicher Effizienz und wirtschaftliche Erneuerung aus eigener Kraft vor internationalem Austausch.[14]

Wie der frühere australische Premierminister und China-Kenner Kevin Rudd feststellt, lagen die zentralen Elemente dieses Konzepts in China schon länger bereit. Aber erst unter dem Eindruck des von Trump losgetretenen Handelskriegs mit China 2018 und 2019 wurden sie aufgewertet, konkretisiert und in den Mittelpunkt der neuen Wirtschaftspolitik Xis gerückt.[15] Teil des neuen Entwicklungskonzepts ist auch die Politik der zwei Wirtschaftskreisläufe für Binnen- und Außenwirtschaft. Sie hat klar protektionistische Züge und sieht die Schaffung wirtschaftlichen Wohlstands durch den heimischen Konsum, eine massive staatliche Industriepolitik und die umfangreiche Förderung von Staatsunternehmen vor. Unter Xis Führung hat auch die Einflussnahme der Kommunistischen Partei auf die Wirtschaft zugenommen. Peking interveniert, um chinesische Unternehmen vor ausländischem Wettbewerb zu schützen, und greift zugleich in deren unternehmerische Entscheidungen ein.[16]

Eine wichtige Frage für die Zukunft wird sein, ob der ökonomische Ansatz Xis auch langfristig das nötige Wirtschaftswachstum wird generieren können, um den chinesischen Gesellschaftsvertrag aufrechtzuerhalten. Die Erfahrung nicht zuletzt mit Russland zeigt, dass autoritär regierte Staaten nach außen eher noch aggressiver auftreten, wenn im Innern die wirtschaftlichen Probleme zunehmen.

Der dritte Treiber des chinesisch-amerikanischen Konflikts ist die Unvereinbarkeit der von beiden Seiten nach innen und außen vertretenen politischen Werte. Die USA haben auch in dieser Region lange Zeit beansprucht, liberal-demokratische Werte nicht nur hochzuhalten, sondern diese auch aktiv zu verteidigen. Die US-Regierung ordnete unter Präsident Biden die Rivalität mit China gar als Teil eines systemischen Ringens zwischen Demokratien und Autokratien ein. Aber auch die erste Trump-Administration bezog sich in ihrer Indopazifik-Strategie auf liberal-demokratische Werte, die es zu schützen und zu fördern gelte: Rechtstaatlichkeit, offene Gesellschaften, freie Meinungsäußerung, freie Presse und Menschenrechte.[17] Wie an anderer Stelle in diesem Buch bereits beschrieben, mangelt es besonders Trump mit Blick auf eine wertebasierte Außenpolitik an Glaubwürdigkeit. Vieles spricht dafür, dass die Chinapolitik der USA während dessen zweiter Amtszeit sehr stark von wirtschaftlichen Erwägungen und nicht von politischen Werten getrieben sein wird.

Die chinesische Führung betrachtet – ähnlich wie die in Russland – den westlich geprägten Liberalismus schon lange als Bedrohung für die eigene Machtbasis. Mit dem Aufstieg Xi Jinpings an die Spitze der Macht – er wurde 2012 Generalsekretär der Kommunistischen Partei und im Jahr darauf Staatspräsident – begann in China eine groß angelegte Kampagne gegen westlich-liberale Werte. Diese Werte werden in

China mit Konstitutionalismus, Zivilgesellschaft, Neoliberalismus, Marktwirtschaft, Pressefreiheit und Unabhängigkeit der Justiz in Verbindung gebracht.[18]

Der Schock des unerwarteten Zusammenbruchs der Sowjetunion (sowie später der „Farbrevolutionen“ im postsowjetischen Raum) wirkt in Peking bis heute nach. Dabei ist es insbesondere die amerikanische Form des Liberalismus – die Verbindung politischer und religiöser Freiheiten sowie die Kombination liberaler Werte mit wirtschaftlicher Innovationsfähigkeit und militärischer Macht –, die von Xi und anderen Führungskadern als besonders bedrohlich angesehen wird.[19] Dieses „amerikanische Ideal“ widerspricht dem chinesischen Narrativ zur Herrschaftslegitimation, dass Autoritarismus und Staatskapitalismus notwendig sind für nationale Größe und wirtschaftlichen Wohlstand.

Der erstarkende Nationalismus sowohl in den USA als auch in China hat dem Konflikt zwischen den beiden Staaten zusätzlich an Schärfe verliehen. Wie in Kapitel 2 dieses Buches näher beschrieben, sind der Nationalismus in den USA und Slogans wie „America First“ und „Make America Great Again“ durch antichinesische Ressentiments geprägt. Auch in China ist der Bedeutungszuwachs des Nationalismus eine wesentliche Ursache für den zunehmend aggressiven außenpolitischen Kurs gegenüber dem Westen. Im Rahmen einer umfassenden „patriotischen Bildungskampagne“ nach 1991 belebte und mobilisierte die chinesische Führung kollektive Erinnerungen an das „Jahrhundert der Demütigung“ (1839–1949), das China durch ausländische Mächte zugefügt worden sei.[20] Dabei richtete sich die nationalistische Mobilisierung zuvorderst gegen den früheren imperialen Besatzer Japan – und wegen ihrer hegemonialen Stellung und Unterstützung für Taiwan auch gegen die USA.[21]

Xi machte die „große Erneuerung der chinesischen Nation" bis zum hundertjährigen Jubiläum der Volksrepublik im Jahr 2049 zum zentralen Ziel seiner Politik. Gemeint ist damit, China in wirtschaftlicher, politischer und militärischer Hinsicht wieder groß und mächtig zu machen – als überragende regionale und globale Macht. Ein wesentlicher Aspekt der „großen Erneuerung" ist auch die Festigung bzw. Wiederherstellung der nationalen Einheit, die neben Hongkong, Xinjiang und Tibet vor allem auch Taiwan betrifft.

Die Wertedimension der chinesisch-amerikanischen Rivalität ist auch eng mit der Frage verknüpft, welche unterschiedlichen Vorstellungen die USA bzw. der Westen einerseits und China andererseits über die Zukunft der regionalen und internationalen Ordnung haben. Das Jahr 2014 markierte diesbezüglich einen Wendepunkt in der chinesischen Außenpolitik. Chinas Führung brach mit der bisherigen außenpolitischen Zurückhaltung und dem Image als Entwicklungsland und begann, seine Ziele viel selbstbewusster und zielstrebiger zu verfolgen.[22] Peking strebt seither eine andere internationale Ordnung an, die den politischen Prinzipien des Einparteienstaats sowie den Interessen anderer autoritärer Staaten besser entspricht.[23]

So tritt Peking in der Region für „asiatische Werte" in Abgrenzung zu „liberalen" Werten ein. Erstere betonen das Recht auf wirtschaftliche Entwicklung vor Demokratisierung und die Bedeutung wirtschaftlicher sowie sozialer Rechte vor den politischen Rechten des Einzelnen.[24] Dabei geht es unter anderem um die Aufweichung des bestehenden internationalen Regimes zum Schutz der Menschenrechte, das immer wieder Grundlage für heftige Kritik an China und anderen autoritär regierten Staaten der Region ist. Peking beharrt auf dem Prinzip „absoluter Souveränität", wonach Menschenrechte nicht universeller Natur sind, sondern durch die Staaten in Abhängigkeit ihrer jeweiligen historischen oder kulturellen Umstände definiert werden.[25] Zudem setzt es sich in den Vereinten Nationen und anderen multilateralen Foren für eine Stärkung des Prinzips der Nicht-Einmischung in die inneren Angelegenheiten der Staaten ein.

Die Volksrepublik verfolgt einen flexibleren Ansatz zum Auf- und Ausbau von Peking wohlgesonnenen Staatenkoalitionen und Institutionen.[26] Die „neue Seidenstraße" – Belt and Road Initiative – dient seit ihrem Startschuss 2013 letztlich dazu, zahlreiche Länder durch umfangreiche Infrastrukturmaßnahmen stärker an China zu binden. Peking schuf in diesem Zusammenhang auch neue Institutionen, wie die Asiatische Infrastruktur-Investitionsbank (AIIB). Schließlich hat Peking in den letzten Jahren durchaus erfolgreich Koalitionen im Rahmen der Vereinten Nationen geschmiedet, die eine ähnliche Sicht auf bestimmte prinzipielle Fragen (Menschenrechte, Nicht-Einmischung etc.) wie China haben.[27]

Amerikas Allianzen

Amerika stützt seinen Einfluss im Indopazifik auf ein umfangreiches System von Allianzen und Partnerschaften. Dieses US-geführte System ist oft als „Fahrradnaben-Modell" bezeichnet worden. Washington steht dabei als Nabe im Mittelpunkt und ist vor allem durch bilaterale Arrangements unterschiedlicher Form, Verbindlichkeit und Intensität – den Speichen – mit seinen formalen Bündnispartnern und sonstigen Partnerschaften verbunden. Eine hochgradig institutionalisierte und multilaterale Bündnisstruktur wie in Europa sucht man in Asien dagegen vergeblich.

Washington unterhält im indopazifischen Raum formale Verteidigungsbündnisse mit Japan, Südkorea, Australien sowie den Philippinen und Thailand.[28] Die Bündnisse mit Japan und Südkorea bilden aus amerikanischer Sicht bis heute das Fundament der Sicherheitsarchitektur im Indopazifik.[29] Dort unterhält Washington die bei weitem größten Militärbasen und Truppenkontingente. Die Beziehungen der USA zu Taiwan sind zwar „inoffizieller" Natur, sie lassen sich aufgrund der engen verteidigungspolitischen Beziehungen jedoch als eine De-facto-Allianz bezeichnen.

Die größte Truppenpräsenz unterhalten die USA nach wie vor in Japan (55.600 Soldaten), der größte Teil davon wird von Marine, Marineinfanterie und Luftwaffe gestellt, während das US-Heer nur einen verhältnismäßig kleinen Anteil ausmacht.[30] Die im japanischen Yokosuka stationierte siebte Flotte bildet das Rückgrat der maritimen US-Präsenz in Asien.

Da Japan auf der „ersten Inselkette" liegt, ist das Land entscheidend für das amerikanische Bestreben, den Zugang des chinesischen Militärs zum Pazifik einzuschränken. Zudem verdeutlichen die in Japan stationierten Waffensysteme – darunter Kampflugzeuge von Luftwaffe, Marine und Marineinfanterie, Tankflugzeuge, eine Flugzeugträgergruppe sowie Zerstörer und Kreuzer –, dass die Militärpräsenz in Japan entscheidend für die regionale Machtprojektion der USA ist. Japan selbst verfügt über hochmoderne, circa 250.000 Soldaten umfassende Streitkräfte. Lange Zeit waren deren Einsatzmöglichkeiten allerdings durch die pazifistische Grundhaltung in der japanischen Gesellschaft sowie entsprechende verfassungsrechtliche Beschränkungen stark beschnitten. In den vergangenen zehn Jahren wurden die politischen und rechtlichen Handlungsspielräume der japanischen Verteidigungspolitik jedoch deutlich ausgeweitet.

Die zweitgrößte Truppenpräsenz der USA im indopazifischen Raum befindet sich in Südkorea – hier sind etwa 30.400 Amerikaner stationiert. Die amerikanische Militärpräsenz in Südkorea hat eine ganz andere Zusammensetzung und Zielsetzung als diejenige in Japan. Mehr als Zweidrittel der US-Militärpräsenz auf der koreanischen Halbinsel gehören zum US-Heer. Vor allem Marine und Marineinfanterie machen dagegen nur sehr kleine Anteile aus. Die Zusammensetzung der Truppen sowie die des Materials machen deutlich, dass sich die USA auf der koreanischen Halbinsel in erster Linie für einen bewaffneten Konflikt mit Nordkorea wappnen, der überwiegend mit Bodentruppen (inklusive Artillerie) ausgetragen würde.

Südkorea verfügt ebenfalls über hochmoderne und umfangreiche Streitkräfte (mehr als eine halbe Millionen Soldaten) und gemessen an vielen anderen amerikanischen Bündnispartnern gibt Seoul besonders viel Geld für seine Verteidigung aus, nämlich 2,8 Prozent (2023) seines Bruttoinlandsproduktes (BIP).[31] Das Problem mit dieser Allianz liegt aus Sicht der USA folglich nicht in der fehlenden militärischen Schlagkraft des Landes, sondern in politischen Interessenkonflikten. Denn die Regierung in Seoul lag in der Vergangenheit immer wieder über Kreuz mit Washington, wenn es um die Chinapolitik ging. In Südkorea ist auch in der Bevölkerung die Sorge groß, durch einen konfrontativen amerikanischen Kurs ungewollt in einen militärischen Konflikt mit China hineingezogen zu werden. Die innenpolitische Krise in Südkorea, die der Ausrufung des Kriegsrechts im Dezember 2024 durch Präsident Yoon Suk-yeol folgte, hat auch das Bündnis mit den USA belastet.

Australien ist der dritte wichtige Bündnispartner der USA im Indopazifik. Dabei ist die amerikanische Militärpräsenz dort bislang eher überschaubar: Offiziell sind dort dauerhaft nur etwa 1700 amerikanische Soldaten stationiert. Seit 2012 entsenden die USA darüber hinaus in regelmäßigen Abständen für jeweils einige Monate ein Kontingent von circa 2500 Marineinfanteristen ins nördlich gelegene Darwin.[32] Der Trend geht allerdings klar in Richtung einer Vertiefung der Verteidigungskooperation.

So erfuhren die Beziehungen zwischen Canberra und Washington im September 2021 mit dem bereits erwähnten AUKUS-Bündnis eine erhebliche Aufwertung. Diese trilaterale Partnerschaft zwischen den USA, Australien und dem Vereinigten Königreich hat eine klare verteidigungspolitische Stoßrichtung, die sich zuvorderst gegen den wachsenden Einfluss Chinas richtet. Sie wurde zunächst mit dem Ziel eingerichtet, die Zusammenarbeit der drei Staaten bei der Entwicklung und Nutzung von Atom-U-Booten zu intensivieren. Die Zusammenarbeit erstreckt sich jedoch auch auf weitere sicherheits- und verteidigungspolitische Felder. Im Dezember 2023 kündigten Canberra und Washington zudem an, ihr Bündnis durch die zeitlich befristete Entsendung amerikanischer Bomber und Kampfflugzeuge zu verstärken.[33] Ein halbes Jahr später folgte schließlich ein weiteres Abkommen, dass es den USA unter anderem erlaubt, australische Militärstützpunkte an der West- und Nordküste des Landes zu nutzen. Auch die Zusammenarbeit bei der Fertigung und Entwicklung von Waffen und Munition soll intensiviert werden.[34]

Aus amerikanischer Sicht immer bedeutsamer wird die sicherheitspolitische Zusammenarbeit mit den Philippinen. Die USA haben zu ihrer ehemaligen Kolonie in den letzten Jahrzehnten wechselvolle Beziehungen unterhalten. Da das Land ebenfalls Teil der „ersten Inselkette“ ist, hat Manila durchaus eine strategische Bedeutung für die USA. Das Bündnis besteht zwar bereits seit 1951, allerdings unterhält Amerika dort schon seit 1992 keinen eigenen Stützpunkt mehr. Seither sichert sich Washington durch bilaterale Vereinbarungen Zugang zu philippinischen Häfen und anderen Militäreinrichtungen. 2023 kündigten Washington und Manila die Nutzung vier weiterer Standorte auf den Philippinen – zusätzlich zu den bestehenden fünf – durch das amerikanische Militär an.[35] Die Allianz mit Thailand scheint hingegen im Wesentlichen nur noch auf dem Papier zu bestehen, seit dem Militärputsch vom Mai 2014 sind die Beziehungen zwischen Washington und Bangkok angespannt. Wesentlich bedeutsamer sind aus US-Sicht die Beziehungen zu Singapur und Vietnam, auch wenn die beiden Staaten keine formalen Bündnispartner Amerikas sind.

Ergänzend zu den bilateralen Verteidigungsbündnissen Amerikas mit einzelnen Staaten haben „minilaterale“ Formate, bei denen Washington mit ausgewählten Partnerländern eng kooperiert, in den letzten Jahren aus amerikanischer Sicht stark an Bedeutung gewonnen. Insofern ist das bestehende Speiche-Naben-Modell durch engere Beziehungen auch zwischen Amerikas Bündnispartnern gestärkt worden. Neben AUKUS ist aus US-Sicht vor allem der „quadrilaterale Sicherheitsdialog" (Quad) zwischen den USA, Japan, Indien und Australien von Bedeutung. Zumindest Washington sieht darin ebenfalls eine klar gegen China gerichtete Zusammenarbeit. Im September 2019 trafen sich erstmals die Außenminister dieser vier Länder in dem neuen Format. Für die Biden-Administration war es schließlich auch ein großer Erfolg, als Japan, Südkorea und die USA im August 2023 eine Reihe von Vereinbarungen unterzeichneten, die die sicherheitspolitische Zusammenarbeit zwischen den drei Ländern auf eine neue Stufe hoben. Beide Bündnispartner der USA teilen eine stark belastete Geschichte, was die sicherheitspolitische Zusammenarbeit immer wieder erschwert hat. Im April 2024 fand schließlich das erste Gipfeltreffen auf Ebene der Regierungschefs zwischen den USA, Japan und den Philippinen statt.[36]

Von „mächtigen Drachen" und Schwarmrobotern

Betrachtet man lediglich die Eckdaten der jeweiligen Militärpotenziale, dann ergibt sich für den Indopazifik ein ähnliches Bild wie in Europa: Die USA und ihre regionalen Allianzpartner sind China deutlich überlegen. Die USA, Taiwan, Japan, Südkorea und Australien kamen 2023 auf ein gemeinsames Bruttoinlandsprodukt von circa 35 Billionen Dollar (davon die USA alleine 27 Billionen Dollar),[37] auf zusammen mehr als 1,063 Mrd. Dollar an Militärausgaben (davon Amerika 916 Mrd.)[38] sowie auf 2,1 Millionen Soldaten (ohne Reservisten, davon 1,3 Millionen der USA).[39] Derweil bringt es die Volksrepublik China „nur“ auf 17,7 Billionen Dollar BIP, einen 296 Mrd. Dollar großen Verteidigungshaushalt und 2 Millionen Soldaten.

Ähnlich wie für Europa müssen solche Gegenüberstellungen mit Vorsicht genossen werden. Berücksichtigt man Faktoren wie Kaufkraft und geheime Ausgaben, so sind die tatsächlichen Verteidigungsausgaben Chinas wohl deutlich höher. Hinzu kommt, dass die Geografie angesichts der enormen Weite des Raums gerade im Indopazifik eine entscheidende Rolle spielt. Die geopolitischen Brennpunkte der Region – die Taiwan-Straße, das Süd- und Ostchinesische Meer, die koreanische Halbinsel – liegen nahe an der chinesischen Küste und weit entfernt vom amerikanischen Kernland. Die USA wollen die militärische Bewegungs- und Handlungsfreiheit Chinas vor dessen eigener Haustür begrenzen, was enorme militärische Ressourcen bindet.

Angesichts der beachtlichen chinesischen Rüstungsbestrebungen sowie technologischer Entwicklungen hat sich das militärische Kräfteverhältnis in der Region in den vergangenen 25 Jahren zugunsten Chinas verschoben. China hat mit Nordkorea zwar nur einen einzigen formalen Bündnispartner, allerdings hat Peking seine sicherheits- und verteidigungspolitische Zusammenarbeit mit Russland seit dem Beginn des Ukrainekrieges deutlich intensiviert.

Lange Zeit hatte Amerika ein Monopol bei vielen militärischen Schlüsselfähigkeiten – doch diese Zeiten scheinen sich dem Ende zu nähern. Exemplarisch lässt sich das an dem Bereich moderner Kampfflugzeuge illustrieren. Seit einigen Jahren verfügt auch China mit der Chengdu J-20 über ein Flugzeug der sogenannten fünften Generation. Sein Spitzname lautet Mighty Dragon, der „mächtige Drache". In der Fachwelt ist umstritten, wie ausgereift die Technologie dieses Drachen tatsächlich ist. Trotzdem steht die „J-20" aus Sicht der USA für einen wichtigen militärischen Trend: Chinas Streitkräfte werden moderner und schlagkräftiger. Nach Einschätzung von Phillip Saunders, Experte für chinesische Verteidigungspolitik an der National Defense University in Washington D.C., hat sich die Volksbefreiungsarmee in den vergangenen 30 Jahren von einer „insulare[n], bodengebundene[n] Streitkraft, die mit veralteten Waffen ausgestattet war und fast ausschließlich innerhalb der Grenzen Chinas operierte" zu einer modernen Kampftruppe entwickelt.[40]

Tatsächlich hat China in den letzten Jahren massiv in seine Armee investiert und fordert damit die Vormachtstellung Amerikas im indopazifischen Raum heraus. Das chinesische Verteidigungsbudget wächst seit mehr als 20 Jahren von Jahr zu Jahr. Das amerikanische Verteidigungsministerium verfolgt die Entwicklungen des chinesischen Militärs sehr genau – und veröffentlicht einen Teil seiner Erkenntnisse jedes Jahr im Rahmen seiner *China Military Power Reports.*[41] Chinas Aufrüstungsbemühungen waren in den letzten Jahren vor allem darauf ausgerichtet, den militärischen Handlungsspielraum Amerikas und seiner regionalen Verbündeten einzugrenzen.

Militärexpertinnen und -experten sprechen von einem „asymmetrischen Ansatz", der darauf abzielt, der militärisch überlegenen Seite – in diesem Fall den USA – für bestimmte Szenarien möglichst hohe Kosten aufzuerlegen.[42] Diesem

Ziel dient vor allem der Auf- und Ausbau des Arsenals von landgestützten oder seegestützten Raketen und Marschflugkörpern. Sie haben zumeist eine „mittlere Reichweite“, was bedeutet, dass sie vom chinesischen Festland aus gesehen die erste und zweite Inselkette abdecken können. Damit wächst die Bedrohung für die Stützpunkte und Flotten Amerikas und seiner Verbündeten. Besonders gefürchtet sind in amerikanischen Militärkreisen ballistische Mittelstreckenraketen mit dem technischen Namen Dong feng 26 und Dong feng 21. Sie können sowohl unbewegliche Bodenziele (wie Militärstützpunkte) als auch fahrende Schiffe im Westpazifik, indischen Ozean oder im Südchinesischen Meer zerstören. Diese Raketen werden daher auch als Aircraft Carrier Killer bezeichnet, weil ihnen die Fähigkeit zugeschrieben wird, das Symbol amerikanischer Marinemacht schlechthin, den Flugzeugträger, zu versenken. Die Dong feng 26 kann zudem auch mit einem Atomsprengkopf versehen werden.

US-Flugzeugträger und andere Kriegsschiffe werden zunehmend auch von der chinesischen U-Boot-Flotte bedroht, die ebenfalls mit Antischiffsraketen ausgestattet ist. In diesem Zusammenhang sind auch die umstrittenen Gebietsansprüche im Südchinesischen Meer relevant. Bereits 2019 stellte das amerikanische Verteidigungsministerium fest, dass China gegen Schiffe gerichtete Marschflugkörper sowie Boden-Luft-Raketen auf den territorial umstrittenen Spratly-Inseln im Südchinesischen Meer stationiert hatte.

Eine neue Qualität des Rüstungswettlaufs – zwischen China und den USA, aber auch weltweit – eröffnen sogenannte Hyperschallwaffen, die mit vielfacher Schallgeschwindigkeit nicht nur besonders schnell, sondern auch steuerbar sind. Die Kombination dieser beiden Eigenschaften macht einen effektiven Schutz gegen sie mit den bisher verfügbaren Technologien sehr schwierig. Es scheint sogar so, dass China die USA bei der Entwicklung solcher Hyperschallwaffen bereits hinter sich gelassen hat.

Die USA haben ihre Bemühungen verstärkt, dem wachsenden Arsenal an chinesischen Mittelstreckenwaffen selbst etwas entgegenzusetzen. Lange Zeit waren Washington in diesem Bereich aufgrund des amerikanisch-russischen Vertrags über das Verbot landgestützter Mittelstreckenwaffen (mit einer Reichweite von 500 bis 5500 km) die Hände gebunden. Nach dem Ende dieses Vertrages haben die USA die Entwicklung eigener landgestützter Mittelstreckenraketen vorangetrieben (die allerdings nicht atomwaffenfähig sein sollen).[43]

Das Problem besteht aus amerikanischer Sicht allerdings darin, Verbündete oder Partner zu finden, die bereit sind, solche amerikanischen Waffensysteme auf ihrem Territorium zu dulden.[44] Im Kriegsfall wären diese Länder damit nämlich lohnenswerte Ziele für einen chinesischen Militärschlag. Im April 2024 sorgte für Schlagzeilen, als das US-Heer offensichtlich erstmals eine landgestützte Mittelstreckenwaffe vom Typ „Typhon" für Übungszwecke in die Philippinen entsandte. Unklar blieb zunächst allerdings, ob daraus auch eine dauerhafte Stationierung werden soll.[45]

Die effektivste Maßnahme zum Schutz amerikanischer Stützpunkte und Streitkräfte ist der Ausbau der Raketenabwehr. Besonders eng in diesem Bereich hat sich die Zusammenarbeit mit Japan entwickelt. Das asiatische Land setzt bei der Raketenabwehr stark auf amerikanische Technologie. Auch Südkorea arbeitet bei der Raketenabwehr eng mit

Washington zusammen, wenngleich in Seoul die Sorge vor einer chinesischen Gegenreaktion den Handlungsspielraum stärker eingeschränkt hat. In erster Linie geht es bei der regionalen Raketenabwehr zwar um den Schutz der US-Stützpunkte und Allianzpartner im Indopazifik. Die Raketenabwehr leistet aber auch einen Beitrag zum Schutz des amerikanischen Kernlandes: durch frühzeitige Radarverfolgung und künftig möglicherweise auch durch das Abfangen von Raketen.

China modernisiert sein Militär allerdings nicht nur mit dem Ziel, den USA den operativen Zugang zu den für China relevanten maritimen Räumen zu erschweren und deren regionale Militärbasen zu bedrohen. Der Fokus liegt zunehmend auch auf einem „symmetrischen" Ansatz, bei dem China den USA auf Augenhöhe begegnen will. Zu diesem Zweck ist Peking schon seit Längerem bestrebt, militärische Fähigkeiten, Konzepte und Organisationsformen der US-Streitkräfte zu übernehmen und an die eigenen Bedürfnisse anzupassen.[46]

Dazu gehört auch, dass Peking seine Volksbefreiungsarmee zu einer größeren Machtprojektion im Indopazifik und auf globaler Ebene befähigen will. China definiert seine wirtschaftlichen und politischen Interessen zunehmend selbst global. Im August 2017 eröffnete das Land seinen ersten ausländischen Stützpunkt in Dschibuti am Horn von Afrika als „Unterstützungsbasis". Das US-Militär geht davon aus, dass China bereits zahlreiche weitere solcher Einrichtungen plant oder bereits umsetzt.

Der globalen Machtprojektion Chinas dient schließlich auch der Aufbau einer Flugzeugträger-Flotte und die Entwicklung eines strategischen Bombers, genannt H-20, der Tarnkappeneigenschaften und eine Reichweite von 10.000 km haben soll. Das amerikanische Verteidigungsministerium geht davon aus, dass das chinesische Militär bislang nur in Ansätzen dazu in der Lage ist, jenseits der ersten Inselkette komplexe Operationen durchzuführen, bei denen Marine, Luftwaffe und Heer gemeinsam vorgehen und dabei durch Fähigkeiten im Cyber- und Weltraum unterstützt werden. Doch auch darin wird das chinesische Militär nach Überzeugung Washingtons immer besser. Kopfzerbrechen bereitet amerikanischen Militärplanern zudem, dass die Volksrepublik gezielt ihre amphibischen Fähigkeiten ausbaut, die für einen Angriff von See auf Land – sprich: für einen Angriff auf Taiwan – entscheidend wären.

Die USA und China befinden sich schließlich auch in einem technologischen Wettlauf, dessen Ausgang entscheidend sein wird für das militärische Kräfteverhältnis im Indopazifik. Entsprechend verkündete die chinesische Führung das Ziel, bis 2027 entscheidende Fortschritte bei der Integration von Mechanisierung, Informatisierung und Technologisierung zu erreichen. Bei der Informatisierung geht es nicht zuletzt um den Schutz der eigenen und der Behinderung bzw. Zerstörung der gegnerischen Informations- und Kommunikationsnetzwerke. Bei der Technologisierung – die Amerikaner nennen es *Intelligentization* – stehen unter anderem die Nutzung von Künstlicher Intelligenz, Cloud Computing oder Big-Data-Analysen im Fokus.

Eine konkrete militärische Anwendung dieser Technologien könnte in Zukunft der vermehrte und simultane Einsatz von unzähligen Waffensystemen sein, die zwar von

Menschen gesteuert werden, aber ansonsten autonom in großen Schwärmen agieren. Ein Flugzeugträger oder eine Militärbasis lässt sich mit entsprechenden Maßnahmen gegen den Angriff mit einzelnen Raketen schützen. Gegen einen Schwarm lauter kleiner Schiffe, U-Boote oder Flugobjekte wären bisher existierende Luftverteidigungssysteme dagegen weitgehend machtlos.

Atomares Wettrüsten in Asien

Ebenso wie in Europa untermauert Amerika seine Sicherheitszusagen gegenüber Verbündeten in Asien mit Atomwaffen im Rahmen der „erweiterten nuklearen Abschreckung". Dabei gehört es zum amerikanischen Selbstverständnis, dass diese Politik einen wichtigen Beitrag zur Nicht-Verbreitung von Atomwaffen in Asien geleistet habe. Als Beleg dafür dient beispielsweise Südkorea: In den 1970er-Jahren verfolgte Seoul Pläne für ein eigenes Nuklearwaffenprogramm just zu einer Zeit, als die Nixon- und Carter-Administrationen über einen Rückzug von US-Truppen aus Korea nachdachten.[47] Am Ende kam es dazu aber nicht, nachdem Washington seine Abzugspläne verworfen hatte.

Kritische Stimmen weisen jedoch darauf hin, dass Amerikas Sicherheitspolitik in früheren Zeiten auch ein Treiber nuklearer Aufrüstung in der Region war. So kommt Andrew O'Neil in einer Studie zu dem Schluss, dass nukleare Drohgebärden der USA in den 1950er-Jahren sowie Zweifel am damaligen Kurs der Sowjetunion eine wesentliche Triebfeder für das chinesische Atomwaffenprogramm gewesen seien. Zudem sei das Streben der nordkoreanischen Führung nach dem Besitz von Atomwaffen letztendlich von dem Wunsch getrieben, niemals wieder „den vernichtenden Auswirkungen von US-Flächenbombardements" wie während des Koreakrieges ausgesetzt zu sein.[48]

1974 testete Indien vor dem Hintergrund der atomaren Rüstung seines Rivalen China seine erste Atombombe. Auch nach dem Ende des Kalten Krieges, als Amerika auf dem Zenit seiner Macht war, hat die Bedeutung von Nuklearwaffen in Asien zugenommen. 1998 zog Indiens Erzrivale Pakistan mit dem ersten Atomwaffentest nach. 2006 folgte Nordkorea. Zugleich nahm die Reichweite nuklearer Trägersysteme und die Zahl der Atomwaffen zu. Lange Zeit spielte das nukleare Wettrüsten im amerikanisch-chinesischen Verhältnis nur eine untergeordnete Rolle.[49] Dies hat sich in den letzten Jahren geändert.

Anders als im Rahmen der NATO gibt es in den amerikanischen Bündnissystemen Asiens keine „nukleare Teilhabe", bei der Flugzeuge oder andere Trägersysteme in der Verfügungsgewalt der Alliierten im Krisen- oder Kriegsfall mit amerikanischen Atomwaffen bestückt werden können. Stattdessen setzen die USA auf bilaterale Dialogformate und militärische Übungen, um ihren atomaren Zusagen gegenüber den regionalen Verbündeten Glaubwürdigkeit zu verleihen.

Besonders eng sind die Konsultationen mit Japan und Südkorea. So etablierte die Obama-Administration bereits 2010 mit Tokio ein festes Dialogformat über erweiterte Abschreckung sowie ein vergleichbares Gremium mit Seoul. Mit beiden Bündnispartnern halten die USA zudem regelmäßig stattfindende Treffen der Außen- und Verteidigungsminister ab, bei denen ebenfalls Fragen der Abschreckung und Verteidigung diskutiert werden. Von Bedeutung für die

Glaubwürdigkeit nuklearer Rückversicherung sind schließlich auch gemeinsame Manöver mit den Verbündeten, die atomwaffenfähige Bomber einbeziehen.

China hat in der jüngeren Vergangenheit große Anstrengungen unternommen, um seine Nuklearstreitkräfte auszubauen und zu modernisieren. In seinem *China Military Power Report* von 2024 schätzt das amerikanische Verteidigungsministerium, dass die Volksrepublik bereits über 600 einsatzbereite nukleare Sprengköpfe verfügt, 2030 könnten es bereits 1000 sein – zumindest dann, wenn Peking sein Arsenal im bisherigen Tempo weiter ausbaut.[50]

Ursprünglich setzte China bei der nuklearen Abschreckung nur auf Raketen, die von Land aus abgeschossen werden. Im Oktober 2019 stellte Peking der Welt jedoch seinen ersten atomwaffenfähigen Bomber vor, der in der Luft betankt werden kann (und damit über eine potenziell unbegrenzte Reichweite verfügt). Damit könnte das Land nach Überzeugung des US-Verteidigungsministeriums bald ebenso wie die USA und Russland über eine „nukleare Triade" verfügen, die see-, land- und luftgestützte Trägersysteme für Atomwaffen einschließt.[51] Im Laufe der vergangenen 15 Jahre hat die Marine der Volksbefreiungsarmee ein Dutzend atomar angetriebener U-Boote in Dienst gestellt, von denen einige auch Atomwaffen tragen können.

Man weiß also in Washington viel über die Entwicklungen des chinesischen Atomwaffenarsenals. Zugleich gibt man im Pentagon ganz unumwunden zu, dass die chinesische Nukleardoktrin in vielerlei Hinsicht rätselhaft bleibt. Wie und unter welchen politischen Bedingungen würde Peking tatsächlich einen Nuklearwaffeneinsatz in Erwägung ziehen? Aufgrund der Unsicherheiten bei der Beantwortung dieser Frage wirken in Washington die Erfahrungen und Denkschablonen nach, die Amerika im jahrzehntelangen Wettrüsten mit der Sowjetunion gemacht bzw. entwickelt hat. Als gesichert gilt, dass Peking sich besonders um seine sogenannte Zweitschlagfähigkeit sorgt. Damit ist gemeint, dass das Land nach einem „Erstschlag" durch Amerika noch immer über genügend Atomwaffen für eine Vergeltung verfügen will.[52]

Offiziell verfolgt China zudem den Ansatz, in einem Konflikt nicht als erste Partei Atomwaffen einzusetzen (No First Use). Das Problem ist, dass die USA den Chinesen diese Zusicherungen offensichtlich nicht glauben.[53] Einige namhafte US-Sicherheitsexperten raten der US-Regierung deshalb, sich in ihrer eigenen Sicherheitsstrategie gegenüber China an dem zu orientieren, was das Land auf der Grundlage seines Waffenarsenals tun könnte und nicht was in der offiziellen Nukleardoktrin steht.[54] Das Risiko eines solchen Ansatzes liegt jedoch darin, dass dadurch die Bedrohungswahrnehmungen auf chinesischer Seite weiter befeuert werden könnten. Nicht unerwähnt bleiben darf zudem, dass Amerika selbst gar keine No-First-Use-Politik verfolgt, auch wenn dies amerikanische Abrüstungsbefürworterinnen und -befürworter immer wieder fordern.

China ist jedoch aus Sicht der USA nicht die einzige nukleare Herausforderung im Indopazifik. Nordkorea verfügt heute nicht nur über Atomwaffen, sondern über ein breit gefächertes Arsenal von Kurz-, Mittel- und Langstreckenraketen. In den vergangenen 30 Jahren haben demokratisch wie republikanisch geführte US-Regierungen verschiedene diplomatische und wirtschaftliche Instrumente ausprobiert, um Nordkorea von der Atombombe abzubringen. Der Instrumentenkasten der USA umfasst dafür Wirtschaftssanktionen, den Ausbau militärischer Allianzen mit regionalen Partnern, die Aussicht auf die Normalisierung der diplomatischen Beziehungen sowie Sicherheitsgarantien gegenüber Nordkorea und schließlich wirtschaftliche Hilfen für das heruntergewirtschaftete und isolierte Land.

Weder Druck noch Anreize konnten das nordkoreanische Atom- und Raketenprogramm bislang jedoch aufhalten – vielmehr steigerte Pjöngjang seine Rüstungsanstrengungen immer weiter.[55] Seit 2006 hat Nordkorea sechsmal eine Atombombe getestet. Bei jedem Test hatte die Bombe eine noch größere Sprengkraft. Die Testexplosion im September 2017 war so stark, dass Beobachter die nordkoreanische Behauptung für glaubwürdig halten, das Land habe erfolgreich eine Wasserstoffbombe getestet, die eine noch wesentlich größere Zerstörungskraft entfaltet. Einigen Expertenschätzungen zufolge verfügt Nordkorea über genügend waffenfähiges Plutonium und hoch angereichertes Uran zum Bau von bis zu 60 Atombomben.[56]

Nordkorea hat nicht nur viel Geld und Mühe in die Atombomben investiert, sondern auch in ballistische Raketen, die als Träger dieser Bomben dienen können. Dabei waren anfangs Länder wie die Sowjetunion, Ägypten und Iran bei der Entwicklung behilflich. Seit seiner Machtübernahme im Jahr 2011 hat Kim Jong-un das Tempo der Raketentests deutlich gesteigert.[57] 2017 testete Nordkorea erstmals erfolgreich eine ballistische Interkontinentalrakete und schuf damit eine Bedrohung für das amerikanische Kernland. Aus

Sicht Washingtons bedeutete dies eine „neue strategische Realität."[58]

Präsident Trump reagierte damals mit der wenig verschleierten Drohung eines militärischen Schlags gegen das Kim-Regime in Pjöngjang. Das Land, so Trump, solle die USA besser nicht weiter bedrohen, „sonst werden wir ihnen mit Feuer und Zorn begegnen, wie es die Welt noch nie gesehen hat." Über den Nachrichtendienst Twitter (heute X) legte Trump dann nach und wies darauf hin, dass militärische Lösungen parat lägen (locked and loaded).

Tatsächlich passierte am Ende aber das glatte Gegenteil eines Militärschlags: Trump machte den historischen Schritt, den nordkoreanischen Machthaber persönlich zu treffen – und dies gleich dreimal. Das erste Treffen fand im Juni 2018 in Singapur statt, das zweite im Februar 2019 in Hanoi, das dritte im Juni 2019 in der demilitarisierten Zone zwischen den beiden koreanischen Staaten. Die persönliche Gipfeldiplomatie Trumps zielte darauf ab, Nordkorea zu konkreten und überprüfbaren Schritten in Richtung des vollständigen Abbaus seines Nuklearwaffenarsenals zu bewegen. Im Gegenzug bot Trump Pjöngjang Sanktionserleichterungen und Sicherheitszusagen an. Aus Sicht einiger Kommentatoren war der Schritt Trumps, den nordkoreanischen Diktator zu treffen, durchaus mutig und hätte vielleicht sogar zur dauerhaften Entspannung auf der koreanischen Halbinsel beitragen können. Kritisiert wurde jedoch, dass die Gipfeldiplomatie langfristiger und sorgfältiger hätte vorbereitet werden müssen.

Das wirft die Frage auf, ob Trump während seiner zweiten Amtszeit einen neuen Anlauf für einen „großen Deal" mit Kim unternehmen könnte. Die Chancen dafür stehen jedoch eher schlecht. Der Handel scheiterte damals letztendlich an der Tatsache, dass Nordkorea seine Atomwaffen nicht aufgeben will. Der Machthaber in Pjöngjang betrachtet sie vielmehr als eine unverzichtbare Rückversicherung für das Überleben des eigenen Regimes. Dieser Interessengegensatz bleibt weiterhin bestehen, es sei denn die USA akzeptieren den Status Nordkoreas als Atomwaffenstaat.

Das Land hat heute zudem noch weniger Anreize zu Verhandlungen als während der ersten Amtszeit Trumps. Das hängt auch damit zusammen, dass es durch die Militärkooperation mit Russland im Zusammenhang mit dem Ukrainekrieg wirtschaftlich und politisch weniger stark isoliert ist. Moskau wiederum hat große Anreize und auch die Möglichkeit, das bestehende Sanktionsregime der Vereinten Nationen gegen Nordkorea zu schwächen. Im Sicherheitsrat, in dem Sanktionen verbindlich beschlossen werden, verfügt Russland nämlich über ein Vetorecht.

Abkoppelungsängste und Selbstzweifel

Angesichts der chinesischen und nordkoreanischen Aufrüstung hat Amerika im Indopazifik den Nimbus militärischer Unbesiegbarkeit und Unverwundbarkeit verloren. Hinzu kommt, dass die Sicherheitspolitik der USA in den vergangenen acht Jahren große Pendelschwünge vollzogen hat, die die regionalen Verbündeten verunsichert haben. Donald Trump schien zeitweise von Nordkorea und dessen Diktator Kim Jong-un geradezu besessen zu sein. Er schwankte dabei zwischen nuklearen Vernichtungsfantasien und der Überzeugung, durch persönliche Bande mit Kim quasi im Handstreich den Frieden auf der koreanischen Halbinsel herbeiführen zu können.

Wie wirkt sich vor diesem Hintergrund die amerikanische Politik auf die Allianzbeziehungen aus? Als Nordkorea die USA erstmals mit einer Langstreckenrakete direkt bedrohte, fragte man sich in Japan und Südkorea, ob dies zu einer sicherheitspolitischen Abkoppelung der USA von seinen asiatischen Bündnispartnern führen könnte.[59] Würde sich Washington in Zukunft Drohgebärden Pjöngjangs gegenüber seinen asiatischen Bündnispartnern beugen, solange das eigene Verhältnis zu Nordkorea stabil bliebe? Würden sich sowohl China als auch Nordkorea zu einem noch aggressiveren Verhalten ermutigt sehen, in der Annahme, dass beide eine mögliche amerikanische Gegenreaktion erfolgreich abschrecken können?

Verschärft wurden solche Abkoppelungsängste während der ersten Amtszeit von Trump noch dadurch, dass dieser ohne Abstimmung mit Seoul die sonst regelmäßig stattfindenden amerikanisch-südkoreanischen Militärübungen aussetzte, um „gute Stimmung“ gegenüber Pjöngjang zu machen. Zugleich drohte Trump Südkorea immer wieder unverhohlen mit dem Abzug der amerikanischen Truppen, weil sich das Land in seinen Augen nicht genügend an den Stationierungskosten beteiligte. Gleichzeitig ist insbesondere in Südkorea immer wieder auch die Sorge geäußert worden, durch die USA in einen Krieg mit China hineingezogen zu werden. Der Grat zwischen der Angst, vom Bündnispartner Amerika allein gelassen zu werden, und der Angst, zwischen die beiden Großmächte zu geraten, ist sehr schmal – und wird umso schmaler, je widersprüchlicher die Botschaften aus Washington sind.

Im Januar 2023 liebäugelte der südkoreanische Präsident Yoon Suk-yeol ganz offen mit der Möglichkeit, dass sein Land angesichts der wachsenden nordkoreanischen Bedrohung eigene Nuklearwaffen bauen könne. Als Alternative schlug er vor, dass Amerika in Südkorea wieder solche Waffen stationiere.[60] Zugleich gab Seoul den von der Vorgängerregierung verfolgten Annäherungskurs gegenüber dem Norden auf und verstärkte zugleich seine sicherheitspolitische Zusammenarbeit mit Japan.[61]

Die Biden-Administration reagierte seinerzeit auf die Stimmungslage in Seoul, indem sie die nukleare Rückversicherung gegenüber Südkorea zu untermauern suchte. Anlässlich des Besuchs von Präsident Yoon in den USA unterzeichneten beide Länder im April 2023 eine „Washingtoner Erklärung", die unter anderem die Ausweitung und Vertiefung von Konsultationen über Fragen der nuklearen Abschreckung und Planung vorsieht.[62] Die amerikanische Avance zeigte Wirkung: Yoon schloss vorerst die Option einer südkoreanischen Bombe wieder aus.

Auch Japan reagierte in der jüngeren Vergangenheit auf die sich verschlechternde Sicherheitslage mit einem sicherheitspolitischen Kurswechsel. Dieser spiegelt sich in der neuen Nationalen Sicherheitsstrategie vom Dezember 2022 und weiteren Strategiedokumenten wider.[63] So will Tokio nicht nur bis 2027 die Verteidigungsausgaben auf zwei Prozent seines Bruttoinlandsprodukts anheben, sondern sich erstmals auch die Option von (nicht-atomaren) Gegenschlägen durch die Beschaffung entsprechender Raketen bzw. Marschflugkörper geben. Sie sollen über 1000 km weit fliegen können.

Dafür würde Tokio unter anderem amerikanische Tomahawk-Marschflugkörper kaufen.

Für Japan, dessen Außen- und Sicherheitspolitik lange durch eine pazifistische Grundhaltung gekennzeichnet war, bedeuten die genannten Entscheidungen eine eigene Art von Zeitenwende. Dazu zählt auch, dass Tokio seine sicherheitspolitische Zusammenarbeit nicht nur mit den USA, sondern auch mit Australien, dem Vereinigten Königreich und Frankreich intensiviert und eine Verständigung mit Südkorea gesucht hat. Die Aufrüstungsanstrengungen der asiatischen Verbündeten - sowie ihre zunehmend enge Zusammenarbeit - dienen dazu, Amerikas schwindende Kraft innerhalb der bestehenden Bündnisse wenigstens teilweise zu kompensieren. Sie sind zugleich aber auch eine Rückversicherung, falls Amerika in Zukunft ganz oder teilweise als Bündnispartner ausfallen sollte.

Es sind allerdings nicht nur Zweifel unter den Bündnispartnern, die eine große Herausforderung für die Idee der Pax Americana im Indopazifik bedeuten. Hinzu kommen Amerikas Selbstzweifel an der eigenen Abschreckungsfähigkeit gegenüber China. Nur wenige Stunden, nachdem Frankreichs Präsident Macron seine umstrittenen Äußerungen zur amerikanischen Taiwanpolitik gemacht hatte, hielt die chinesische Volksbefreiungsarmee großangelegte Militärübungen ab. Sie waren eine unzweideutige Drohung gegenüber Taiwan. Peking reagierte damit auf den Besuch der damaligen taiwanischen Präsidentin Tsai Ing-wen in den USA, bei dem sie Kevin McCarthy, den Sprecher des US-Repräsentantenhauses, in Kalifornien traf. China vertritt seine Ansprüche auf Taiwan immer aggressiver.

Damit einher geht die wachsende Angst in Washington, dass die eigenen militärischen Fähigkeiten nicht mehr ausreichen, um einen chinesischen Angriff auf Taiwan abzuschrecken und dass Amerika einen daraus resultierenden Krieg gegen China sogar verlieren könnte. Diese Angst hat bislang jedoch nicht dazu geführt, dass die USA ihre militärische Unterstützung für Taiwan infrage gestellt oder sich politisch von der Insel distanziert hätten. Tatsächlich ist das Gegenteil der Fall. Im Englischen gibt es dazu den passenden Begriff: to double-down. Der Einsatz wird verdoppelt, sowohl in politischer als auch in militärischer Hinsicht.

Die USA verfolgen ebenso wie Deutschland und andere europäische Länder eine „Ein-China-Politik". Sie erkennen daher Taiwan nicht als unabhängigen Staat an und unterhalten folglich auch keine diplomatischen Beziehungen. Dennoch ist die politische und sicherheitspolitische Bande eng. Der Taiwan Relations Act (TRA) von 1979 bildet bis heute den politischen und rechtlichen Rahmen der inoffiziellen Beziehungen der USA zu Taiwan. Das Gesetz schreibt unter anderem fest, dass die USA Taiwan mit defensiven Rüstungsgütern versorgen sollen und zugleich selbst die militärischen Fähigkeiten aufrechterhalten, um einen eventuellen Angriff auf Taiwan abzuwehren. Zugleich sieht Amerika davon ab, Taiwan ausdrückliche Bündniszusagen zu geben, wie sie insbesondere die NATO kennt. Diese indirekten Sicherheitszusagen werden in den USA als „strategische Ambiguität" bezeichnet.

Seit der Aufnahme diplomatischer Beziehungen mit der Volksrepublik China 1979 haben die USA einen schwierigen Balanceakt vollzogen zwischen dem Streben nach einem berechenbaren Verhältnis zu Peking, dem Eintreten für die Sicherheit Taiwans und dem Versuch, Taipei nicht zu einseitigen Schritten in Richtung staatlicher Unabhängigkeit zu ermutigen.[64] Dieser Balanceakt ist zuletzt für die US-Regierung immer schwieriger geworden.

Unter dem Eindruck, dass Amerika im Indopazifik militärisch zunehmend in die Defensive gerät, mehren sich in Washington die Stimmen, die fordern, die USA sollten sich noch deutlicher zur Verteidigung Taiwans bekennen. Die unausgesprochene Logik dahinter lautet, dass Amerika seine schwindende militärische Dominanz durch eine umso klarere politische Willensbekundung und die Vertiefung der sicherheitspolitischen Beziehungen kompensieren kann, um seine Abschreckung wieder glaubwürdig zu machen.

Die Angst, militärisch gegenüber China immer stärker in die Defensive zu geraten, trägt zu pessimistischem Denken bei. So haben in Washington Analysen und Kriegssimulationen am Schreibtisch – War Games bzw. Tabletop Exercises – große Konjunktur, die vom schlimmsten Szenario ausgehen – nämlich einer großangelegten Militärinvasion Taiwans durch China. 2023 erschien eine einflussreiche Studie mit dem Titel „Wargaming a Chinese Invasion of Taiwan".[65] Die Autoren dieser Studie kommen auf Grundlage ihrer Simulation zu dem Schluss, dass Amerika im Verbund mit Taiwan und Japan einen Krieg gegen China zwar gewinnen würde, dies aber zu extrem hohen politischen, wirtschaftlichen und ökonomischen Kosten.

Bedeutsam ist nicht nur, dass amerikanische Analysten, Politiker und Militärs vom schlechtesten denkbaren Szenario ausgehen, sondern auch von einem sehr kurzen Zeitfenster – was wiederum den innenpolitischen Handlungsdruck in Washington erhöht. Die erste Marke setzte bereits im Frühjahr 2021 der damalige Kommandeur der amerikanischen Streitkräfte im Indopazifik. Bei einer Anhörung im Kongress teilte Admiral Phil Davidson mit den anwesenden Senatorinnen und Senatoren seine Einschätzung, China könne schon in sechs Jahren – also bis 2027 – den Versuch eines Angriffs bzw. einer gewaltsamen Vereinigung mit Taiwan wagen.

Fachleute hegen Zweifel daran, ob China in so kurzer Zeit tatsächlich militärisch in der Lage und politisch willens zu einem Angriff auf Taiwan wäre. Eine vollumfängliche amphibische Invasion der Insel wäre aufgrund ihrer militärischen Komplexität für China hochgradig riskant. Allerdings kann Peking den Druck auf Taiwan auf anderem Wege und mit geringerem Risiko erhöhen. Möglichkeiten dazu böte eine Steigerung der Militärübungen, häufigere Flüge in Richtung Taiwan oder sogar in den taiwanischen Luftraum, Cyberangriffe – mithin noch mehr von dem, was Peking jetzt schon tut. Eine Seeblockade Taiwans durch China wäre ebenfalls möglich. Aber auch solche Szenarien unterhalb der Schwelle einer großangelegten Invasion würde Taipei und Washington vor enorme Herausforderungen stellen – und zugleich die Erwartungen in Amerika an Europa befeuern, sich insbesondere an wirtschaftlichen Gegenmaßnahmen gegenüber Peking zu beteiligen.

Die USA laufen Gefahr, aus der Furcht vor schwindender militärischer Dominanz in die Falle einer sich selbst erfüllenden Prophezeiung zu geraten. Denn alle Schritte, die

Washington unternimmt – sei es in Richtung einer De-facto-Anerkennung von Taiwans Eigenstaatlichkeit oder dessen Behandlung als De-facto-Bündnispartner – lösen entsprechende Gegenreaktionen seitens Peking aus.

Handelskriege und neue Wirtschaftsblöcke

Vom Ende der 1970er-Jahre bis in die erste Amtszeit von Barack Obama (2009–2013) wurde die amerikanische Chinapolitik noch von dem Glauben geprägt, dass enge wirtschaftliche Beziehungen auch im amerikanischen Interesse seien – eine Sicht, die in der US-Unterstützung für den Beitritt Chinas zur Welthandelsorganisation im Dezember 2001 gipfelte.[66] Die 2011 von Obama verkündete Hinwendung nach Asien war eine Reaktion auf den sicherheitspolitischen und wirtschaftlichen Aufstieg Chinas. Dennoch erklärte die damalige Außenministerin Hillary Clinton, dass ein wirtschaftlich prosperierendes China gut für Amerika sei – und umgekehrt.[67]

Der Ansatz wirtschaftlicher Offenheit gegenüber Peking bröckelte jedoch bereits während der zweiten Amtszeit Obamas, als die Idee der Großmächtekonkurrenz immer mehr Einzug in die außenpolitische Debatte Washingtons hielt. Die Vorstellung, dass eine selektive wirtschaftliche Abkoppelung oder sogar Entflechtung bzw. Entkoppelung von China der nationalen Sicherheit Amerikas dient, ist am deutlichsten im technologischen Bereich zu spüren. Sie strahlt jedoch zunehmend auch auf den Austausch mit „normalen“ Handelsgütern aus. Während die wirtschaftliche Verflechtung zwischen Amerika und China immer dichter wurde – der US-Handel mit China vervielfachte sich ebenso wie die Umsätze von US-Firmen in China in den letzten 50 Jahren[68] –, sind ökonomische Fragen zu einem wesentlichen Konflikttreiber im Verhältnis der beiden Länder geworden.

Relevant für die sicherheitspolitischen Allianzen der USA ist zudem, dass Amerika als handelspolitische Macht im Indopazifik an Bedeutung verloren hat. Je wichtiger China wirtschaftlich im Vergleich zu Amerika wird, desto eher geraten die Bündnispartner der USA in eine Zwickmühle. Einerseits wollen sie ihre Sicherheit weiterhin unter dem Schirm ihrer Bündnisse mit Amerika gewährleisten, andererseits geht es aus ihrer Sicht darum, China als wichtigsten Handelspartner nicht zu verprellen.

So ist im Laufe der letzten drei Jahrzehnte der amerikanische Anteil am Außenhandel Japans, Südkoreas und Australiens deutlich zurückgegangen, während die Bedeutung Chinas als Handelspartner für alle drei Länder stark gestiegen ist.

1995 waren die USA noch der größte bilaterale Handelspartner Japans und Südkoreas – mit jeweils über 25 bzw. 20 Prozent des Außenhandels der beiden Länder – sowie der zweitgrößte Handelspartner Australiens (mit knapp 15 Prozent hinter Japan). 2023 war China der wichtigste Handelspartner aller drei US-Verbündeten und machte für Japan 20 Prozent, für Südkorea 21 Prozent und für Australien 31,5 Prozent des jeweiligen Handels aus.[69] Zuletzt haben die USA als Handelspartner gegenüber China zwar wieder etwas aufgeholt, es ist allerdings unklar, ob dies eine langfristige Trendumkehr bedeutet.

Chinas Bedeutung als Handelspartner für Australien, Japan und Südkorea

Anteil am Außenhandel des jeweiligen Landes in Prozent

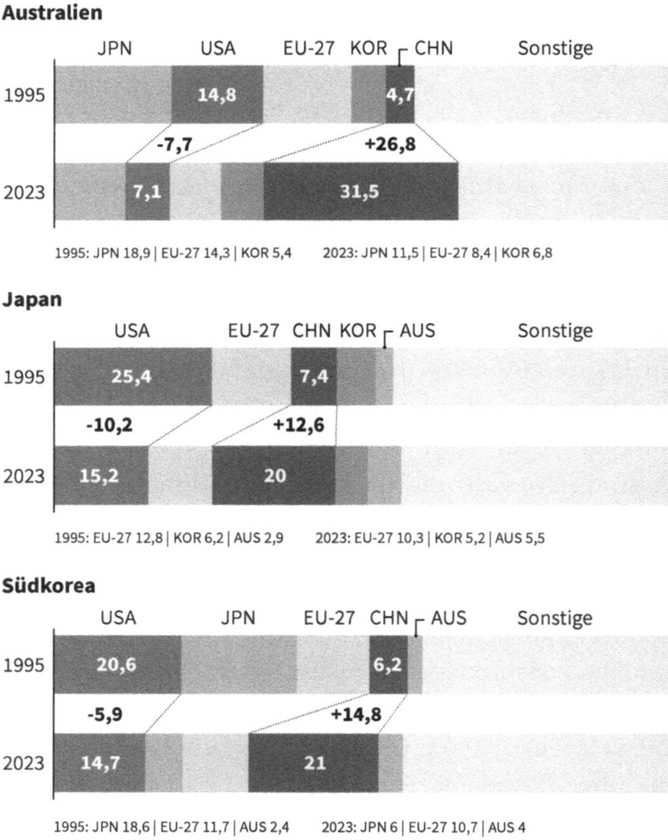

Anm.: China ohne Hongkong und Macao.

Quelle: Direction of Trade Statistics, IMF (2024)

Der wirtschaftliche Bedeutungsverlust der USA im Vergleich zu China hängt nicht zuletzt auch mit den Entscheidungen der amerikanischen Politik zusammen. Anders als noch Obama zeigte Trump keinerlei Interesse an regionalen Freihandelsabkommen. Unmittelbar nach seiner ersten Amtsübernahme im Weißen Haus kündigte er die Teilnahme der USA am Transpazifischen Freihandelsabkommen (TPP), das noch von Obama mit ausgehandelt wurde. In der Folge schlossen sich die verbliebenen Länder in einem Freihandelsabkommen ohne die USA zusammen, dem Comprehensive and Progressive Agreement for Trans-Pacific Partnership (CPTPP). China gehört dem CPTPP bislang zwar nicht an, hat allerdings ebenso wie Taiwan eine Aufnahme beantragt.

2018 trat Trump einen Handelskrieg mit China los. Ökonomen gehen davon aus, dass dabei beide Nationen wirtschaftlich verloren haben. Zugleich wird unterstellt, dass China – anders als Amerika – einen Großteil seiner Handelseinbußen über ein neues Mega-Handelsabkommen kompensieren kann, dem die USA ebenfalls nicht angehören, nämlich der Regional Comprehensive Economic Partnership (RCEP).[70] Es ist gemessen am Bruttoinlandsprodukt bis dato das größte Freihandelsabkommen der Welt und umfasst China, die zehn ASEAN-Staaten, Neuseeland sowie die US-Bündnispartner Südkorea, Japan und Australien.

Eine Einschätzung aus der Zeit der ersten Trump-Administration kam zu dem Schluss, dass China, Japan und Südkorea von CPTPP sowie RCEP besonders stark profitieren würden, während die USA und Indien (die beiden Abkommen nicht beigetreten sind) zu den größten Verlierern zählen.[71] Darüber hinaus könnte RCEP die Entkoppelung des ostasiatischen Wirtschaftsraums von den USA beschleunigen.[72] Der amerikanisch-chinesische Handelskonflikt hat darüber hinaus zu einem Anstieg der Handelsvolumen zwischen ASEAN und China beigetragen und damit die wirtschaftlichen Kräfteverhältnisse im Indopazifik weiter zugunsten Chinas verschoben.[73]

Die beiden US-amerikanischen Ökonomieprofessoren Pablo Fajgelbaum und Amit Khandelwal haben Studien ausgewertet, die sich mit den wirtschaftlichen Folgen des amerikanisch-chinesischen Handelskonflikts befassen. Dabei kommen sie zu dem Schluss, dass dieser Konflikt die realen Gesamteinkommen sowohl in den USA als auch in China geschmälert hat.[74] Es ist allerdings sehr fraglich, ob solche Erkenntnisse zu einer Kurskorrektur der Wirtschafts- und Handelspolitik Trumps gegenüber China während dessen zweiter Amtszeit beitragen werden. Seine Äußerungen legen eher nahe, dass Trump den wirtschaftlichen Konfrontationskurs nicht nur fortsetzen, sondern weiter verschärfen könnte.

Aber auch Xis marxistisch-leninistische Wende in der Wirtschaftspolitik – mit der stärkeren Kontrolle der Kommunistischen Partei über die Wirtschaft und dem Bedeutungszuwachs staatseigener Unternehmen – könnte das chinesische Wirtschaftswachstum in Zukunft schmälern. Stagnierende Wirtschaften wiederum könnten Populismus und Nationalismus sowohl in westlichen als auch nichtwestlichen Ländern weiter Auftrieb geben – und damit auch sicherheitspolitische Konflikte anheizen.

Die Pax Americana im Indopazifik

Die Warnung von Frankreichs Präsident Macron, dass Europa in eine Konfrontation in der Taiwan-Straße hineingezogen werden könnte, spiegelt ein gehöriges Maß an Misstrauen gegenüber Amerika wider. Der Kritiker der Pax Americana dürfte sich von den Äußerungen des französischen Präsidenten jedenfalls bestärkt fühlen. Aus seiner Sicht hat die Ausübung amerikanischer Militärmacht im indopazifischen Raum wesentlich dazu beigetragen, das Sicherheitsdilemma im Verhältnis zu China weiter zu befeuern. Und überhaupt: Würde Amerika es hinnehmen, wenn die chinesische Marine vor seinen eigenen Küsten patrouillierte?

Der Kritiker würde darauf verweisen, dass das Eintreten der USA für liberal-demokratische Werte im Indopazifik ebenso wie in anderen Weltregionen unglaubwürdig sei. Schließlich hatten die USA keine Probleme damit, nichtdemokratische Regierungen zu unterstützen, wenn es dem jeweiligen strategischen Interessenkalkül entsprach. So pflegte Washington das Bündnis mit Südkorea und die enge Partnerschaft mit Taiwan lange bevor beide sich ab Ende der 1980er-Jahre auf den Weg machten, konsolidierte Demokratien zu werden.

Die Verfechterin der Pax Americana würde dagegenhalten, dass Amerika seine wichtigsten Bündnisse im Indopazifik mit liberalen Demokratien unterhält, die sich sicherheitspolitisch und militärisch vom autoritär regierten China herausgefordert sehen. Ohne den militärischen Rückhalt aus Washington könnte sich Taiwan als Demokratie gegenüber Peking wohl nicht lange behaupten. Aus ihrer Perspektive liegt die eigentliche Ursache für das aggressive Auftreten Pekings zudem vorrangig in den politischen Entwicklungen innerhalb Chinas, nicht in der Bedrohung durch die USA. Folglich würde sich China durch einen amerikanischen Rückzug nur ermutigt fühlen, seine revisionistische Außenpolitik in der Region fortzuführen.

Für die Sichtweise der Verfechterin der Pax Americana spricht, dass China – ebenso wie Russland – eine neue regionale und globale Ordnung anstrebt, die in erster Linie das eigene autoritäre Herrschaftssystem stützt. Zugleich sieht Peking jedoch die militärische und wirtschaftliche Macht Amerikas langfristig schwinden, was aus seiner Sicht neue Möglichkeiten schafft, um die eigenen Ordnungsvorstellungen durchzusetzen. In Washington dagegen dominiert eher ein Gefühl von Dringlichkeit und Zeitdruck. So hat das Gefühl des Verlusts uneingeschränkter militärischer Überlegenheit Washington dazu verleitet, militärische Worst-Case-Szenarien in den Vordergrund zu stellen. Die „Thukydides-Falle" beschreibt die sicherheitspolitische Dynamik im amerikanisch-chinesischen Verhältnis daher recht treffend.

Ein militärischer Rückzug Amerikas aus dem Indopazifik ist auch unter einer zweiten Trump-Administration äußerst unwahrscheinlich. Dafür sind das Verhältnis zu China und die Möglichkeit der Einflussnahme auf die Region aus amerikanischer Sicht weiterhin zu wichtig. Sollten die USA dennoch morgen verkünden, ihre Militärbasen in Japan und Südkorea deutlich zu verkleinern und einen signifikanten Teil ihrer Marinekräfte abzuziehen, hätte dies gravierende sicherheitspolitische Konsequenzen. Einerseits besteht die Möglichkeit, dass ein solches Szenario einen direkten Krieg zwischen Amerika und China unwahrscheinlicher macht. Andererseits hätte dieser potenzielle Zugewinn an Sicherheit auch einen Preis, denn ein amerikanischer Rückzug würde die virulentesten Konflikte in der Region nicht entschärfen, geschweige denn lösen.

So würde China wohl die Chance nutzen, um den politischen und militärischen Druck auf Taiwan zu erhöhen. Seine Gebietsansprüche im Süd- und Ostchinesischen Meer würde es mit gleichem Nachdruck, aber mit weniger Widerstand verfolgen. Die regionale Ordnung würde „chinesischer" werden. Aufgrund seiner eigenen wirtschaftlichen Interessen ist es zwar nicht plausibel, dass China seine neue Macht auch nutzen würde, um die Seewege in seiner Nachbarschaft nach Gutdünken zu öffnen oder zu schließen. Allerdings würde die Kontrolle über die Seewege im Indopazifik ein Erpressungspotenzial gegenüber dem Westen oder anderen Ländern schaffen, die die politischen und sicherheitspolitischen Ziele Pekings nicht teilen.

Die Verbündeten und Partner der USA haben mit unterschiedlichen Strategien auf den Glaubwürdigkeitsverlust der amerikanischen Rückversicherung und Abschreckung reagiert. Einige Länder, wie insbesondere Australien, haben ihre Verteidigungskooperation mit den USA während der Biden-Präsidentschaft sogar vertieft. Dahinter steht das Kalkül, die Beziehungen gegen die innenpolitischen Unwägbarkeiten Washingtons abzusichern und zugleich der wachsenden Bedrohung durch China besser begegnen zu können.

Gleichzeitig investieren viele Bündnispartner deutlich mehr in ihre eigene Verteidigung und bemühen sich um den Ausbau ihrer sicherheitspolitischen Beziehungen zu anderen

Partnern innerhalb und außerhalb der eigenen Region. Im Extremfall könnte die Infragestellung amerikanischer Sicherheitszusagen das Interesse Südkoreas, Japans und Taiwans am Erwerb eigener Nuklearwaffen vergrößern. Andere Staaten in der Region würden angesichts der ohnehin stattfindenden wirtschaftlichen Machtverschiebungen ihr Heil verstärkt in einer Annäherung an China suchen.

Ökonomische Faktoren sind wie beschrieben eine wesentliche Triebfeder für die amerikanisch-chinesische Rivalität. Der „China-Schock" der 2000er-Jahre führte in Amerika dazu, dass insbesondere der Austausch von Waren und Technologien mit China immer mehr als ein ökonomisches und sicherheitspolitisches Risiko betrachtet wird. Hinzu kommt, dass Washington seine Führungsrolle bei der Gestaltung eines offenen Handelssystems in der Region weitgehend aufgegeben hat. Diese Entwicklungen in der amerikanischen Politik werden sich aller Voraussicht nach während der zweiten Amtszeit Trumps noch einmal verstärken.

Der Bedeutungsschwund Amerikas als handelspolitische Macht in der Region hat auch Konsequenzen für die sicherheitspolitischen Allianzen. Denn je wichtiger China wirtschaftlich und handelspolitisch im Vergleich zu Amerika wird, desto mehr stehen auch Bündnispartner der USA vor dem Problem, ihre sicherheitspolitische Anlehnung an Amerika mit ihrer ökonomischen Abhängigkeit von Peking in Einklang zu bringen.

Der Konflikt über grundlegende politische Werte prägt nicht nur das amerikanisch-chinesische Verhältnis, sondern darüber hinaus auch die Beziehungen anderer westlicher Staaten mit der ganzen Region. Lange Zeit schien die Demokratie im Indopazifik auf dem Vormarsch zu sein. In den 1980er- und 1990er-Jahren schritt die Demokratisierung Südkoreas und Taiwans voran, in China erstarkte die Demokratiebewegung (vor ihrer blutigen Niederschlagung 1989) und in Indonesien endete 1998 die Langzeit-Herrschaft des Autokraten Suharto. Beobachter verzeichneten zwischen 1985 und 2000 einen – wenn auch moderaten – Vormarsch liberaler Demokratien in der Region (basierend auf Merkmalen wie Wahlrecht, Korruptionsbekämpfung, Meinungsfreiheit und Unabhängigkeit der Justiz).[75] Heute ist allerdings klar, dass Hoffnungen auf einen Siegeszug des politischen Liberalismus im Indopazifik verfrüht waren.

US-Präsident Joe Biden investierte anders als Trump viel Energie und politisches Kapital, um eine Koalition „gleichgesinnter Staaten“ aufzubauen, die nicht zuletzt gegenüber China einen gemeinsamen Wertekanon vertritt. Im Laufe der letzten Jahre hat sich der Fokus der führenden Industrienationen (G7) – als Kern der Koalition gleichgesinnter Staaten – erweitert. Es geht nicht mehr nur um die Wahrung liberaler Prinzipien in der Ordnung zwischen den Staaten, sondern auch um die Demokratisierung der gesellschaftlichen und politischen Gegebenheiten innerhalb der Staaten.[76] Ein solcher Ansatz birgt jedoch auch erhebliche Risiken. Nicht nur für Amerika, sondern auch für Deutschland und andere europäische Staaten, kommt der Gemeinschaft südost-asiatischer Staaten (ASEAN) eine immer größere Bedeutung im Indopazifik zu. Ein Blick auf die „normative Weltkarte“ der Organisation Freedom House zeigt jedoch, dass alle ASEAN-Staaten entweder als unfrei oder nur teilweise frei eingestuft werden.[77] Je nachdrücklicher die „Koalition gleichgesinnter Staaten“ für die Beachtung liberaldemokratischer Werte in den jeweiligen Ländern eintritt, desto schwieriger würde sich die Zusammenarbeit mit der ASEAN-Organisation gestalten. Dies wiederum böte Peking nur weitere Möglichkeiten, seinen Einfluss in der Region auszuweiten.

Insofern bietet die Rückkehr Trumps in das Präsidentenamt tatsächlich die Chance, dass die USA unter seiner Führung auf eine überambitionierte Demokratisierungsagenda verzichten und dem Konflikt mit China damit einen Teil ideologischer Schärfe nehmen. Problematisch dabei ist nur, wenn Trump auch das amerikanische Interesse an der Aufrechterhaltung einer regelbasierten Ordnung verlöre. Denn diese Ordnung basiert eben auch auf liberalen Prinzipien, die das Recht des Stärkeren einhegen sollen.

Es liegt auf der Hand, dass die sicherheitspolitischen und wirtschaftlichen Entwicklungen im Indopazifik für Deutschland und andere europäische Länder hochgradig relevant sind. Zuletzt hat Deutschland auch sein sicherheitspolitisches Profil in der Region durch die wiederholte Entsendung von Marineschiffen und Kampfflugzeugen für Übungszecke deutlich geschärft. Mit der Entsendung dieser begrenzten militärischen Fähigkeiten signalisierte Berlin gegenüber Washington, Peking und den Staaten im Indopazifik ein gewachsenes politisches Interesse sowie eine gewisse eigene Risikobereitschaft.

Dennoch bleiben die deutschen Interessen am Indopazifik stark mit wirtschaftlichen Entwicklungen verbunden. Als 2020 die ersten deutschen Leitlinien für den Indopazifik veröffentlicht wurden, machte die Region bereits gut 20 Prozent des deutschen Handelsaustauschs aus.[78] Gegenüber den 15 Jahren zuvor hatte sich das deutsche Handelsvolumen mit der Region fast verdoppelt.[79]

Für die Zukunft zeichnet sich ab, dass für Deutschland und andere EU-Länder der Spagat zwischen den eigenen Wirtschaftsinteressen und den Erfordernissen der transatlantischen Beziehungen schmerzhafter werden dürfte. Die deutsche bzw. europäische Chinapolitik lässt sich damit immer weniger von den transatlantischen Beziehungen trennen. Das gilt umso mehr für die zweite Trump-Administration. Denn spitzt sich der sicherheitspolitische Konflikt etwa in der Taiwan-Straße weiter zu, dann werden in Amerika auch die Stimmen lauter, die von den europäischen Partnern eine härtere wirtschaftliche Gangart gegenüber Peking fordern. Zugleich bleiben die wirtschaftlichen Abhängigkeiten von China groß. Alleine die enorm ambitionierten deutschen Ziele in den Bereichen der Energie- und Mobilitätswende lassen sich ohne den Austausch mit China kaum erreichen.[80]

Kapitel 5
Naher Osten: die lange Suche nach dem Exit

Im September 2023 blickte Jake Sullivan noch optimistisch auf die Lage im Nahen Osten. Der Sicherheitsberater von US-Präsident Joe Biden hatte da gerade einen Aufsatz für die November/Dezember-Ausgabe der renommierten Zeitschrift Foreign Affairs über die „Quellen amerikanischer Macht" abgeschlossen.[1] Darin findet sich neben viel Eigenlob für die Außenpolitik Bidens wohl auch ehrliche Hoffnung auf eine friedliche Entwicklung in der Region. Im Jemen hielt seit 18 Monaten ein Waffenstillstand zwischen den verfeindeten Parteien, während die Zahl der Raketenangriffe auf US-Truppen in Irak und Syrien durch irantreue Milizen stark zurückgegangen war. Gerade hatte US-Präsident Biden anlässlich des G20-Gipfels die Initiative für die Entwicklung eines neuen Wirtschaftskorridors verkündet, der den Nahen Osten als Brücke zwischen Indien und Europa etablieren und in der Region zu mehr Wohlstand und Stabilität beitragen sollte.

Doch dann kam der 7. Oktober 2023. In den frühen Morgenstunden dieses Samstags starteten militante Palästinenser unter Führung der islamistischen Hamas einen offensichtlich von langer Hand vorbereiteten Terrorangriff auf Israel. Präsident Biden bezeichnete diesen Angriff später als „die schlimmste Gräueltat seit dem Holocaust, die an einem einzigen Tag gegen das jüdische Volk begangen wurde".[2] Zunächst hagelte es aus dem Gazastreifen Raketen auf Städte und Ortschaften im Zentrum und im Süden Israels. Kurz darauf bahnten sich hunderte Angreifer mithilfe von Bulldozern ihren Weg durch die Grenzsicherungsanlagen zwischen dem Gazastreifen und Israel und attackierten israelische Dörfer und Militärposten.

Am Ende dieses Tages hatte Israel mehr als 1200 Tote zu beklagen. Zudem wurden 254 Menschen von den Terroristen in den Gazastreifen entführt. Überlebende berichteten später von brutalster Gewalt, die auch vor Familien und Kindern nicht Halt machte. Israel reagierte mit äußerster Härte. Das Militär bombardierte zunächst Gaza-Stadt und startete dann eine Bodenoffensive mit dem erklärten Ziel, die Hamas vollständig zu zerstören. Später weitete Israel seinen Gegenangriff auch auf den südlichen Teil des Gazastreifens aus, wohin zuvor zahlreiche Menschen aus dem Norden geflohen waren. Die Zahl der Toten im Gazastreifen stieg bald in schockierende Höhen und erreichte ein Jahr nach dem Terrorangriff der Hamas Schätzungen zufolge mehr als 43.000.[3]

Die Gewalt blieb jedoch nicht auf Gaza und Israel begrenzt. Vom Süden Libanons aus eröffnete die Hisbollah-Miliz eine zweite Front gegen Israel. Im Jemen begannen die mit Iran verbündeten Huthi-Rebellen zivile Frachtschiffe im Roten Meer anzugreifen. In Syrien, Irak und Jordanien schlugen irantreue Milizen wieder verstärkt gegen amerikanische Militärziele zu. International wuchs die Sorge vor einem großen regionalen Krieg.

Der 7. Oktober 2023 hat nicht nur den Optimismus zerstört, der sich in dem Beitrag Sullivans widerspiegelte. Darüber hinaus erschütterten der Terroranschlag und dessen Folgen das Selbstverständnis Amerikas als Sicherheit und Stabilität schaffende Kraft in der Region. Die kombinierte Militärmacht Amerikas und Israels vermochte es nicht, den Angriff der Hamas zu verhindern. Trotz amerikanischer und israelischer Drohungen und der Entsendung zusätzlicher US-Kriegsschiffe und Truppen in die Region griff Iran im April sowie erneut im Oktober 2024 Israel erstmals direkt mit Raketen und Marschflugkörpern an.

In militärischer Hinsicht hat sich das Blatt eineinhalb Jahre nach dem Terroranschlag zugunsten Israels gewendet. Irans Angriffe auf Israel verpufften weitgehend. Zudem gelang es den israelischen Streitkräften mit amerikanischer Waffenhilfe, sowohl die Hamas als auch die Hisbollah deutlich zu schwächen. Dies wiederum trug im Dezember 2024 zum Sturz des Regimes von Baschar al-Assad in Syrien sowie zum Schweigen der Waffen in Gaza und im Süden des Libanon bei.

Die USA haben gezeigt, dass sie gemeinsam mit Ländern der Region wie Katar und Ägypten weiterhin ein gewichtiger Akteur sind. Die entscheidende Frage für die Zukunft lautet indes, ob sie dieses Gewicht auch für eine dauerhaft Befriedung der zugrunde liegenden Konflikte in der Region nutzen können. Das betrifft vor allem den israelisch-palästinensischen Konflikt sowie das Verhältnis Irans zu seinen Nachbarn und den USA.

Amerikas vitale Interessen

Unter dem Eindruck der islamischen Revolution in Iran 1979 und der sowjetischen Invasion in Afghanistan im gleichen Jahr gab US-Präsident Jimmy Carter am 23. Januar 1980 vor dem amerikanischen Kongress eine folgenschwere Erklärung ab:

„Der Versuch einer fremden Macht, die Kontrolle über die Region des Persischen Golfs zu erlangen, wird als Angriff auf die lebenswichtigen Interessen der Vereinigten Staaten von Amerika betrachtet, und ein solcher Angriff wird mit allen erforderlichen Mitteln, einschließlich militärischer Gewalt, abgewehrt werden.“[4]

Damit formulierte Carter den für die folgenden Jahrzehnte geltenden Anspruch seines Landes, sicherheitspolitische Führungs- und Vormacht nicht nur am Persischen Golf, sondern im gesamten Nahen Osten zu sein. Das zentrale Ziel amerikanischer Politik lautet seitdem, zu verhindern, dass eine andere ausländische oder eine regionale Macht die Region mit militärischen Mitteln dominieren kann.

Die Sicherung der Energiequellen aus dem Nahen Osten ist ein weiteres Kerninteresse der USA, auch wenn sich seither die wirtschaftlichen und technologischen Rahmenbedingungen verändert haben. Seit Mitte der 2000er-Jahre nahm die sogenannte Schieferrevolution in den USA ihren Lauf. Die Kombination aus hydraulischem Aufbrechen des Gesteins (fracking) und horizontalem Bohren ermöglichte es, in großem Stil neue „nicht-konventionelle" Öl- und Gasvorkommen zu erschließen, und verwandelte die USA in einen „Energieselbstversorger".[5] Während die USA ihre Energiesicherheit in den letzten Jahren also deutlich verbessern konnten, blieben ihre geopolitischen und wirtschaftlichen Interessen jedoch eng mit dem globalen Ölmarkt verbunden. Das wurde nach dem Beginn des russischen Angriffskrieges gegen die Ukraine im Februar 2022 einmal mehr deutlich, als die steigenden Energiepreise auch in den USA eine große innenpolitische Bedeutung bekamen.

Darüber hinaus sind der Schutz Israels, der Kampf gegen den Terrorismus und die Verhinderung der Weiterverbreitung von Massenvernichtungswaffen Kerninteressen Amerikas im Nahen Osten. Schließlich geht es aber auch um handfeste wirtschaftliche Interessen. Denn der jahrzehntealte Deal zwischen den USA und Saudi-Arabien (sowie anderen Golfmonarchien) lautete nicht nur „Schutz gegen Öl", sondern spätestens seit Mitte der 1970er-Jahre auch „Schutz gegen Petrodollar". Im Gegenzug für amerikanische Sicherheitszusagen investierten die Golfstaaten einen Großteil ihrer mit Öl und Gas verdienten Dollar wieder in den USA und anderen westlichen Ländern.

Der Schutz und die Förderung liberal-demokratischer Werte war dagegen nie ein Kernanliegen der amerikanischen Nahostpolitik. Die Voraussetzungen dafür wären in dieser Region allerdings auch denkbar schlecht. Der Liberalismus hat ebenso wie der Kommunismus im Nahen Osten nie eine prägende Wirkung entfaltet. Die beiden wichtigsten ideologischen Strömungen in der Region seit Beginn des 20. Jahrhunderts waren vielmehr der Panarabismus und der Panislamismus. Bei allen Unterschieden und bei allen Fragmentierungen zwischen bzw. innerhalb dieser Ideologien eint sie doch die Ablehnung westlichen Einflusses und einer als oktroyiert wahrgenommenen westlichen Staatenordnung.[6]

Die Interventionen der USA im Nahen Osten dienten nicht selten der Abwehr nationalistischer oder islamistischer Gefährdungen für die eigenen politischen und wirtschaftlichen Interessen. Beispiele waren die britisch-amerikanische „Operation Ajax" 1953 zum Sturz des iranischen Premierministers Mohammed Mossadegh, die amerikanische Militärintervention im Libanon 1958 oder die Unterstützung für autoritäre Regierungen in Ägypten und andernorts in den 1990er-Jahren.[7]

Für die Wahrung seiner Interessen im Nahen Osten hat sich Amerika von Anfang an stark auf seine militärische Macht gestützt. Schon kurz nachdem Carter seine Rede vor dem US-Kongress gehalten hatte, begannen die USA damit, ihre militärische Präsenz auszubauen. 1983 wurde zu diesem Zweck das bis heute für den Nahen Osten zuständige Zentralkommando (CENTCOM) der US-Streitkräfte eingerichtet. Die Zahl der in der Region stationierten Truppenkontingente variierte in den folgenden Jahrzehnten allerdings stark. Nach dem Einmarsch der USA in den Irak 2003 standen alleine dort zeitweise nahezu 200.000 US-Soldaten sowie weitere 25.000 im benachbarten Kuwait.[8]

In den letzten Jahren ist die Zahl der dauerhaft in den Staaten des Nahen Osten – den arabischen Golfstaaten, Irak, Jordanien und Syrien – stationierten US-Truppen relativ konstant geblieben. Sie lag 2016 (am Ende der Präsidentschaft Obamas) bei knapp 39.000, 2020 (am Ende der ersten Präsidentschaft Trumps) bei etwas mehr als 41.000 und 2023 (unter Biden) bei knapp 38.000.[9] Der Löwenanteil der amerikanischen Truppenkontingente entfällt heute auf Kuwait und Katar, gefolgt von den Vereinigten Arabischen Emiraten und Bahrain. In Bahrain liegt zudem das Hauptquartier der 5. Flotte der USA, die in den Gewässern des Persischen Golfs, des Arabischen Meeres und des Roten Meeres patrouilliert.

In Amerika ist stets kontrovers über die Nahostpolitik gestritten worden. Besonders die katastrophalen Folgen der Militärintervention in Irak sowie das Scheitern des Afghanistan-Einsatzes haben diese Debatte befeuert. Trotzdem blieb die Vorstellung tief in den außenpolitischen Kreisen der USA verankert, dass die Präsenz Amerikas für Sicherheit und Stabilität in der Region wichtig, wenn nicht gar unverzichtbar sei. Das gilt sowohl für demokratische als auch republikanische Administrationen.

Auch die erste Trump-Regierung mit ihrem America-First-Ansatz hielt an der Vorstellung fest, dass ein voreiliger und vollständiger Rückzug Amerikas aus dem Nahen Osten unweigerlich zu Chaos führen werde. Trumps damaliger Außenminister Mike Pompeo erklärte in einer Rede in Kairo, dass Amerika im Nahen Osten eine „Kraft des Guten“ sei.[10] Kiron Skinner, die während der ersten Amtszeit von Trump Chefin des Planungsstabes im US-Außenministerium war, schreibt in ihrem Beitrag für das unter Federführung der konservativen Heritage Foundation erstellte „Regierungsprogramm für die nächste konservative Regierung“ (Project

2025): „Ohne die Führung der USA könnte [der Nahe Osten und Nordafrika] weiter ins Chaos stürzen oder amerikanischen Gegnern zum Opfer fallen.“[11]

Dieses Selbstverständnis als unverzichtbare Führungsmacht stellt jede US-Administration jedoch vor ein Dilemma. Spätestens während der Regierungszeit Obamas (2009–2017) bildete sich in Washington ein überparteilicher Konsens heraus, dass sich Amerika aus den „endlosen“ Kriegen des Nahen Ostens heraushalten solle. Stattdessen liegt das Hauptaugenmerk seither auf China. Um dieses Dilemma aufzulösen, müssen die Voraussetzungen geschaffen werden, die es Amerika auf längere Sicht erlauben, seine militärische Präsenz im Nahen Osten deutlich zu reduzieren. Der Schlüssel dafür liegt aus Washingtoner Sicht letztendlich in Teheran.

Ausgestreckte Hand versus „maximaler Druck“

US-Regierungen haben über die Jahre und Jahrzehnte verschiedene Ansätze verfolgt, um ihre sicherheitspolitischen Lasten im Nahen Osten zu reduzieren, ohne dabei die eigenen Interessen zu kompromittieren. So versuchte Präsident Obama 2011 die amerikanischen Truppen aus Irak abzuziehen und setzte in Syrien auf die Ausbildung und Ausstattung lokaler Kräfte. Dreh- und Angelpunkt der amerikanischen Nahostpolitik ist jedoch stets das Verhältnis zu Iran geblieben. Besonders deutlich werden die sehr unterschiedlichen Ansätze, wenn man die Politik Obamas mit jener von Donald Trump während seiner ersten Präsidentschaft vergleicht. Joe Biden verfolgte als Präsident dagegen einen unentschlossenen Kurs gegenüber Teheran, der zwischen den Ansätzen seiner beiden Amtsvorgänger hin- und herschwankte.

Obama verschärfte zunächst zwar die Wirtschaftssanktionen gegen Iran, setzte zugleich jedoch stark auf Engagement und Öffnung. Bereits kurz nach seinem Amtsantritt richtete er im März 2009 anlässlich des persischen Neujahrsfestes Nowruz eine direkte Botschaft an die iranische Führung. Der amerikanische Präsident bekräftigte, dass die USA unter seiner Führung der Diplomatie und dem Aufbau konstruktiver Beziehungen zwischen Amerika, Iran und der internationalen Gemeinschaft verpflichtet sei. „Die Vereinigten Staaten wollen, dass die Islamische Republik Iran ihren rechtmäßigen Platz in der Gemeinschaft der Nationen einnimmt“, so Obama damals.[12]

Obamas Ansatz gipfelte 2015 im Abschluss des multilateralen Atomabkommens mit Iran (JCPOA – Joint Comprehensive Plan of Action), das unter maßgeblicher Beteiligung und Unterstützung Deutschlands, Frankreichs und Großbritanniens zustande kam. Mit diesem Abkommen verpflichtete sich Teheran im Gegenzug für Sanktionserleichterungen auf eine Reihe von zeitlich befristeten Beschränkungen seines Atomprogramms. So sollte sichergestellt werden, dass das Land keine Nuklearwaffen entwickeln kann. Iran war einer der ersten Unterzeichnerstaaten des internationalen Nicht-Verbreitungsvertrages von 1968, der auch den Verzicht des Landes auf Atomwaffen festschreibt.

Zu den Beschränkungen des JCPOA zählt unter anderem, dass Iran die Zahl seiner Uranzentrifugen begrenzen musste und Uran nur bis zu einem relativ geringen Niveau anreichern durfte (waffenfähiges Uran setzt eine sehr hochgradige Anreicherung voraus). Zudem sollte Iran dauerhaft auf die Wiederaufarbeitung von Brennelementen verzichten.

Grundsätzlich gibt es nämlich zwei technische Wege zum Bau einer Atomwaffe: erstens über die Herstellung von waffenfähigem Plutonium durch die Wiederaufbereitung von Atommüll sowie zweitens über die Anreicherung von Uran (genauer: der Anreicherung eines bestimmten Uranbestandteils, des Isotops U-235). Eine gängige Anreicherungsmethode ist der Einsatz von Zentrifugen. Begleitend zum Atomabkommen verabschiedete der Sicherheitsrat der Vereinten Nationen eine Resolution, die – ebenfalls zeitlich befristet – Beschränkungen für das iranische Raketenprogramm sowie für den Transfer bestimmter Waffensysteme an Iran vorsah.[13]

Die zentrale Schwäche dieses Abkommens lag aus Sicht seiner Kritiker jedoch darin, dass wesentliche Beschränkungen für Iran zeitlich befristet waren, während andere wichtige Themen ganz ausgeklammert blieben. Das betraf insbesondere die Bemühungen Teherans, mithilfe seiner Revolutionsgarden und seinen regionalen Verbündeten andere Staaten der Region zu destabilisieren. Aus Sicht Obamas war das Atomabkommen trotz dieser Schwächen jedoch alternativlos, weil weder wirtschaftliche Sanktionen noch Militärschläge Iran dauerhaft die Fähigkeit zum Bau einer Atombombe vorenthalten könnten. Seine Hoffnung ruhte stattdessen darauf, dass der JCPOA einen Prozess anstoßen würde, der die Spannungen in der Region langfristig reduzieren und damit letztendlich Iran den Anreiz zum Bau einer Bombe nehmen würde.[14]

Präsident Trump vollzog nach seinem Amtsantritt im Januar 2017 eine radikale Kursänderung. Aus dem Ansatz von Diplomatie und Engagement wurde die Politik des „maximalen Drucks". Dahinter stand die Überzeugung, dass es sich beim JCPOA aus den genannten Gründen um einen schlechten „Deal“ handelte, der Iran den Weg zur Atombombe nicht dauerhaft verbauen konnte. Aus Sicht Trumps und der meisten Republikaner haben die Sanktionserleichterungen Iran vielmehr die nötigen finanziellen Mittel verschafft, um seine Streitkräfte sowie sein Raketenprogramm zu stärken und seine destabilisierende Politik fortzuführen.

Die neue Iranstrategie der USA sah nicht nur den amerikanischen Rückzug aus dem Atomabkommen, sondern in der Folge auch die „stärksten Sanktionen der Geschichte“ gegen Teheran vor. Zugleich formulierte Trumps Außenminister Mike Pompeo weitreichende Forderungen an Iran. Demnach sollte Teheran nach dem Willen Washingtons vollständig auf die Urananreicherung verzichten, sein Raketenprogramm einfrieren und seine Unterstützung für die Hisbollah und andere Verbündete komplett einstellen.[15] Im Gegenzug bot er dem Land ein neu verhandeltes Abkommen, das anders als der JCPOA ein formaler Vertrag sein sollte. Dieser hätte vom US-Senat gebilligt werden müssen und wäre damit durch zukünftige amerikanische Regierungen nicht so einfach aufzukündigen.

Während Trump also einen deutlich konfrontativeren Kurs gegenüber Iran verfolgte als sein Amtsvorgänger, wollte er ebenso wie Obama die finanzielle und militärische Last der USA im Nahen Osten mindern. Damit dies gelingen konnte, strebten Trump und seine Berater ein Bündnis der arabischen Staaten an, das manchmal als eine „arabische NATO“ bzw. offiziell als „strategische Allianz für den Mittleren Osten“ (Middle East Strategic Alliance, MESA) bezeichnet wurde.[16] Die Idee dahinter lautete aus amerikanischer

Sicht, dass die arabischen Golfstaaten – zuvorderst Saudi-Arabien und die Vereinigten Arabischen Emirate – sowie Ägypten und Jordanien ihre sicherheitspolitische Zusammenarbeit deutlich intensivieren sollten, um so Iran geschlossener entgegentreten zu können.

Israel und die USA wären nicht Teil dieser Allianz, würden sie aber geheimdienstlich und militärisch unterstützen. Voraussetzung dafür wäre allerdings die Normalisierung der Beziehungen zwischen Israel und Saudi-Arabien sowie anderen arabischen Staaten. Eine formale Beistandsgarantie der USA für die Mitgliedstaaten dieser arabischen Allianz gegen Iran war nicht vorgesehen.

Während Obama und Trump das gleiche langfristige Ziel verfolgten – die sicherheitspolitische Last der USA im Nahen Osten zu reduzieren –, basierte ihre jeweilige Politik auf völlig konträren Grundannahmen über die Triebkräfte hinter der iranischen Außenpolitik. Obama ging nämlich davon aus, dass Teheran letztendlich defensive Ziele verfolgt. Das Streben nach der technischen Fähigkeit, Nuklearwaffen zu bauen; der Ausbau des ballistischen Raketenprogramms; der Aufbau eines Netzwerks von bewaffneten Partnern in der Region und die Destabilisierung der Nachbarstaaten mit dessen Hilfe – all das diente Iran aus Sicht Obamas dazu, einen von außen herbeigeführten Regimesturz zu verhindern bzw. aus Sicht Teherans die Hauptgegner Israel, die USA sowie Saudi-Arabien abzuschrecken.

Vor diesem Hintergrund ist auch Obamas umstrittene Äußerung zu verstehen, dass Iran und Saudi-Arabien „einen effektiven Weg finden müssen, die Nachbarschaft zu teilen und eine Art kalten Frieden zu schaffen."[17] Obamas Sicht auf die Handlungsmotive Irans begründete auch seinen Optimismus, dass das Atomabkommen auf lange Sicht den Weg für einen sicherheitspolitischen Ausgleich in der Region schaffen könne. Gelänge dies, könnten auch die USA ihr militärisches Engagement reduzieren, ohne ihren diplomatischen Einfluss aufzugeben.

Die Politik des „maximalen Drucks“ der ersten Trump-Regierung basierte auf der entgegengesetzten Annahme, dass nämlich die Motive Teherans vor allem offensiver Natur sind. Aus dieser Warte betrachtet, ist Iran eine revisionistische Macht, die mit aller Kraft nach dem Umsturz der bestehenden regionalen Ordnung strebt, die USA aus dem Nahen Osten verdrängen, Israel einhegen bzw. als Staat sogar zerstören und so die regionale Vorherrschaft erringen will.

Dementsprechend ließe sich das Verhalten Irans nur dadurch beeinflussen, dass sich entweder der Charakter des Regimes grundlegend ändert oder dem Land alle materiellen Möglichkeiten genommen werden, seine destruktive Politik fortzusetzen. Beides – Regime Change oder die drastische wirtschaftliche Eindämmung Irans – würde die Voraussetzungen dafür schaffen, die Bedrohungslage für die USA, Israel sowie die arabischen Golfstaaten dauerhaft zu reduzieren. Dies wiederum würde es Amerika erlauben, seinen sicherheitspolitischen Fußabdruck im Nahen Osten zu verringern.

Vieles spricht dafür, dass Trump nach dem Wiedereinzug ins Weiße Haus seinen früheren Ansatz des „maximalen Drucks“ auf das Land wieder aufgreifen wird. Das würde unter anderem die erneute Verschärfung und Ausweitung der bestehenden Wirtschafts- und Finanzsanktionen gegen Iran bedeuten. Angesichts seiner sicherheitspolitischen Schwächung könnte sich Teheran dazu genötigt sehen, dem amerikanischen Druck nachzugeben. Die entscheidende Frage lautet aber, wie weit die Forderungen aus Washington diesmal reichen. Grundsätzlich wäre denkbar, dass Trump sein Angebot aus der ersten Amtszeit – weitreichende Verpflichtungen Teherans im Gegenzug für einen verbindlichen Vertrag – erneuert. Aber schon damals erschien die nötige Mehrheit dafür im US-Senat – zwei Drittel der anwesenden Senatorinnen und Senatoren – in weiter Ferne zu liegen. Zudem würden die Machthaber in Iran alle ihre noch verbliebenen außen- und sicherheitspolitischen Trümpfe aufgeben, wenn sie den Forderungen nach einem Ende der Urananreicherung, des Raketenprogramms sowie der Unterstützung für regionale Verbündete entsprächen. Derart weitreichende Zugeständnisse kämen somit einer radikalen Kurskorrektur in der iranischen Regionalpolitik gleich.

Iran und die „Achse des Widerstandes“

Das komplexe Herrschaftssystem und die wechselvollen Beziehungen zwischen „Hardlinern“ und „Reformern“ in Iran haben dazu beigetragen, dass die Triebkräfte der iranischen Außenpolitik in Washington und anderen westlichen Hauptstädten mitunter sehr unterschiedlich gedeutet worden sind. In der Vergangenheit hat die Wahl eines reformorientierten Staatspräsidenten im Westen immer wieder die Hoffnung auf eine Mäßigung der iranischen Politik und auf eine sicherheitspolitische Entspannung im Nahen Osten genährt. Dabei ist allerdings unbestritten, dass die eigentliche Macht beim Revolutionsführer (von 1979 bis 1989 Ruhollah Khomeini, seither Ali Khamenei) liegt.

Die iranische Revolution von 1979 richtete sich nicht zuletzt gegen den Kurs der Verwestlichung und Säkularisierung des Shahs. Nach der Revolution orientierte Khomeini die iranische Innen- und Außenpolitik an einer schiitisch-islamischen Ideologie, die sowohl gegen die Herrschaftsform der Monarchie als auch gegen den westlichen Imperialismus gerichtet war. Dabei nahm er auch Anleihen bei „Dritte-Welt"-Auffassungen, wonach die wirtschaftlichen und sozialen Probleme in vielen Ländern der Erde eine Folge westlicher Ausbeutung und Kontrolle seien.[18]

Die ideologische Ausrichtung der Islamischen Republik hätte von liberal-demokratischen Werten nicht weiter entfernt sein können. Das betraf offensichtlich auch die westlichen Vorstellungen über die Trennung von Staat und Religion. Khomeini stand dem Säkularismus nicht nur ablehnend gegenüber, er unterstellte den Staat im Rahmen seiner Vorstellung von der „Vormundschaft der Rechtsgelehrten" weitgehend den religiösen Autoritäten.[19]

Zumindest bis Ende der 1980er-Jahre betrieb Iran unter Khomeinis Führung aktiv den Export der Revolution insbesondere in die arabischen Nachbarstaaten – ein Streben, durch das sich in der Region nicht zuletzt Saudi-Arabien bedroht fühlte. Khomeinis Nachfolger Ali Khamenei folgte der ideologischen Ausrichtung seines Vorgängers, wenngleich die antimonarchistische Komponente in den Hintergrund trat, während der iranische Nationalismus stärker betont wurde.[20] Das Fernziel ist nach den Vorstellungen Khameneis die Schaffung einer neuen islamischen Zivilisation, bei der Iran eine Vorbild- und Führungsrolle einnimmt.[21]

Die ersten beiden Etappen auf diesem Weg waren die Revolution von 1979 sowie die Errichtung einer islamischen Ordnung in Iran. Im Zuge der dritten und vierten Etappe geht es unter anderem darum, die republikanischen Elemente des politischen Systems – das gewählte Parlament und Präsidentenamt – gegenüber den klerikalen Strukturen weiter zu schwächen.[22] Am Schluss soll dann eines Tages die Errichtung einer neuen regionalen und internationalen Ordnung mit einer staatenübergreifenden islamischen Gesellschaft bzw. Zivilisation stehen. Aus Sicht Teherans lässt sich dieses langfristige Ziel nur erreichen, wenn die militärische Präsenz und der damit verbundene politische Einfluss der USA im Nahen Osten zurückgedrängt und Israel geschwächt, isoliert oder gar zerstört wird.

Allerdings gibt es auch im iranischen Machtapparat sehr unterschiedliche Sichtweisen dazu, in welchem Verhältnis Diplomatie und Gewalt bei der Verfolgung außenpolitischer Ziele stehen und wie die Zusammenarbeit zwischen den Staaten der Region aussehen könnte.[23] Gerade in jüngerer Zeit war zudem erkennbar, dass Iran ein wachsendes Interesse an regionaler Deeskalation im Verhältnis zu seinen arabischen Nachbarn hatte. Dabei spielten sowohl wirtschaftliche Motive eine wichtige Rolle als auch der Versuch, der drohenden Isolation Irans im Nahen Osten entgegenzuwirken.[24]

Eine offene Frage ist, wie sich die jüngsten militärischen und geopolitischen Rückschläge auf die iranische Sicherheitspolitik auswirken werden. Sie könnten einerseits jenen Stimmen in Teheran mehr Gewicht geben, die eher auf Diplomatie und Interessenausgleich setzen. Andererseits wäre auch denkbar, dass diese Rückschläge jenen Hardlinern den Rücken stärken, die die militärische Abschreckungsfähigkeit Irans wieder herstellen wollen.

Angesichts der bestehenden militärischen Kräfteverhältnisse in der Region hat Iran seine Verteidigungsstrategie seit Jahrzehnten auf einem „asymmetrischen" Ansatz aufgebaut. Dabei soll angesichts der technologisch-militärischen Überlegenheit der USA und Israels eine offene Konfrontation möglichst vermieden werden, die – etwas salopp gesagt – in einem Kräftemessen zwischen Bodentruppen, Kampfflugzeugen und Kriegsschiffen münden würde.

Zwar verfügt Iran zahlenmäßig mit etwa 610.000 Soldaten über die größte Armee im Nahen Osten. Davon entfallen 190.000 auf die Revolutionsgarden, die direkt dem Revolutionsführer unterstehen. Hinzu kommen noch einmal 350.000 Armee-Reservisten sowie die paramilitärische Basij-Miliz, die von den Revolutionsgarden kontrolliert und bei Bedarf aus der Gesellschaft heraus mobilisiert werden kann. Schätzungen zufolge sollen die Basij bis zu 600.000 kampftaugliche Mitglieder haben.[25]

Das iranische Militär leidet allerdings an veralteter Ausrüstung und Technologie. Besonders betroffen vom Materialnotstand sind die reguläre Armee sowie die Luftwaffe. Westliche Sanktionen haben den Zugriff Teherans auf moderne Militärtechnologie deutlich erschwert. Es ist dennoch bemerkenswert, dass Iran eine durchaus leistungsfähige heimische Rüstungsindustrie aufbauen konnte, die bestimmte fortschrittliche Waffensysteme, wie ballistische Raketen und Marschflugkörper, unbemannte Flugkörper und Boden-Luft-Raketen, produzieren kann.[26]

Mit Blick auf die Zukunft stellt sich die Frage, ob Iran von einer engeren Sicherheitszusammenarbeit mit Russland und China wird profitieren können, um bestehende Technologie- und Fähigkeitslücken zu schließen. Durch den Ukrainekrieg hat sich die Zusammenarbeit insbesondere mit Moskau verstärkt. So hat Iran Drohnen und ballistische Raketen an Russland geliefert, die in der Ukraine zum Einsatz kommen. Ein begrenzender Faktor dürfte bleiben, dass Iran die Ressourcen für umfangreiche Modernisierungsprogramme seiner Streitkräfte fehlen.[27] Mit Blick auf die Verteidigungsausgaben liegt Iran im regionalen Vergleich weit abgeschlagen hinter Saudi-Arabien, Israel und den Vereinigten Arabischen Emiraten.[28]

Neben den USA betrachtet Iran Israel als seinen Hauptfeind. Die israelischen Streitkräfte gelten als sehr gut ausgebildet und schlagkräftig. Sie sind allerdings in erster Linie auf die Landesverteidigung ausgerichtet, darüber hinaus jedoch nur auf kurzfristige Interventionen in Nachbarländern sowie auf begrenzte regionale Machtprojektion. Die Modernisierung der Israel Defense Forces (IDF) fokussierte in den letzten Jahren auf den eigenen Schutz, auf die Raketenabwehr sowie auf die Befähigung zu Präzisionsschlägen.[29] Die IDF umfassen 169.500 Soldatinnen und Soldaten. Bedeutsam ist darüber hinaus die Zahl der Reservisten, die mit 465.000 beziffert wird. Die Militäroperationen gegen die Hamas im Gazastreifen nach dem 7. Oktober 2023 führten zur größten israelischen Reservisten-Mobilisierung seit 1973.[30]

Die erste der drei Kernkomponenten des „asymmetrischen Ansatzes“ in der iranischen Verteidigungspolitik ist das Raketen- und Drohnenprogramm. Das Land verfügte vor der jüngsten Gewalteskalation über das größte Arsenal von Kurz- und Mittelstreckenraketen in der Region, die amerikanische Basen sowie Ziele in Israel und Saudi-Arabien erreichen könnten.[31] Die kürzeste Entfernung zwischen Iran und Israel beträgt gerade einmal 1000 km. Iran setzte im April und Oktober 2024 einen durchaus beträchtlichen Teil seines Arsenals gegen Israel ein. Es war das erste Mal, dass das Land direkt Ziele in Israel beschoss. Israel gelang es jedoch, mithilfe seiner eigenen hochentwickelten Luftverteidigung und mit Unterstützung der USA und anderer Länder den allergrößten Teil der Flugkörper abzufangen. Damit erwies sich dieses Arsenal an Raketen und Drohnen – zumindest gegenüber Israel – als weitgehend stumpfes Schwert.

Die zweite Komponente des „asymmetrischen Ansatzes“ ist die sogenannte Achse des Widerstands. Diese Achse umschreibt ein Netzwerk aus mit Iran verbündeten bewaffneten Milizen und Gruppierungen im Nahen Osten. Lange Zeit sah es so aus, dass Größe, militärische Ausstattung, Kampfkraft und Einfluss dieser Gruppen kontinuierlich anwachsen würden – und zwar sowohl während der Regierungszeit Obamas als auch der ersten Amtszeit Trumps.[32] Eine wesentliche Ursache für das Erstarken der Achse des Widerstands bis 2023 waren regionale Umwälzungen. Einige dieser Umwälzungen waren eine unmittelbare oder mittelbare Folge amerikanischer Nahostpolitik, wie insbesondere das innenpolitische Chaos in Irak nach dem Sturz Saddam Husseins oder der Aufstieg des „Islamischen Staates“ (IS), der zeitweise große Teile des Irak kontrollierte. Im Zuge der Niederschlagung des IS wuchs die Macht schiitischer Milizen im Irak – und damit auch der Einfluss Irans. Andere Entwicklungen, wie der „arabische Frühling“ oder der Bürgerkrieg in Syrien, schufen ebenfalls neue Gelegenheiten für Iran, seinen regionalen Einfluss auszubauen.

Der gemeinsame Nenner des iranisch-geführten Netzwerks ist die Gegnerschaft gegenüber Israel und das Ziel, den amerikanischen und westlichen Einfluss im Nahen Osten zurückzudrängen. Koordiniert wird dieses Netzwerk von den für die Machtprojektion ins Ausland zuständigen Quds-Korps innerhalb der Revolutionsgarden.

Das Ausmaß des iranischen Einflusses variiert allerdings stark. Besonders groß ist er dort, wo die Unterstützung dieser Akteure durch Teheran mit Geld und Waffen zusätzlich durch ein religiös-ideologisches Band gestärkt wird. Das gilt insbesondere für die libanesische Hisbollah und einige schiitische Milizen im Irak, die sich der Ideologie der Islamischen Republik und dem Revolutionsführer persönlich verpflichtet fühlen.

Die Hisbollah ist der mit Abstand wichtigste Verbündete Irans in der Region. 1982 gründete sich die janusköpfige Organisation – einerseits Terrorgruppe, andererseits politische Partei und wichtiger Bestandteil des staatlichen Gefüges im Libanon. Sie kontrolliert mehrheitlich schiitisch bewohnte Gegenden, insbesondere im Süden an der Grenze zu Israel. Schätzungen aus der Zeit vor dem 7. Oktober 2023 zufolge verfügte die Hisbollah über 20.000 reguläre Kämpfer sowie über 30.000 „Reservisten“, die zusätzlich aus der Gesellschaft mobilisiert werden konnten.[33] Die Zahl ihrer Raketen unterschiedlicher Typen und Reichweiten wurde auf bis zu 150.000 geschätzt. Beobachter gingen zudem lange Zeit davon aus, dass die Hisbollah durch Jahre des Einsatzes in Syrien schlagkräftiger geworden ist.[34]

Allerdings ist der militärische Nimbus der Terrororganisation zuletzt erschüttert worden. So gelangen Israel spektakuläre Schläge gegen den militärischen Arm der Hisbollah. Im September 2024 detonierten nahezu zeitgleich zahlreiche von der Terrorgruppe genutzte Kommunikationsgeräte, die mit Sprengsätzen präpariert worden waren. Zudem gelang es Israel, Raketenstellungen der Hisbollah zu attackieren, bevor diese ihrerseits Israel angreifen konnten. Es ist unklar, wie groß das Raketenarsenal nach diesen Angriffen noch ist. Schätzungen aus israelischen Sicherheitskreisen zufolge wurden bis zu 80 Prozent dieses Arsenals zerstört.[35] Seit Oktober 2023 eliminierte Israel zudem zahlreiche Kommandeure und Führer – eine Kampagne, die im September 2024 in der Tötung von Hisbollah-Chef Hassan Nasrallah gipfelte.

Zur Achse des Widerstandes zählen neben der Hisbollah und schiitischen Milizen im Irak zudem die Huthi-Rebellen im Jemen und die palästinensische Hamas sowie bis vor Kurzem das Assad-Regime in Syrien. Der Sturz des Verbündeten Assad im Dezember 2024 war für Iran ein weiterer schwerer Schlag. Syrien war für Teheran ein wichtiger Vorposten gegenüber Israel und zudem unverzichtbarer Teil eines Landkorridors von Iran über den Irak bis ans Mittelmeer, um die Hisbollah mit Waffen zu versorgen.

So bleibt noch die dritte Komponente des „asymmetrischen Ansatzes“, nämlich die teils offene, teils klandestine Entwicklung des Atomprogramms. Teheran bestreitet zwar, nach Atomwaffen zu streben. Es hat jedoch seit den 1990er-Jahren derart zielgerichtet danach gestrebt, sich die dazu nötigen technischen Fähigkeiten anzueignen, dass eine rein zivile Nutzung der Atomenergie wenig plausibel erscheint. Das betrifft insbesondere den hohen Anreicherungsgrad von Uran und die Entwicklung entsprechend leistungsfähiger Zentrifugen. Iran hat zudem seine nuklearen Aktivitäten wahlweise als Drohkulisse oder als Verhandlungsmasse genutzt, um seine Gegner unter Druck zu setzen oder zu Konzessionen zu bewegen.

Angesichts der Entwertung seines Raketen- und Drohnenarsenals sowie der Schwächung bzw. des Wegfalls seiner regionalen Verbündeten könnte der Aufbau eines Atomwaffenprogramms zumindest auf kurze und mittlere Sicht für Iran der einzige Weg sein, seine militärische Abschreckungsfähigkeit gegenüber Israel und den USA wiederherzustellen. Zugleich wäre dieser Weg auch für Teheran mit erheblichen Risiken verbunden. Vieles spricht dafür, dass Israel versuchen würde, den Bau einer iranischen Atomwaffe mit militärischen Mitteln zu verhindern.

Die Golfstaaten: Unsicherheit über den Kurs Amerikas

Seit der Amtszeit Obamas betrachten Saudi-Arabien und andere arabische Golfstaaten, die sicherheitspolitisch eng mit den USA verbunden sind, die amerikanische Nahostpolitik mit wachsendem Misstrauen. Eine Schlüsselentwicklung war die – keineswegs konsistente – Unterstützung Obamas für die Protestbewegungen des „arabischen Frühlings“ 2011 – und insbesondere die Tatsache, dass Obama den langjährigen ägyptischen Machthaber Husni Mubarak fallen ließ. Auch der Abschluss des Atomabkommens mit Iran 2015 säte Argwohn. Es wurde sowohl von Israel als auch von Saudi-Arabien vehement abgelehnt.

Die Unsicherheit über die zukünftige Rolle der USA im Nahen Osten ist eine wesentliche Motivation für Saudi-Arabien und andere arabische Partner Amerikas, sich neue außenpolitische Optionen jenseits der engen Sicherheitspartnerschaft mit Washington zu erschließen. Auch Iran bleibt für seine arabischen Nachbarn trotz seiner gegenwärtigen Schwächung ein Unsicherheitsfaktor. Um sich gegen diese Unwägbarkeiten abzusichern, haben Riad, Abu Dhabi und andere arabische Golfanrainer außenpolitische Kurswechsel vollzogen.[36] Washington hat diese Entwicklungen nur teilweise mitgestalten können und nicht alles dabei lag auch im Interesse der USA.

Der erste Kurswechsel betrifft das Verhältnis zu Iran. Riad und Teheran teilen seit 1979 eine wechselvolle Geschichte, in der sich Phasen der Eskalation und Entspannung abgewechselt haben.[37] Ideologisch-konfessionelle Gegensätze und der konkurrierende Anspruch, Schutzmacht für alle Muslime zu sein, haben den Konflikt zwischen den beiden Ländern immer wieder befeuert. Hinzu kommen grundlegende Unterschiede in den außenpolitischen Ausrichtungen. So ist Saudi-Arabien bestrebt, sich die Interessen externer Mächte – traditionell die USA, zunehmend aber auch China – zunutze zu machen, während Iran insbesondere den westlichen Einfluss in der Region zurückdrängen will.[38]

Im Frühjahr 2015 eskalierte der Konflikt, als Saudi-Arabien und die Emirate mit logistischer und geheimdienstlicher Unterstützung der USA in den Bürgerkrieg im Jemen intervenierten. Dabei ging es ihnen nicht nur darum, mit den Huthi-Rebellen eine militärische Bedrohung auszuschalten, sondern auch den Einfluss Teherans einzudämmen. Allerdings stiegen die militärischen, finanziellen und diplomatischen Kosten des Krieges immer weiter an. Letztendlich scheiterte die Intervention. Hinzu kamen weitere Entwicklungen, die ebenfalls ein Schlaglicht auf die sicherheitspolitischen Verwundbarkeiten und militärischen Schwächen Saudi-Arabiens geworfen haben.

So griff Teheran im September 2019 als Reaktion auf verschärfte US-Sanktionen die saudische Ölinfrastruktur an und verursachte kurzzeitig massive Turbolenzen auf dem globalen Ölmarkt. Trump erhöhte zwar kurzfristig die Zahl amerikanischer Truppen am Persischen Golf, verzichtete aber ansonsten auf eine entschlossene militärische Reaktion auf den Angriff. Diese Zögerlichkeit verunsicherte die Saudis und befeuerte das Misstrauen gegenüber ihrer Schutzmacht weiter.

Saudi-Arabien hat zwar im Kreis der arabischen Golfstaaten die größten und am besten ausgestatteten Streitkräfte. Riad gibt im Nahen Osten zudem am meisten Geld für seine Verteidigung aus, gefolgt von Israel und den Emiraten. Mit etwas über 250.000 Soldaten sind die saudischen Streitkräfte zahlenmäßig jedoch deutlich kleiner als jene Irans.[39] Zudem verfügt Riad nicht über die enormen Mobilisierungsreserven wie Iran sie hat.

Sowohl der Jemenkrieg als auch der iranische Angriff vom September 2019 haben Zweifel aufkommen lassen, ob Saudi-

Arabien seine moderne Militärtechnik „Made in USA" im Konflikt mit Iran tatsächlich effektiv einsetzen kann. Die Angriffe der Huthis aus dem Jemen sowie Iran haben zudem deutliche Schwächen in der Luftverteidigung bzw. Raketenabwehr des Königreichs offenbart. Hinzu kommt, dass Saudi-Arabien in der Vergangenheit den asymmetrischen Fähigkeiten Irans nicht viel entgegensetzen konnte. Beide Länder haben ihre Rivalität nicht nur im Jemen, sondern auch in Syrien, Irak und im Libanon ausgetragen – und überall konnte Teheran seine Macht und seinen Einfluss lange Zeit ausbauen. Seine moderne Militärtechnik half Saudi-Arabien dabei nicht.

Vor dem Hintergrund dieser ernüchternden Erkenntnis änderte Saudi-Arabien seinen Kurs in Richtung einer Entspannung mit Teheran. Dabei dürfte auch das Bemühen der saudischen Führung, insbesondere des eigentlichen Machthabers Kronprinz Mohammed bin Salman, eine wesentliche Rolle gespielt haben, die saudische Wirtschaft und Herrschaftsstruktur für eine Zukunft jenseits des Öls zu wappnen. Es wurde zunehmend offensichtlich, dass der Konflikt mit Iran den wirtschaftlichen Interessen Saudi-Arabiens im Wege stand.

Seit 2021 arbeiten Riad und Teheran darauf hin, ihre diplomatischen Beziehungen wiederherzustellen, die seit 2016 unterbrochen waren. Diese neue Dynamik mündete in einen durch China öffentlichkeitswirksam inszenierten diplomatischen Coup. Im März 2023 unterzeichneten Riad, Teheran und Peking eine Erklärung, welche die Wiederaufnahme diplomatischer Beziehungen zwischen den beiden Golfanrainern einschließlich der Wiedereröffnung der jeweiligen Botschaften vorsieht. Zudem unterstreicht die Deklaration das Prinzip der Nichteinmischung in die inneren Angelegenheiten der Staaten.[40] Aus Sicht Irans bedeutete dies, dass Saudi-Arabien seine Unterstützung für die iranische Opposition einstellen soll. Saudi-Arabien wollte vor allem erreichen, dass die mit Iran verbündeten Huthi-Rebellen im Jemen ihre Drohnen- und Raketenangriffe einstellen, und hofft, dass der im April 2022 vereinbarte Waffenstillstand im Jemen zu einem dauerhaften Ende des Krieges führt.[41] Neben Saudi-Arabien vertieften auch die Vereinigten Arabischen Emirate[42] und Kuwait ihre Beziehungen zu Iran. Bislang zeichnet sich nicht ab, dass die geopolitische Schwächung Irans diese Länder von ihrem Annäherungskurs wieder abbringt. Zu groß ist möglicherweise die Sorge, dass Teheran weiterhin Mittel und Wege findet, um den Nahen Osten zu destabilisieren. So zeigt Saudi-Arabien auch zu Beginn der zweiten Trump-Präsidentschaft wenig Interesse daran, sich dem amerikanischen Eindämmungskurs bzw. der „Politik des maximalen Drucks" anzuschließen.[43]

Ebenso weigert sich das Königreich, sich im Nahen Osten klar gegen China zu positionieren. Nicht nur aus Sicht der Trump-Administration ist der Einflussgewinn Pekings äußerst besorgniserregend, der sich in der erfolgreichen Vermittlerrolle widerspiegelt. Der saudisch-iranischen Vereinbarung waren bereits eine Reihe chinesisch-arabischer Gipfeltreffen vorausgegangen, in deren Rahmen auch Wirtschaftskooperationen abgeschlossen wurden.[44] Peking dokumentierte damit für die gesamte Weltöffentlichkeit sichtbar sein gewachsenes politisches Gewicht im Nahen Osten. Unklar ist jedoch noch, ob China seine politischen und wirtschaftlichen Interessen in der

Region zukünftig auch in eine größere sicherheitspolitische Rolle übersetzen kann und will.[45]

Neben der Annäherung an Iran vollzogen Saudi-Arabien und andere arabische Länder einen weiteren Kurswechsel, der das Verhältnis zu Israel betrifft. Nach dem Sechstagekrieg von 1967 hatten die Staaten der Arabischen Liga in der „Erklärung von Khartum" ihre Grundsätze im Verhältnis zu Israel festgelegt, nämlich „keinen Frieden, keine Anerkennung und keine Verhandlungen". Diese Grundsätze sind zwar in den folgenden Jahren immer mehr aufgeweicht worden (bereits im März 1979 schloss Ägypten einen Friedensvertrag mit Israel), die Beziehungen zwischen Israel und seinen arabischen Nachbarn blieben jedoch politisch belastet – nicht zuletzt vor dem Hintergrund des andauernden israelisch-palästinensischen Konflikts.

Die geteilte Bedrohung durch Iran und Zweifel an der Verlässlichkeit Amerikas haben bereits seit den frühen 2010er-Jahren zu einer Intensivierung der sicherheits- und geheimdienstlichen Zusammenarbeit zwischen Israel und Saudi-Arabien beigetragen, wenngleich dies eher hinter den Kulissen geschah.[46]

Im September 2020 schlossen zunächst zwei Mitgliedstaaten der Arabischen Liga, nämlich die Vereinigten Arabischen Emirate und Bahrain, sogenannte Abraham-Abkommen mit Israel. Später folgten noch Marokko und Sudan. Diese Abkommen sehen eine Normalisierung der Beziehungen zu Israel sowie die Intensivierung der Zusammenarbeit in wirtschaftlichen und anderen Fragen vor. Saudi-Arabien schloss zwar zunächst kein solches Abkommen mit Israel, die

Verhandlungen darüber waren Berichten zufolge vor dem 7. Oktober 2023 jedoch weit vorangeschritten.

Die Annäherung Israels an seine arabischen Nachbarn spiegelt letztendlich eine Interessenkongruenz zwischen den USA und seinen regionalen Partnern wider. Für Washington verspricht sie politische und sicherheitspolitische Entlastungen beim Bemühen, Iran zu isolieren. Für Israel bedeutet sie zumindest politische Rückendeckung im Kampf gegen Iran. Und einigen Beobachtern zufolge erhoffen sich die arabischen Länder von engeren Beziehungen zu Israel letztendlich auch, die sicherheitspolitischen Bande mit Amerika auf eine neue und tragfähigere Grundlage zu stellen.[47]

Abraham-Abkommen

Es war ein sonniger Tag im September 2020, als US-Präsident Donald Trump vor einem langen Tisch unterhalb des Truman-Balkons an der Südseite des Weißen Hauses Platz nahm. Flankiert wurde er zu seiner rechten vom israelischen Premierminister Benjamin Netanjahu und zu seiner linken vom Außenminister der Vereinigten Arabischen Emirate, Abdullah bin Zayid Al Nahyan. Am äußeren rechten Ende des Tisches saß der Außenminister Bahrains, Abdullatif bin Raschid al-Sajani.

Der Zweck des Zusammenkommens war die Unterzeichnung des „Vertrages über Frieden, diplomatische Beziehungen und volle Normalisierung“ zwischen Israel und den Emiraten sowie einer „Erklärung über Frieden, Zusammenarbeit und freundschaftliche Beziehungen“ zwischen Israel und Bahrain. Zum Schluss setzten alle vier Politiker ihre Unterschrift unter eine allgemeine Erklärung über die „Abraham-Abkommen“.[48]

Fast auf den Tag genau 27 Jahre zuvor hatten am gleichen Ort der damalige israelische Premierminister Jitzchak Rabin und der Chef der Palästinensischen Befreiungsorganisation (PLO) Jassir Arafat im Beisein von US-Präsident Bill Clinton ihren historischen Handschlag vollzogen. Mit der Oslo-Übereinkunft von 1993 sollte der Weg zu einem belastbaren Frieden zwischen Israelis und Palästinensern geebnet werden. Nun wollte Trump die USA unter seiner Führung erneut als nahöstlicher Friedensstifter in Szene setzen.

Tatsächlich haben selbst die Kritiker Trumps das Zustandekommen der Abraham-Abkommen als großen außenpolitischen Erfolg seiner ersten Amtszeit anerkannt. Der sicherlich bedeutendste Aspekt ist die volle Normalisierung der politischen Beziehungen einschließlich des Austauschs von Botschaftern. Darüber hinaus werden konkrete Handlungsfelder identifiziert, in denen Israel und Bahrain bzw. Israel und die Emirate ihre Zusammenarbeit ausbauen wollen. Dazu zählen die Bereiche Sicherheit, Wirtschaft, Finanzen, Visa, Tourismus, Umweltschutz und Energie. Nach den Vorstellungen Washingtons und Jerusalems sollte der Kreis der Abraham-Abkommen später auf andere arabische Staaten bzw. Länder ausgeweitet werden, die eine mehrheitlich muslimische Bevölkerung haben.

Was aus Sicht Israels bis heute noch fehlt, ist der „große Preis“, nämlich die Normalisierung der Beziehungen zu Saudi-Arabien. Saudi-Arabien nimmt in der arabischen Welt auch im Verhältnis zu Israel eine besondere Stellung ein.

Nach eigenem Verständnis trägt Saudi-Arabien eine besondere Verantwortung gegenüber den Palästinensern und spielt auch eine exponierte Rolle in den Bemühungen, einen Frieden zwischen Israel und Palästinensern zu finden, der einen eigenen palästinensischen Staat einschließt. Insofern bedeuten die Abraham-Abkommen und die Verhandlungen mit Saudi-Arabien eine Kehrtwende. Plötzlich schien die Schaffung eines palästinensischen Staates für die arabischen Staaten nicht mehr eine unabdingbare Voraussetzung für die Normalisierung der Beziehungen zu Israel zu sein.

Die USA haben während der ersten Amtszeit Trumps das Zustandekommen der Abraham-Abkommen durch politische und finanzielle Anreize unterstützt. Das entspricht durchaus dem Muster früherer arabisch-israelischer Friedensprozesse.[49] Präsident Trump erkannte die Souveränität Marokkos über das international umstrittene Gebiet der Westsahara an. Sudan wurde von der Trump-Administration von der Terrorstaaten-Liste gestrichen. Die Emirate erhofften sich verbesserten Zugang zu modernen amerikanischen Rüstungsgütern.

Saudi-Arabien verlangt seiner herausgehobenen Bedeutung entsprechend auch heute noch einen aus Sicht der USA besonders hohen Preis für die Normalisierung seiner Beziehungen zu Israel. Dazu zählt neben der Lieferung modernster Rüstungsgüter ein formaler Verteidigungspakt mit den USA. Zudem erwartet Riad Unterstützung für sein ziviles Atomprogramm, das auch die eigene Anreicherung von Uran beinhalten würde.[50]

Beide Forderungen sind aus Sicht der USA allerdings keineswegs trivial. Ein formales, d.h. politisch und rechtlich bindendes, Verteidigungsbündnis mit einem arabischen Golfstaat widerspricht dem Ziel beider politischer Lager in Washington, sich von weiteren Kriegen im Nahen Osten fernzuhalten. Die Unterstützung für das saudische Atomprogramm wiederum steht dem traditionellen Anliegen der USA entgegen, die Verbreitung von Atomwaffen einzudämmen. Die Sorge ist groß, dass Riad ebenfalls danach streben könnte, wenn Iran diesen Schritt vollzieht.

Während der Amtszeit von Präsident Biden kam es nicht mehr zu einem großen Deal mit Saudi-Arabien. Schon die Folgen des Terrorangriffs vom 7. Oktober 2023 hatten die Aussichten auf eine Normalisierung der Beziehungen zwischen Israel und Saudi-Arabien deutlich verschlechtert. Riad verlangt seitdem konkrete und unumkehrbare Schritte Israels in Richtung eines palästinensischen Staates, was Israel jedoch ablehnt. Ohne ein Normalisierungsabkommen mit Israel wiederum hätte ein Verteidigungsabkommen der USA mit Saudi-Arabien keinerlei Chance, im US-Senat ratifiziert zu werden.

Die palästinensische Frage kehrt zurück

Die Abraham-Abkommen haben zunächst eine positive Dynamik im Nahen Osten entfaltet und dazu beigetragen, dass sich die wirtschaftlichen, politischen und sogar militärischen Beziehungen zwischen Israel und einigen seiner arabischen Nachbarn verbessert haben. Im Februar 2022 unterzeichnete Bahrain als erster arabischer Golfstaat ein Verteidigungsabkommen mit Israel, das auch die Geheimdienst- sowie die Rüstungskooperation abdeckt.[51] Ein gutes Jahr später einigten sich Israel und die Vereinigten Arabischen Emirate auf ein Freihandelsabkommen, das den Großteil der Handelszölle zwischen den beiden Ländern abschaffen und damit zu einer deutlichen Steigerung der bilateralen Handelsströme und zu mehr gegenseitigen Investitionen führen soll.[52]

Die Annäherung bzw. Normalisierung der Beziehungen zwischen Israel und arabischen Staaten verlieh anfangs auch der multilateralen Diplomatie im Nahen Osten eine neue Dynamik. So fand im März 2022 erstmals ein Treffen im sogenannten Negev-Format statt (benannt nach der Negev-Wüste im Süden Israels, wo es stattfand). Im Rahmen dieses Formats kamen Vertreter der Emirate, Bahrains, Marokkos, Ägyptens, Israels und der USA zusammen, um über Sicherheit und wirtschaftliche Kooperation zu sprechen. Vorstellung seinerzeit war, in diesem Format jährlich ein hochrangiges Treffen abzuhalten und zusätzlich Arbeitsgruppen einzusetzen, die sich mit Themen wie Bildung, Gesundheit, Energie, Tourismus und Wasser befassen sollen.

Der ungelöste Konflikt zwischen Israel und den Palästinensern ist jedoch bei allen positiven Entwicklungen von Anfang an die Archillesferse der Abraham-Abkommen gewesen. Schon vor dem Terrorangriff der Hamas auf Israel belastete die Verschlechterung der Lage in den palästinensischen Gebieten die Umsetzung der Abkommen und brachte auch den Negev-Prozess bald ins Stocken.[53] Die Ereignisse des 7. Oktober und ihre regionalen Folgen haben einmal mehr die Frage aufgeworfen, ob Amerika seinem Selbstverständnis als Friedensstifter zwischen Israel und der arabischen Welt bzw. den Palästinensern noch gerecht werden kann.

Dieses Verständnis war der Kern der Pax Americana im Nahen Osten während der ersten Hälfte der 1990er-Jahre.[54]

Tatsächlich haben die USA damals immer wieder eine wichtige diplomatische Rolle gespielt: Angefangen mit der Madrider Friedenskonferenz 1991, bei der sich die wesentlichen Akteure des israelisch-arabischen Konflikts unter dem Ko-Vorsitz von George H.W. Bush und Michael Gorbatschow erstmals zu direkten Gesprächen trafen; die unter norwegischer Vermittlung zustande gekommenen Oslo-Abkommen, als die palästinensische Seite erstmals das Existenzrecht Israels anerkannte; die „Clinton-Parameter", welche die Konturen eines künftigen Palästinenserstaates sowie Lösungen für andere Statusfragen skizzierten; sowie der Friedensschluss zwischen Israel und Jordanien 1994.

Nach den Terroranschlägen vom 11. September 2001 verlor Amerika jedoch an Einfluss und Gewicht im Nahen Osten. Der von George W. Bush 2003 initiierte und vom sogenannten Nahost-Quartett (bestehend aus den USA, der EU, den Vereinten Nationen und Russland) unterstützte „Fahrplan zum Frieden" wurde vom US-geführten „Krieg gegen den Terrorismus" sowie der Irak-Invasion 2003 überschattet. Barack Obama unternahm ebenfalls Anstrengungen, um den israelisch-palästinensischen Friedensprozess wiederzubeleben. Die verbreitete Wahrnehmung, dass es Obama perspektivisch vor allem um den Rückzug seines Landes aus dem Nahen Osten ging, war dem diplomatischen Einfluss Washingtons allerdings eher abträglich.

Trump hatte während seiner ersten Amtszeit zwar ein sehr gutes Verhältnis zum israelischen Regierungschef (Netanjahu hielt dieses Amt durchgängig von März 2009 bis Juni 2021 – und hat es nun wieder seit Dezember 2022 inne). Dafür verlor er vollends seine Glaubwürdigkeit auf der palästinensischen Seite. Trump brach mit der bisherigen amerikanischen Nahostpolitik, als er Jerusalem als Hauptstadt Israels anerkannte und im Mai 2018 die US-Botschaft von Tel Aviv dorthin verlegen ließ. Anfang 2020 präsentierte er seinen eigenen Friedensplan, den er wenig bescheiden als „Deal des Jahrhunderts" bezeichnete. Dieser Plan sah zwar auch eine Art Staat (mit begrenzter Souveränität) für die Palästinenser vor, ignorierte aber ansonsten weitgehend ihre Interessen. Jerusalem, inklusive des Ostteils der Stadt, sollte demnach die ungeteilte Hauptstadt Israels werden. Israel durfte Trumps Plan zufolge außerdem große Teile des Westjordantals annektieren, was das Gebiet eines späteren palästinensischen Staates deutlich schmälern würde.

Der Terroranschlag vom Oktober 2023 und der folgende Gazakrieg haben eine langfristige Lösung des israelisch-palästinensischen Konflikts in noch weitere Ferne rücken lassen. Stattdessen geht es darum, wie eine Feuerpause im Gazastreifen in einen dauerhaften Waffenstillstand überführt werden kann. Geklärt werden muss schließlich auch, wie und durch wen der Wiederaufbau in Gaza geleistet werden kann und wer ihn künftig verwalten wird.

Im Januar 2025, kurz vor dem erneuten Amtsantritt Donald Trumps, einigten sich Israel und die Hamas auf eine Waffenruhe im Gazastreifen sowie auf einen mehrstufigen Fahrplan, der den Wiederaufbau in Gaza ermöglichen soll. Die Eckpunkte dieses Fahrplans hatte noch die US-Regierung unter Joe Biden ausgehandelt und bereits im Mai 2024 der Öffentlichkeit präsentiert. Der Plan sieht unter anderem den Austausch der noch verbliebenen israelischen Geiseln gegen palästinensische Gefangene, den Rückzug der israelischen Armee aus dem Gazastreifen sowie humanitäre Hilfslieferungen vor.

Dass nach monatelangen Verhandlungen schließlich doch der Durchbruch gelang, hatte im Wesentlichen drei Gründe: Erstens waren die Konfliktparteien erschöpft. Die Hamas war militärisch stark geschwächt und dürfte ein großes Interesse am Ende der Kampfhandlungen gehabt haben. Aber auch in Israel stieg der innenpolitische Druck, durch ein Ende des Krieges die Freilassung der Geiseln zu erreichen. Zweitens arbeiteten Vertreter der alten und der neuen US-Regierung eng zusammen, was angesichts der offenen Feindschaft zwischen Biden und Trump keineswegs eine Selbstverständlichkeit war. Neben den USA haben insbesondere Katar und Ägypten in den diplomatischen Verhandlungen eine wichtige Rolle gespielt. Drittens schließlich scheint der Druck Trumps auf Netanjahu insofern Wirkung gehabt zu haben, dass dieser die Widerstände gegen ein Abkommen im israelischen Kabinett überkam oder umging.[55]

Dabei hat sicher geholfen, dass Trump der israelischen Regierung politisch und ideologisch deutlich nähersteht als Biden. Letzterer hatte dem israelischen Premier sogar öffentlich eine Mitschuld an den stockenden Verhandlungen gegeben. Unter Biden waren Meinungsverschiedenheiten zwischen Washington und Jerusalem über die israelische Kriegführung in Gaza, über die Pläne für die Zeit nach dem Krieg sowie über die langfristige Perspektive einer Zweistaatenlösung offen zutage getreten. Von Trump kann sich die israelische Regierung dagegen Rückendeckung für ihre Ziele erhoffen. Insofern war es auch im Interesse Netanjahus, Trump nicht zu Beginn seiner Amtszeit zu verprellen.

Zugleich weckt die große Nähe der beiden Politiker auch Zweifel daran, ob Washington in Zukunft zu einer dauerhaften Stabilisierung der Lage oder gar zu einer langfristigen Lösung des Konflikts wird beitragen können. Zu Beginn seiner zweiten Amtszeit ist noch unklar, ob Trump auf die Kernelemente seines früheren Friedensplans zurückgreifen will. Vieles spricht dafür, dass Israel unter der Führung von Netanjahu weder für amerikanischen Druck noch für Anreize sonderlich empfänglich ist, wenn es um die Gründung eines palästinensischen Staates geht. Für Aufsehen sorgten Äußerungen Trumps im Januar 2025, die den Eindruck erweckten, der Präsident befürworte die Umsiedlung von mehr als einer Millionen Palästinenser nach Jordanien und Ägypten.[56]

Wirtschaft und Geopolitik

Der Nahe Osten liegt geografisch am Schnittpunkt dreier Kontinente und hat eine enorm große Bedeutung für die weltweite Energieversorgung sowie für den maritimen Handel. Trotzdem hat die Region aus amerikanischer (und europäischer) Perspektive lange Zeit eher eine randständige Rolle für die globale Wirtschaftsordnung gespielt. Wirtschaftlich wird der Nahe Osten meist mit dem nördlichen Afrika in einer Region zusammengefasst (MENA: Middle East and North Africa). Das ändert allerdings nichts an der Tatsache, dass sich die Länder in puncto Wohlfahrt, Wirtschaftsstruktur und Außenhandel stark voneinander unterscheiden. Ökonomen attestieren vor allem den besonders vom Rohstoffexport abhängigen MENA-Ländern in den letzten Jahren durchaus Erfolge bei dem Versuch, ihre Handelsbeziehungen zu diversifizieren. Trotzdem machte die Region 2022 nur gut sieben Prozent des Welthandels aus.[57] Der damalige Präsident der Weltbank, David Malpass, bezeichnete MENA noch 2021 als die „wirtschaftlich am wenigsten integrierte Region in der Welt".[58]

Die Gründe dafür sind vielfältig. Dazu zählt das relativ geringe Handelsniveau der MENA-Länder untereinander, die weiterhin hohe Abhängigkeit einiger Staaten von volatilen Rohstoffmärkten, die Ausrichtung auf wenige Exportprodukte und Handelspartner sowie die Konzentration sicherheitspolitischer Krisenherde in der Region.[59] Auch die Politik wichtiger Handelspartner hat Hürden für die weltwirtschaftliche Integration der MENA-Region geschaffen. Dazu zählen Schutzmaßnahmen für die Landwirtschaft sowie nichttarifäre Handelshemmnisse der Europäischen Union.[60] Für viele Länder ist zudem der Energiereichtum Fluch und Segen zugleich. Er hat über Jahrzehnte die Staatskassen alimentiert, zugleich jedoch oft eher den Konsum statt Investitionen in nicht-fossile Wirtschaftszweige gefördert.[61] Saudi-Arabien und andere Ölproduzenten versuchen, diesem klassischen Problem von Rentier-Staaten seit einigen Jahren mit massiven Investitionen entgegenzuwirken.

Kritikerinnen und Kritiker westlicher Politik weisen jedoch darauf hin, dass ein Großteil der mit fossilen Energieträgern erwirtschafteten Dollar meist wieder im Westen (vorrangig den USA) investiert worden ist – Kapital, das dann für die regionale Entwicklung gefehlt habe.[62] Das betrifft selbst die Rüstungsindustrie. Die Nachfrage nach Militärgütern in der Region ist zwar enorm gestiegen, wird jedoch kaum durch die heimische Produktion gedeckt.[63]

Nach den Terroranschlägen vom 11. September 2001 wollten die USA ihre Partnerländer im Nahen Osten mit Handel und Investitionen unterstützen und dort zugleich innenpolitische Reformen befördern. Das war aus Sicht der damaligen US-Regierung von George W. Bush auch ein Beitrag zur Eindämmung des Terrorismus. Im Mai 2003 startete Bush dazu die Middle East Free Trade Area Initiative (MEFTA). In der Folge schloss Washington mit Marokko (2004), Bahrain (2005) und Oman (2006) jeweils bilaterale Freihandelsabkommen ab. Bis 2013, so die Ambition damals, sollte daraus ein multilaterales Freihandelsabkommen für den Nahen Osten entstehen. Dazu kam es allerdings nicht. Bush begründete seine Handelsinitiative auch damit, dass „freie Märkte und Handel weltweit dazu beigetragen haben, Armut zu besiegen und den Menschen die Vorzüge der Freiheit vor Augen zu führen."[64]

Als die arabische Welt 2011 von massiven politischen Umwälzungen erfasst wurde, ergriffen die USA – ebenso wie die EU – erneut die wirtschaftspolitische Initiative, um auf die Ereignisse zu reagieren. Die Obama-Administration hob dazu die sogenannte Middle East North African Trade and Investment Partnership (MENA-TIP) aus der Taufe, die ebenfalls Handel und Investitionen in der Region befördern sollte. Auch die Europäische Union kündigte 2011 und 2012 neue Handels- und Investitionsinitiativen an und versprach, mit interessierten arabischen Ländern (Libyen wurde damals ausgenommen) „tiefe und umfassende Freihandelsabkommen" auszuhandeln. Der Erfolg dieser amerikanischen und europäischen Initiativen wurde von Beobachtern in den folgenden Jahren jedoch als recht überschaubar eingestuft – auch deshalb, weil sie schlecht miteinander verzahnt waren.[65]

Im Zusammenhang mit den Abraham-Abkommen vom September 2020 hoffte man in Washington, dass die politische Annäherung zwischen Israel und seinen arabischen Nachbarn auch wirtschaftliche Früchte tragen würde. Eine Analyse der amerikanischen RAND Corporation kam seinerzeit zu der optimistischen Einschätzung, dass bilaterale Freihandelsabkommen zwischen Israel und den Abraham-Partnerländern bis zu 46.000 neue Arbeitsplätze und 24 Mrd. Dollar an neuen wirtschaftlichen Aktivitäten schaffen könnten. Im Falle der Entstehung eines multilateralen Handelsregimes mit noch mehr Partnern könnte der wirtschaftliche Nutzen für die MENA-Region sogar noch größer sein, so die Bewertung der RAND-Autoren.[66]

Mit dem geplanten Wirtschaftskorridor von Indien über den Nahen Osten bis nach Europa versuchen Washington und die anderen beteiligten Partner, ebenfalls die wirtschaftliche Zusammenarbeit und Entwicklung auch jenseits der fossilen Energieträger stärker in den Blick zu nehmen. So sollen mithilfe von umfangreichen Infrastrukturinvestitionen in Schienen, Häfen, in saubere Energie und Unterseekabel neue ökonomische Möglichkeiten geschaffen werden. Das erklärte Ziel der Biden-Administration lautete dabei, „die wirtschaftliche Entwicklung [...] und wirtschaftliche Integration über zwei Kontinente hinweg zu fördern und so ein nachhaltiges und integratives Wirtschaftswachstum zu ermöglichen."[67]

Es ist kein Geheimnis, dass dieser Wirtschaftskorridor aus amerikanischer Sicht auch eine Antwort auf den wachsenden politischen und wirtschaftlichen Einfluss Chinas in der Region sein soll. Für die Biden-Administration stand der Korridor deshalb auch in einem engen Zusammenhang mit der im Rahmen der G7 lancierten Initiative der Partnership for Global Infrastructure and Investment (PGII), des Quad-Sicherheitsdialogs mit Indien, Japan und Australien im Indopazifik sowie der Global Gateway-Initiative der EU.[68] Der Beginn des Gazakrieges hat die Aussichten für die genannten Handels-, Investitions- und Infrastrukturinitiativen jedoch stark getrübt. Ein dauerhaftes Ende der Gewalt wäre für deren Erfolg ebenso nötig wie das langfristige Engagement seitens der USA. Noch ist weitgehend unklar, wie sich Trump während seiner zweiten Amtszeit wirtschafts- und handelspolitisch gegenüber der MENA-Region positionieren wird.

Geopolitische Umwälzungen haben jedoch nicht nur amerikanische Handelsinitiativen in der Region geprägt, sondern auch Sanktionen und anderen wirtschaftlichen Zwangsinstrumenten eine neue Bedeutung verliehen. Der Nahe Osten ist als wesentlicher Bestandteil der globalen Handels-, Energie- und Migrationsströme stark anfällig für einseitige wirtschaftliche Abhängigkeiten, die sich auch als sicherheitspolitisches Druckmittel nutzen lassen. So bietet der Handel mit Öl, weiterhin eines der wichtigsten Wirtschaftsgüter der Region, einen großen Hebel für US-Finanzsanktionen.[69]

Gerade das Beispiel Iran zeigt jedoch, wie fragwürdig die Wirkung von Sanktionen ist, wenn es darum geht, das außen- und sicherheitspolitische Verhalten anderer Staaten zu beeinflussen. Iran zeigt auch das transatlantische Konfliktpotenzial im Zusammenhang mit Sanktionen auf. Als die USA unter Trump aus dem Atomabkommen ausstiegen, versuchte man in Berlin und anderen europäischen Hauptstädten die Wirkung amerikanischer Sanktionen auf europäische Firmen abzuwehren – wenngleich letztendlich ohne Erfolg.

Die Pax Americana im Nahen Osten

Der Nahe Osten ist wohl diejenige Weltregion, in der die Vorstellung, dass amerikanische Macht internationale Sicherheit schafft, besonders deutlich mit der Realität in Konflikt geraten ist. Der Kritiker der Pax Americana findet hier besonders viele Belege für seine Argumente. Der globale Krieg gegen den Terrorismus nach dem 11. September 2001 sowie die Irak-Invasion von 2003 haben viel Unsicherheit geschaffen und zur Destabilisierung einer ganzen Region beigetragen.

Die Verfechterin der Pax Americana würde dennoch darauf verweisen, dass die militärische Präsenz der USA lange Zeit einen großen Krieg in der Region verhindert habe. Entsprechend ihrer Logik konnte Israel auch aufgrund amerikanischer Sicherheitszusagen auf einen umfassenden Militärschlag gegen Iran verzichten. Zugleich wurde Iran durch die militärische Macht der USA vor einem Angriff gegen die US-Verbündeten Israel und Saudi-Arabien abgeschreckt.

Die Entwicklungen seit dem 7. Oktober 2023 lassen dieses Argument jedoch als zunehmend fragwürdig erscheinen. Zwar sind Iran und dessen regionale Verbündete durch die israelische Militärmacht stark dezimiert worden und dürften daher in naher Zukunft vor einem (erneuten) Angriff auf Israel tatsächlich zurückschrecken. Allerdings ist der Preis dafür ein hoher Blutzoll vor allem in der palästinensischen und libanesischen Bevölkerung. Der Gazastreifen gleicht einem Trümmerhaufen, ein Großteil der Wohngebäude und Infrastruktur ist zerstört.

Noch ist schwer abzuschätzen, ob Iran auf seine geopolitische Schwächung mit mehr Diplomatie oder mit dem Versuch reagieren wird, sein militärisches Potenzial wieder aufzubauen. Die Sorge ist jedenfalls groß, dass die Machthaber in Teheran umso entschlossener nach Atomwaffen greifen könnten. Wahrscheinlich würde Israel darauf mit einem umfassenden Angriff gegen Iran reagieren, entweder mit dem Ziel, iranische Atomanlagen zu zerstören oder sogar einen Regimewechsel in Teheran anzustoßen. Israel verfügt über ein eigenes atomares Abschreckungspotenzial. Es würde aber wohl dennoch kein nukleares Patt mit Iran akzeptieren.

Berichten zufolge sehen israelische Militärkreise dafür ein Gelegenheitsfenster. Nach dem Sturz Assads in Syrien zerstörte die israelische Luftwaffe dort zahlreiche Flugabwehr-Systeme und erlangte damit nahezu uneingeschränkte Überlegenheit im Luftraum.[70] Die Risiken eines Angriffs auf Iran könnten aus israelischer Sicht auch durch den Machtwechsel im Weißen Haus gemindert werden. Es ist nämlich sehr gut möglich, dass Trump Israel logistisch und militärisch dabei unterstützen würde. Als Israel Vergeltung für den iranischen Raketenbeschuss vom Oktober 2024 ankündigte, hatte sich die Biden-Administration noch klar dagegen ausgesprochen, auch iranische Atomanlagen ins Visier zu nehmen.

In der Gesamtschau erscheint es also zunehmend fraglich, ob amerikanische Rückversicherung (gegenüber Israel und anderen Sicherheitspartnern) und Abschreckung (vor allem gegenüber Iran) tatsächlich noch einen Beitrag zur Deeskalation der Gewalt im Nahen Osten leisten können. Die Grenzen amerikanischer Militärmacht sind aber auch aus einem anderen Grund immer deutlicher geworden. So stützt sich die Sicherheits- und Verteidigungspolitik der USA im Wesentlichen auf Ansätze und Instrumente, die auf zwischenstaatliche Konfliktszenarien ausgerichtet sind. Dies spiegelt sich in der Bedeutung militärischer Stützpunkte, der Präsenz eines US-Flottenverbands sowie in der Ausrichtung der Rüstungskooperation auf sogenannte Big-Ticket-Güter wie Panzer, Kampflugzeuge oder andere Großwaffen wider.

Die Umbrüche in vielen Ländern Nordafrikas und des Nahen Ostens nach 2011 haben hingegen dazu beigetragen, dass Konflikte in der Region zunehmend auch innerhalb der Staaten und Gesellschaften des Nahen Ostens ausgetragen worden sind.[71] Auch heute noch ist die Lage in Syrien, Irak, Jemen und Libanon sehr volatil, während ausländische Akteure dort um Einfluss ringen. Hinzu kommt, dass Terrororganisationen wie die Hamas oder die Hisbollah trotz ihrer aktuellen Schwäche nicht im gleichen Maße wie Staaten für die klassischen Mechanismen der militärischen Abschreckung empfänglich sind. Als Terrororganisationen haben sie weiterhin großes Potenzial, den Nahen Osten zu destabilisieren.

Auch in wirtschaftlicher Hinsicht hat die Idee der Pax Americana im Nahen Osten einen schweren Stand. Anders als in Europa und in Asien ist die Förderung des wirtschaftlichen und technologischen Austauschs nie ein wesentliches Element der amerikanischen Nahostpolitik gewesen. Im Vordergrund standen vielmehr sicherheitspolitische Interessen sowie das Ziel, die Stabilität der globalen Energiemärkte zu gewährleisten. Aber auch dabei ging es meist um eher transaktionale Deals wie „Sicherheit für Öl". Die US-amerikanische Wirtschafts- bzw. Handelspolitik gegenüber dem Nahen Osten ist während der vergangenen 25 Jahre stark von geopolitischen Krisen und Umbrüchen getrieben worden. Das gilt auch für die Bemühungen jüngeren Datums, wie insbesondere die Initiative zur Schaffung eines Wirtschaftskorridors von Indien über den Nahen Osten bis nach Europa. Dabei spielt die Rivalität mit China eine nicht unwesentliche Rolle. Insofern ist der wirtschaftliche Austausch mit dem Nahen Osten auch zum Gegenstand der amerikanisch-chinesischen Rivalität geworden.

Am deutlichsten ist die Idee der Pax Americana im Nahen Osten jedoch mit Blick auf die Wertedimension gescheitert. Das hängt einerseits mit dem regionalen Umfeld zusammen, denn der Nahe Osten wird von autoritär regierten Staaten dominiert. Mit Ausnahme Israels, Kuwaits und des Libanon werden alle Länder der Region von der Organisation Freedom House als „nicht frei" eingestuft. Überhaupt sind Wertekonflikte in dieser Region weniger durch den Gegensatz von Demokratie und Autokratie als durch konkurrierende Vorstellungen über das Verhältnis von Staat und Religion gekennzeichnet.

Andererseits ist Amerika dort, wo es im Nahen Osten dennoch den Anspruch einer wertegeleiteten Außenpolitik verfolgte, an der eigenen Hybris gescheitert. So rechtfertigte US-Präsident George W. Bush den Angriff auf den Irak 2003 nicht nur mit der vermeintlichen Existenz von Massenvernichtungswaffen in dem Land, sondern auch mit einer „Freiheitsagenda". Er verband diesen Ansatz mit einer imperialen Politik, die darauf ausgerichtet war, die Herrschaftsverhältnisse in den Staaten der Region, im Falle des Irak mit militärischen Mitteln, zu verändern.

Entführungen und lange Inhaftierungen von Terrorverdächtigen ohne rechtstaatliche Prozesse beschädigten das Image der amerikanischen Demokratie nicht nur in der arabischen Welt. Als kurzzeitig die Hoffnung bestand, der „arabische Frühling" könnte zu einer Demokratisierung des Nahen Ostens führen, schreckte Obama – ebenso allerdings andere westliche Regierungschefs – davor zurück, die Proteste unzweideutig zu unterstützen. Zu groß war die Sorge vor regionaler Instabilität, wenn die alten Potentaten fallen würden.

So fragwürdig und brüchig die Pax Americana im Nahen Osten auch war und ist: Ein sicherheitspolitischer und militärischer Rückzug Amerikas aus der Region hätte wohl trotzdem gravierende sicherheitspolitische Auswirkungen. In einem Positivszenario könnte ein solcher Rückzug vielleicht dazu führen, dass sich die Staaten der Region „zusammenraufen" und ihre Konflikte mehr untereinander regeln. Die Tatsache, dass Unsicherheiten über den künftigen Kurs der USA eine Annäherung zwischen Israel und seinen arabischen Nachbarn sowie zwischen Iran und Saudi-Arabien befördert haben, spricht für ein solches Szenario. Absehbar ist bereits heute, dass sich die regionalen Verbündeten und Partner Amerikas auch bei sicherheits- und verteidigungspolitischen Belangen weniger an der Politik Washingtons orientieren und stärker eigenständige Positionen entwickeln.

Ein amerikanischer Rückzug aus der Region würde die Konflikte zwischen Israel und den Palästinensern sowie zwischen Israel und Iran wohl kaum entschärfen. Vielmehr bleiben die USA, zusammen mit regionalen Staaten wie Katar und Ägypten, ein gewichtiger diplomatischer Akteur, auch wenn das Image Amerikas als Peacemaker stark gelitten hat. Die Versuche, ein Ende des Gazakrieges sowie die Befreiung der noch lebenden israelischen Geiseln zu erreichen, haben die fortdauernde Bedeutung Amerikas verdeutlicht. Die Vereinbarung eines Waffenstillstands zwischen Israel und der Hisbollah im November 2024 sowie mit der Hamas im Januar 2025 waren die letzten außenpolitischen Erfolge Bidens vor dem Ende seiner Amtszeit.

Für die Zukunft lautet daher die entscheidende Frage, ob die USA während der zweiten Trump-Präsidentschaft und darüber hinaus Wege finden werden, um ihr immer noch beachtliches politisches und militärisches Gewicht konstruktiv im Sinne einer Entschärfung der Krisen und Konflikte im Nahen Osten einzusetzen.

Die Entwicklungen im Nahen Osten sind auch für Deutschland und andere europäische Länder von großer Bedeutung. Eine Studie des Instituts der Deutschen Wirtschaft hat aufgezeigt, dass die Eskalation der Gewalt im Nahen Osten seit Oktober 2023 auch hierzulande tiefe ökonomische Spuren hinterlassen hat.[72] Durch den Ukrainekrieg ist zudem die Relevanz der Region für die Energieversorgung Europas gestiegen. In Zukunft wird der Nahe Osten als wichtiger Partner für die Entwicklung grüner Energien (Solar und Wasserstoff) gesehen.[73] Das setzt jedoch ein Mindestmaß an Sicherheit und Stabilität voraus. Schließlich können sicherheitspolitische Spannungen und Kriege im Nahen Osten zu Fluchtbewegungen in Richtung Europa führen, die erhebliche innenpolitische Kosten in Deutschland und anderen EU-Staaten mit sich bringen. Dies hat die Flüchtlingskrise von 2015 verdeutlicht.

Kapitel 6
Amerikas schwindende Macht und Europas Unsicherheit

Amerikanische Macht schafft internationale Sicherheit – zumindest dann, wenn sie militärisch eingebettet ist in Allianzstrukturen und Partnerschaften, flankiert wird von wirtschaftlicher Offenheit und sich auf liberale Werte stützt. Das ist im Kern die Idee der Pax Americana, die nicht zuletzt auch der NATO über Jahrzehnte zugrunde gelegen hat. Diese Idee ist nicht erst seit dem Aufstieg Donald Trumps heftig umstritten. Seine Wiederwahl in das Präsidentenamt im November 2024 könnte jedoch ihren endgültigen Niedergang bedeuten. Um den Titel dieses Buches wieder aufzugreifen: Amerika, der „große Bruder", wirkt bei weitem nicht mehr so stark wie früher und er hat sich auch zunehmend von der Familie westlicher Demokratien entfremdet.

Das Verhältnis zwischen amerikanischer Macht und internationaler Sicherheit ist stets komplex und ambivalent gewesen. Die Welt ist in den letzten 25 Jahren unsicherer, unberechenbarer und gewalttätiger geworden. Die Einschätzungen darüber, welchen Anteil Amerika durch seine Handlungen oder Unterlassungen daran hatte, gehen jedoch weit auseinander. Einerseits gewährleisten die USA seit Jahrzehnten die Sicherheit ihrer Bündnispartner, darunter auch die Deutschlands. Andererseits haben einige sicherheitspolitische Entscheidungen in Washington massive negative Auswirkungen auf die internationale Sicherheit gehabt. Die USA sind mehr als einmal krachend an ihren eigenen Ambitionen und Idealen gescheitert.

Hinzu kommt, dass die Sicht auf die Pax Americana ganz wesentlich davon abhängt, um wessen Sicherheit es jeweils geht. Sicherheit lässt sich von politischen Werten nicht trennen. Die USA und ihre liberal-demokratisch verfassten Bündnispartner sind lange davon ausgegangen, dass ihr eigenes Sicherheitsstreben nicht zu mehr Unsicherheit bei anderen beitragen kann. Vor allem autoritär regierte Staaten, die ihr Handeln weder nach innen noch nach außen an liberalen Werten ausrichten, sehen das anders.

Selbst für die Verfechterin der Pax Americana ist offensichtlich, dass deren Grundpfeiler schon seit Längerem deutlich bröckeln. Die Glaubwürdigkeit amerikanischer Sicherheitszusagen im Rahmen der Bündnisse hat abgenommen; die USA haben sich ebenso wie andere große Wirtschaftsmächte vom Paradigma wirtschaftlicher Offenheit abgewendet; liberal-demokratische Werte stehen nicht nur in den USA und vielen anderen westlichen Ländern unter Druck, sie leiten auch immer weniger die amerikanische Außen- und Sicherheitspolitik.[1]

Der erneute Wahlsieg Trumps 2024 und der nach seinen Vorstellungen neu geschaffenen Republikanischen Partei wird diese langfristigen Trends aller Voraussicht nach weiter verstärken. In diesem Schlusskapitel sollen die Konsequenzen des Niedergangs der Pax Americana für Deutschland und andere westliche bzw. europäische Demokratien noch einmal beleuchtet und Handlungsmöglichkeiten aufgezeigt werden.

Abnehmende militärische Glaubwürdigkeit

Die USA sind augenscheinlich immer weniger dazu in der Lage, das Verhalten anderer Staaten mit militärischen Mitteln zu beeinflussen. Das gilt vor allem für die zentralen Gegenspieler der Pax Americana. Noch Anfang der 2000er-Jahre hätte es China wohl nicht gewagt, Amerika so offen in der Taiwan-Straße herauszufordern, Russland wäre nicht in die Ukraine einmarschiert und Iran wäre es nicht in den Sinn gekommen, Israel direkt mit Raketen anzugreifen. Die Grundlage amerikanischer Macht im sicherheitspolitischen Bereich war stets die Glaubwürdigkeit der Sicherheitszusagen gegenüber Verbündeten und Partnern sowie der Abschreckung gegenüber den Gegnern.

Es gibt mehrere Gründe, warum diese Glaubwürdigkeit in den vergangenen 25 Jahren deutlich abgenommen hat. Zunächst spielen militärische Faktoren eine große Rolle. Dazu zählen insbesondere die operativen Fähigkeiten, mit denen die USA ihre Sicherheitszusagen untermauern, und die Wahrnehmung regionaler Kräfteverhältnisse. Zwar gibt Amerika heute noch immer mehr Geld für seine Verteidigung aus als alle anderen großen Militärmächte zusammengenommen.[2] Die Gegenspieler der Pax Americana haben jedoch unterschiedliche Strategien entwickelt, um die militärische Überlegenheit der USA und ihrer Verbündeten zu untergraben.

Im indopazifischen Raum fordert China die militärische Macht der USA zunehmend dadurch heraus, dass es deren traditionellen Stärken reproduziert und damit teilweise neutralisiert. So hat China in den letzten Jahren massiv in seine Streitkräfte investiert und dabei unter anderem den Auf- und Ausbau seines Arsenals an land- und seegestützten Raketen und Marschflugkörpern vorangetrieben. Peking investiert zudem in den Aufbau seiner U-Boot-Flotte, beschafft sich Flugzeugträger und getarnte Langstreckenbomber. Schließlich baut Peking konsequent sein Nuklearwaffenarsenal aus, auch wenn es noch weit von nuklearer Parität mit den USA und Russland entfernt ist.

Der Verlust der eigenen militärischen Dominanz hat auch Amerika selbst verunsichert. Das Denken in Worst-Case-Szenarien ist in Washington mit Blick auf eine mögliche Konfrontation mit China auf dem Vormarsch. Dieses Denken wiederum befeuert die Angst, einen verlustreichen Krieg gegen die Volksrepublik führen zu müssen oder diesen vielleicht sogar zu verlieren. Wenn die Glaubwürdigkeit US-amerikanischer Abschreckung gegenüber China sinkt, dann hat dies unweigerlich Auswirkungen auf die amerikanische Rolle in Europa.

Auch Russland betreibt seit Längerem die Aufrüstung und Modernisierung seines Militärs, wobei der Angriffskrieg gegen die Ukraine zunächst dessen Schwächen offenbart hat. Moskau setzt im Kräfteringen mit den USA bzw. dem Westen auf seine Atomstreitmacht, die im „strategischen" Bereich (Waffen mit großer Sprengkraft und großer, d.h. interkontinentaler, Reichweite) zumindest auf dem Papier Parität gegenüber den USA genießt. Im „nicht-strategischen" Bereich, d.h. bei jenen Waffen, die den europäischen Teil der NATO bedrohen, sieht sich Moskau sogar deutlich im Vorteil. Das erklärt auch, warum die russische Führung im Kontext des Ukrainekrieges immer wieder nukleare Drohungen ausspricht.

Russland ist aufgrund seiner relativen wirtschaftlichen und militärischen Schwäche jedoch viel mehr als China darauf angewiesen, die sicherheitspolitischen Verwundbarkeiten der USA bzw. des Westens auszunutzen. Das betrifft nicht nur die Spaltungstendenzen in westlichen Gesellschaften, die als Angriffspunkte im Rahmen der „hybriden Kriegsführung" dienen. Unter Putin setzt Russland auch darauf, dass es seine Wirtschaft und Gesellschaft umfassender als der Westen für militärische Zwecke mobilisieren kann.

Im Nahen Osten will Iran als der wichtigste Gegenspieler der USA schon seit Langem die militärische Überlegenheit Amerikas und Israels mit „asymmetrischen" Mitteln untergraben. Dazu zählt nicht nur ein beträchtliches Arsenal an ballistischen Raketen und Drohnen, um Amerika und seine regionalen Verbündeten und Partner sicherheitspolitisch unter Druck zu setzen. Wesentlich ist zudem der Aufbau eines Netzwerks aus befreundeten Milizen und Terrorgruppen durch Iran.

Das Beispiel Iran zeigt, dass sich die Wahrnehmung militärischer Kräfteverhältnisse im Lichte eines tatsächlichen Krieges auch radikal verändern kann. Lange Zeit schien es so, dass die Größe, Qualität der militärischen Ausstattung und der Einfluss dieser Milizen und Terrorgruppen in vielen Ländern des Nahen Ostens stetig zugenommen hat. Die militärischen Auseinandersetzungen seit dem Terrorangriff der Hamas auf Israel am 7. Oktober 2023 haben jedoch die Schwächen Irans und seiner Verbündeten offenbart. Israel ist es mit amerikanischer Waffenhilfe gelungen, sowohl die Hamas als auch die mit Iran verbündete Hisbollah militärisch stark zu schwächen. Der Sturz des Assad-Regimes in Syrien hat Iran zusätzlich geschwächt.

Wie tiefgreifend und dauerhaft diese Schwächung ist, lässt sich jedoch nur schwer einschätzen. Teheran dürfte noch immer dazu in der Lage sein, seine arabischen Nachbarn sowie die Wasserstraßen des Nahen Osten auch militärisch zu bedrohen. Hinzu kommt, dass Iran ein atomares Schwellenland geworden ist, das bereits heute über wesentliche technische Fähigkeiten verfügt, um Nuklearwaffen zu bauen. Gerade seine aktuelle Schwäche könnte Teheran dazu verleiten, den „letzten Sprint" zur Bombe zu wagen. Sollte sich Iran in naher Zukunft tatsächlich atomar bewaffnen, würde sich das strategische Kalkül der USA und Israels grundlegend verändern.

Besonders besorgniserregend ist aus der Perspektive der USA und ihrer Verbündeten zudem, dass die Gegenspieler der Pax Americana sicherheitspolitisch und militärisch immer enger miteinander kooperieren. Die Lieferung iranischer Raketen an Russland sowie die Beteiligung nordkoreanischer Truppen am Angriffskrieg gegen die Ukraine sind nur zwei Beispiele unter vielen aus der jüngeren Vergangenheit.

Neben diesen sicherheitspolitischen und militärischen Faktoren tragen auch die innenpolitischen Entwicklungen in den USA zum Glaubwürdigkeitsverlust amerikanischer Sicherheitszusagen bei. Sie schüren bei den Bündnispartnern immer mehr Zweifel, ob Amerika im Fall der Fälle tatsächlich bereit wäre, ihre Sicherheit zu gewährleisten. Zugleich haben die zunehmende Kriegsmüdigkeit und Polarisierung in den USA Länder wie China, Russland und Iran dazu ermutigt, ihre Interessen zunehmend auch mit militärischen Mitteln durchzusetzen. Donald Trump verspricht unter dem Schlagwort „Frieden durch Stärke" zwar mehr Investitionen in die amerikanischen Streitkräfte, auf das Amerika bei Freund und Feind wieder respektiert werde. Dies steht jedoch in Widerspruch (oder zumindest in einem Spannungsverhältnis) zu einem anderen Versprechen, dass er den Amerikanern gegeben hat, nämlich die USA künftig aus internationalen Krisen und Kriegen herauszuhalten.

Die stark polarisierte Gemengelage in den USA geht einher mit dem Wegbrechen des außen- und sicherheitspolitischen Grundkonsenses, der die amerikanische Weltmachtpolitik über mehr als sieben Dekaden getragen hat. All dies hat zu teils extremen außenpolitischen Pendelschwüngen geführt, sei es mit Blick auf die NATO-Bündnistreue, die Iran- oder die Nordkoreapolitik. Hinzu kommt, dass der US-Kongress auf absehbare Zeit als Korrektiv für die isolationistischen Impulse des Präsidenten wohl ausfallen wird. Das war während der ersten Präsidentschaft Trumps noch anders.

Die geschilderten Entwicklungen werden unweigerlich Auswirkungen auf die Bündnissysteme der USA haben.

Schon vor der Wiederwahl Trumps haben viele Verbündete und Partner der USA ihre eigenen Verteidigungsanstrengungen verstärkt und sich darum bemüht, ihre sicherheitspolitischen und militärischen Beziehungen innerhalb und außerhalb ihrer jeweiligen Region zu anderen Partnern auszubauen. Einige Länder sehen dies in erster Linie als Investition in ihre Partnerschaft mit den USA unter veränderten Rahmenbedingungen. Andere dagegen wollen sich für den Fall absichern, dass die USA als Sicherheitsgarant ausfallen. Oft steht eine Mischung beider Motive hinter den Bestrebungen, neue sicherheitspolitische Partnerschaften zu pflegen.

Der Glaubwürdigkeitsverlust amerikanischer Sicherheitszusagen kann die Bündnispartner sowohl zu sicherheitspolitischen Alleingängen verleiten als auch zu einer Anpassung der bestehenden Allianzsysteme beitragen. Im ersten Szenario stünde das Bestreben, die eigene nationale Sicherheit zu gewährleisten, an erster Stelle. Konflikte und Sicherheitsdilemmata würden – auch solche zwischen Bündnispartnern – wieder verschärft, einzelne Staaten strebten nach nationaler Autarkie und/oder nach bilateralen Sonderbeziehungen zu Washington. Das kann bedeuten, dass sie militärisch aufrüsten und sich im Extremfall sogar eigene Atomwaffen zulegen.

Im zweiten Szenario käme es dagegen zu neuen sicherheitspolitischen Arrangements auf Grundlage der bestehenden Allianzsysteme. Durch eine Neugestaltung der Lastenteilung innerhalb der US-geführten Bündnisse könnte die Glaubwürdigkeit von Rückversicherung und Abschreckung wieder gestärkt werden. Die Geringschätzung Donald

Trumps für solche Bündnisse und sein personalisierter und erratischer Politikstil sprechen jedoch eher für das erste Szenario.

Für Deutschland sowie die anderen EU- bzw. europäischen NATO-Länder stellt sich daher die Frage, wie sie auf eine unter Umständen radikale Kursänderung in der amerikanischen Bündnis- und Europapolitik reagieren könnten. Die strukturellen Trends in der amerikanischen Außen- und Innenpolitik deuten schon lange darauf hin, dass Amerika sein politisches und militärisches Gewicht in der Atlantischen Allianz früher oder später reduzieren könnte. Unter den Vorzeichen einer zweiten Trump-Präsidentschaft werden die USA absehbar noch deutlich weitreichendere Forderungen an die Europäer richten.

Während sich Deutschland und andere europäische NATO-Staaten – zumindest in der Theorie – weiter auf die „erweiterte nukleare Abschreckung" der USA verlassen, müssen sie erheblich mehr Geld für ihre eigene Verteidigung ausgeben, wenn Amerika seinen Beitrag zur europäischen Sicherheit reduzieren sollte. Für das Jahr 2024 schätzt die NATO, dass nicht nur Deutschland, sondern der europäische Teil des Bündnisses insgesamt, erstmals zwei Prozent des Bruttoinlandsproduktes für die Verteidigung ausgibt.[3] Allerdings ist fraglich, ob dieser finanzielle Kraftakt auch dauerhaft gelingt. Zuletzt forderte Trump sogar, dass die NATO-Länder fünf Prozent ihres Bruttoinlandsproduktes für die Verteidigung ausgeben sollen. Diesem Wert kommt unter den europäischen Partnern einzig Polen nahe. Deutsche Regierungspolitiker haben diese Forderung dagegen als illusorisch zurückgewiesen.

Im Idealfall gelingt eine Reform der NATO, die deren europäischen Pfeiler stärkt. Ein erster Schritt in diese Richtung wäre der Aufbau von europäischen Fähigkeiten, bei denen bislang eine hohe Abhängigkeit von den USA besteht. Besonderes Augenmerk verdienen darüber hinaus auch jene Fähigkeiten, welche die USA im Falle einer militärischen Auseinandersetzung mit China im Indopazifik brauchen würden. Dazu zählen insbesondere Lufttransport, Luftverteidigungssysteme, moderne Kampflugzeuge, weitreichende Raketen und Marschflugkörper, Luftbetankung sowie Aufklärungsfähigkeiten.

Die europäischen Länder haben in einigen kritischen Bereichen bereits Fortschritte gemacht und entsprechende Initiativen unternommen. Dazu zählen der Aufbau einer europäischen Flotte von Luftbetankungsflugzeugen sowie eines Europäischen Lufttransportkommandos. Die von Deutschland geführte Sky Shield Initiative zum Aufbau einer europäischen Luftverteidigung wäre in diesem Zusammenhang ebenfalls zu nennen. Dennoch sind sich die meisten Sicherheitsexpertinnen und -experten einig, dass diese Anstrengungen noch lange nicht reichen, um im Fall der Fälle besonders kritische amerikanische Fähigkeiten zu ersetzen.[4]

Die Stärkung des europäischen Pfeilers in der NATO betrifft jedoch nicht nur die Rüstung. Vorschläge in Fachkreisen dazu erstrecken sich beispielsweise auch auf eine Reform der Kommandostruktur, bei der die europäischen Verbündeten mehr Verantwortung von Amerika übernehmen. Dies würde insbesondere die operativen bzw. die Teilstreitkräfte betreffenden NATO-Kommandos betreffen, die bislang noch stark vom US-Militär dominiert werden. Von entsprechenden Reformen unberührt bliebe allerdings, dass das strategische Kommando der NATO, das Supreme Headquarters Allied Powers Europe (SHAPE), von einem US-General befehligt würde.[5]

Aber auch eine „Europäisierung" der NATO-Kommandostruktur würde ein fundamentales politisches Problem nicht lösen, das sich mit Blick auf die zweite Amtszeit Donald Trumps aufdrängt. Was nämlich wäre zu tun, wenn sich Washington im Bündnis zukünftig wesentlich weniger stark politisch engagiert, bei bestimmten für Europa besonders relevanten Entscheidungen eine „Politik des leeren Stuhls" verfolgt oder die Bündnispartner sogar aktiv gegeneinander ausspielt?

Eine solche Situation haben die Europäer während der Präsidentschaft George W. Bushs schon einmal erlebt, als dessen Verteidigungsminister Donald Rumsfeld im Zusammenhang mit dem Irakkrieg die „neuen" gegen die „alten" Europäer aufwiegelte. Kurz vor dem Beginn seines zweiten Amtsantritts äußerte Trump, dass die USA Grönland (das völkerrechtlich zu Dänemark gehört) kaufen oder sich sogar militärisch aneignen könnten oder dass Kanada zum „51. Bundesstaat" der USA werden solle. Es ist fraglich, wie ernst diese Bemerkungen gemeint waren. Sie zeigen aber, wie sehr Trump dazu bereit ist, politischen Zwietracht zwischen Bündnispartnern zu säen.

Es liegt durchaus im Bereich des Möglichen, dass Amerika unter Trump sein liberales Führungsverständnis im Bündnis aufgibt und sich wie eine normale Großmacht verhält.[6] Washington würde sich in diesem Fall nicht mehr um konsensuale Entscheidungsprozesse und Konsultationserfordernisse im Rahmen des Bündnisses scheren. Trump mag zwar ein großes Interesse daran haben, dass Europa mehr für seine eigene Verteidigung „bezahlt" (und dabei möglichst amerikanische Waffen kauft).

Gleichzeitig ist jedoch davon auszugehen, dass er vom Rest der NATO erwartet, seinem Verständnis amerikanischer Interessen zu folgen. Die politische Zukunft der Ukraine könnte ein erster Testfall dafür sein. Um ein solches Szenario zu verhindern, müssten die Europäer innerhalb des Bündnisses politisch wesentlich geschlossener auftreten, als dies in der Vergangenheit beispielsweise mit Blick auf die Russlandpolitik der Fall war. Berlin wäre als wirtschaftliches und politisches Schwergewicht in der EU dabei besonders gefordert.

Im Extremfall erscheint nach dem erneuten Wahlsieg Donald Trumps jedoch auch ein kompletter Austritt der USA aus dem Bündnis keineswegs ausgeschlossen. In diesem Fall würde sich die Frage stellen, ob Europa seine kollektive Verteidigung sogar ganz außerhalb des NATO-Rahmens gewährleisten könnte. Seit dem Scheitern der Europäischen Verteidigungsgemeinschaft im Jahr 1954 stand diese Frage nicht mehr auf der Agenda.

Der Vertrag über die Europäische Union schreibt zwar das Fernziel einer gemeinsamen europäischen Verteidigung fest und enthält sogar eine gegenseitige Beistandsverpflichtung, ähnlich wie sie in Artikel 5 des NATO-Vertrags festgeschrieben ist. Tatsächlich ist die EU diesem Fernziel seit dem Inkrafttreten des Lissaboner Vertrages jedoch kaum nähergekommen. Die Gemeinsame Sicherheits- und Verteidigungspolitik (GSVP) beschränkt die Ambitionen der EU weitgehend auf das Krisenmanagement mit zivilen und militärischen Mitteln.

Der Aufbau einer Verteidigungsunion, die diesen Namen verdient, würde die Europäer vor gewaltige militärische und politische Probleme stellen. Diese gehen weit über eine Bereitstellung militärischer Fähigkeiten hinaus. Dabei spielen sowohl nach wie vor unzureichende Interoperabilität der europäischen Streitkräfte, das Fehlen gemeinsamer Kommandostrukturen für anspruchsvolle militärische Szenarien als auch die meist schwierige politische Entscheidungsfindung auf EU-Ebene eine wichtige Rolle.

Fraglich ist zudem, ob Europa seine Sicherheit auch mit eigenen Nuklearwaffen untermauern kann und soll. Sofern es nicht zu radikalen (und äußerst unwahrscheinlichen) Kursänderungen im Kreis der europäischen Nicht-Atomwaffen-Staaten kommt, kann sich eine eigene europäische Abschreckungspolitik nur auf Großbritannien oder Frankreich stützen. Beide Länder müssten ihre Sicherheitspolitik dahingehend anpassen, dass sie die von den USA unabhängige Rolle ihrer Nuklearwaffen stärken.[7] Zudem müsste die europäische Verteidigung zusätzliche Anstrengungen unternehmen, um glaubwürdige Abschreckung auch mit nicht-atomaren Waffen – wie insbesondere weitreichende konventionelle Fähigkeiten sowie die Raketenabwehr – aufzubauen.

Eine echte europäische Verteidigungsunion müsste schließlich glaubwürdig dabei sein, sicherheitspolitische und militärische Entscheidungen unter den Bedingungen einer existenziellen Krise treffen zu können, die den Schutz aller europäischen Partner miteinbezieht. Angesichts ihrer Heterogenität erfüllt die EU dafür bislang weder die politischen noch die institutionellen Voraussetzungen. Aufgrund ihrer schwerfälligen Bürokratie, dem Konsenserfordernis in der Außen-, Sicherheits- und Verteidigungspolitik sowie der heterogenen Interessenlage der Mitgliedstaaten taugen die EU-Institutionen dazu nicht.[8] Nötig wäre deshalb entweder eine umfassende Reform dieser Institutionen oder eine Koalition von Staaten, die die entsprechenden Mittel und den politischen Willen haben, die europäische Verteidigungspolitik voranzubringen.

Der EU-Vertrag bietet dafür zwar ein Instrument an – die sogenannte Ständige Strukturierte Zusammenarbeit (SSZ). Sie sieht vor, dass EU-Staaten, die besonders anspruchsvolle militärische Kriterien erfüllen, innerhalb des EU-Rahmens verteidigungspolitisch enger kooperieren können. Relevant für die Handlungsfähigkeit ist dabei auch, dass Beschlüsse im Rahmen der SSZ grundsätzlich mit qualifizierter Mehrheit gefasst werden können. Ein einzelner Staat kann dann also kein Veto ausüben.

Trotzdem hat auch dieses Instrument die europäische Verteidigung in der Vergangenheit nicht entscheidend vorangebracht. Gut möglich, dass die erneute Androhung eines amerikanischen Rückzugs aus der NATO unter Trump eine neue Dynamik innerhalb der EU auslösen würde. Falls nicht wird absehbar die Frage stärker in den Vordergrund rücken, ob die europäische Verteidigung auch außerhalb der gemeinsamen europäischen Institutionen gedacht und geplant werden muss. Die 2017 vom französischen Präsidenten Macron gestartete Initiative für eine europäische Interventionsfähigkeit (European Intervention Initiative) folgte diesem Weg. Allerdings war auch sie auf militärisches Krisenmanagement (vor allem in Afrika) ausgerichtet, nicht auf die gemeinsame Verteidigung.

Schließlich würde ein militärischer und politischer Rückzug der USA aus der NATO die Frage nach den Grenzen der euro-atlantischen Sicherheitsgemeinschaft mit neuer Dringlichkeit aufwerfen. Washington könnte der Aufnahme weiterer Länder in das Bündnis einen Riegel vorschieben. Dies ist unter „Trump II" sogar recht wahrscheinlich. Eine solche Entwicklung würde nicht zuletzt die Beitrittshoffnungen der Ukraine zunichtemachen. Die Last, den Ländern im sicherheitspolitischen „Graubereich" zwischen NATO bzw. EU-Europa und Russland eine sicherheitspolitische Verankerung zu bieten, würde dann auf den Schultern der EU und ihrer Mitgliedsländer ruhen.

Von der wirtschaftlichen Offenheit zur Geoökonomie

In den USA hat sich ein wirtschaftspolitischer Paradigmenwechsel vollzogen mit gravierenden Konsequenzen nicht nur für die Zukunft der transatlantischen Beziehungen, sondern für die US-amerikanische Außen- und Sicherheitspolitik insgesamt. In den Jahrzehnten nach dem Zweiten Weltkrieg wurde die amerikanische Politik von der Maxime geleitet, dass der freie wirtschaftliche Austausch weltweit Wohlstand schafft, damit demokratische Regierungen stärkt und letztlich auch der internationalen Sicherheit dient.

Das alte Paradigma wurde jedoch in den letzten 10 bis 15 Jahren durch geoökonomisches Denken ersetzt. Der wirtschaftliche Aufstieg Chinas, die zunehmende Schärfe geopolitischer Konflikte sowie die ökonomischen und sozialen Umbrüche in den USA haben dazu geführt, dass Amerika sich nicht mehr als Vorreiter wirtschaftlicher Offenheit betrachten will. Das bedeutet, dass der Austausch von Gütern, Kapital, Arbeitskräften und Technologien nicht mehr als etwas grundsätzlich Positives gilt, das Wohlstand generiert und Innovation fördert, sondern als etwas Risikobehaftetes. Sicherheitspolitische Erwägungen überlagern immer mehr wirtschaftliche Interessen. Auch diese Entwicklung wird die Wiederwahl Donald Trumps verstärken und verfestigen.

Die entscheidende Frage lautet nicht mehr, ob der wirtschaftliche Austausch allen Seiten nutzt, sondern wer den größten Profit daraus zieht bzw. bei wem dieser Austausch größere Abhängigkeiten schafft. US-Handelsbeschränkungen und der Einsatz von ökonomischen Zwangsinstrumenten werden aus Sicht Washingtons zur Wahrung der nationalen Sicherheit immer wichtiger. Natürlich hat sich dieser Wandel auch bei anderen Wirtschaftsmächten vollzogen. Die USA sind jedoch besonders relevant, weil sie das offene Weltwirtschaftssystem nach dem Ende des Zweiten Weltkriegs maßgeblich geprägt und gestützt haben.

Vieles spricht dafür, dass dieser Paradigmenwechsel in den USA von Dauer sein wird und nicht mehr vom Wechsel einer Administration zur nächsten abhängt. Bei allen Unterschieden einte Trump und Biden die Annahme, dass die amerikanische Wirtschaft vor den Gefahren der Globalisierung bzw. den als unfair betrachteten Handelspraktiken anderer Staaten geschützt werden müsse.

So verwundert nicht, dass Amerika auch während der Präsidentschaft Joe Bidens protektionistisch geblieben ist. Biden versprach den Amerikanern, dass mit ihren Steuergeldern vor allem amerikanische Produkte gekauft werden sollen: vom „Deck eines Flugzeugträgers bis hin zum Stahl der Leitplanken an Autobahnen – von Anfang bis Ende".[9] Der Inflation Reduction Act, eins der wichtigsten Gesetzesinitiativen Bidens, schloss Europäer und andere Ausländer weitgehend von Subventionen der US-Regierung aus.

Schließlich kam es auch unter Biden nicht zu einer Rückkehr der USA in die multilaterale Freihandelsarchitektur. Der Demokrat machte keine Anstalten, Amerika wieder in eine Führungsrolle bei der Gestaltung eines offenen Wirtschafts- und Handelssystems zu bringen. Unter Donald Trump ist darüber hinaus jedoch zu erwarten, dass Amerika selbst die Axt an die verbliebenen Reste der liberalen Weltwirtschaftsordnung anlegen wird.

Die wachsende Bedeutung von Zöllen, Sanktionen und Exportkontrollen birgt auch großes Konfliktpotenzial innerhalb der US-geführten Allianzen, einschließlich der NATO. Dieses Konfliktpotenzial wächst umso mehr, wenn sich US-amerikanische Handelsbeschränkungen und Sanktionen zunehmend auch gegen die Verbündeten der USA selbst richten, wie dies bereits während der ersten Trump-Präsidentschaft zu beobachten war. Sehr wahrscheinlich ist zudem, dass die zweite Trump-Administration amerikanische Sicherheitszusagen von wirtschaftlichen Zugeständnissen der Europäer abhängig machen wird.[10]

Sicherheitspolitisch sind die USA und Deutschland bzw. die europäischen NATO-Staaten zwar verbündet. Zugleich sind sie in wirtschaftlicher Hinsicht jedoch auch Wettbewerber. So ist die enge und fortlaufende Abstimmung zwischen Amerika und seinen europäischen Partnern nicht nur relevant für die Wirksamkeit von Sanktionen gegenüber Dritten, sie ist auch eine Frage der transatlantischen Lastenteilung. Die hohen Energiepreise in der Folge des Ukrainekrieges, die auch aus den gemeinsamen Russland-Sanktionen resultieren, stellen für die deutsche bzw. europäische Industrie eine hohe Belastung und einen potenziellen Wettbewerbsnachteil dar. In Zukunft könnten sich transatlantische Streitigkeiten über Sanktionen und Handelsfragen auch zu einem Problem für den sicherheitspolitischen Zusammenhalt entwickeln.

Das gilt umso mehr, wenn die wirtschaftlichen Verflechtungen mit der Volksrepublik China mit in die Gleichung einbezogen werden. Aufgrund der Spannungen im amerikanisch-chinesischen Verhältnis dürfte nicht zuletzt für Deutschland der Spagat zwischen den eigenen Wirtschafts- und Handelsinteressen im indopazifischen Raum und den Erfordernissen der transatlantischen Beziehungen schmerzhafter werden. Das hängt zum einen damit zusammen, dass China selbst zunehmend bestrebt ist, wirtschaftliche Abhängigkeiten vom Westen abzubauen und seinerseits bereit ist, wirtschaftliche Zwangsinstrumente wie Sanktionen einzusetzen.[11]

Zum anderen dürften die Forderungen aus Washington in Richtung Europa lauter werden, seine wirtschaftliche und technologische Abhängigkeit von China zu reduzieren. Auf absehbare Zeit bleibt diese Abhängigkeit jedoch groß. Das gilt nicht zuletzt für jene Bereiche, die die Energie- und Mobilitätswende und damit das Kernziel einer klimaneutralen Wirtschaft betreffen. So kommt ein Großteil der nach Deutschland importierten Photovoltaikanlagen weiterhin aus China. Auch die Lieferketten für Elektroautos bleiben hochgradig von China abhängig.[12]

Die amerikanische Chinapolitik berührt somit unmittelbar deutsche und europäische Interessen – und hat auch das Potenzial, die europäischen Partner zu spalten. Nachdem die Biden-Administration gegen Ende ihrer Amtszeit Importzölle auf chinesische E-Autos, Batterien, Computer-Chips und Medizinprodukte verhängt hatte, standen die EU-Staaten vor der Frage, wie sie auf diese unabgestimmte amerikanische Entscheidung reagieren sollten. Die Sorge ist groß, dass die betroffenen chinesischen Produkte infolge der US-Zölle den europäischen Markt überschwemmen könnten. Einige Länder wie Frankreich plädierten dafür, dem amerikanischen Beispiel zu folgen. Deutschland stand dagegen auf der Bremse, weil es mögliche chinesische Gegenzölle fürchtet, die vor allem deutsche Autobauer treffen würden.[13] Sollte Donald Trump seine Zoll-Drohung wahrmachen und damit erneut einen amerikanisch-chinesischen – oder sogar einen transatlantischen – Handelskrieg entfachen, drohen der deutschen und europäischen Wirtschaft empfindliche Einbußen.

Es geht allerdings nicht nur um Zölle. Die eigentlich „transatlantisch" eingestellte Biden-Administration verhängte einseitig Exportkontrollen gegenüber der Volksrepublik, die auch europäische Firmen am Export bestimmter Technologien in das Land hindern. Das mag grundsätzlich auch im sicherheitspolitischen Interesse Europas liegen, wenn es sich um militärisch nutzbare Güter handelt – es sollte jedoch mit den europäischen Partnern abgestimmt sein.[14] Die Erfahrung aus seiner ersten Amtszeit zwischen 2017 und 2021 legt nahe, dass Trump an solchen Abstimmungs- und Konsultationsmechanismen mit den Europäern und anderen Bündnispartnern wenig Interesse haben dürfte.

Die Europäische Union und ihre Mitgliedstaaten sehen sich mit einem Dilemma konfrontiert, das nach der Wiederwahl Donald Trumps noch deutlich größer werden dürfte. Einerseits beansprucht die EU, international weiterhin als Vorreiterin und Verteidigerin einer offenen multilateralen Wirtschaftsordnung aufzutreten. Andererseits hat die Union jedoch ihre eigene geoökonomische Wende vollzogen und sieht sich genötigt, sicherheitspolitische und wirtschaftliche Interessen immer stärker miteinander zu verknüpfen.

Die EU will eine Reform der Welthandelsorganisation und die Wiederherstellung des seit Jahren von den USA blockierten Streitschlichtungsmechanismus in der WTO erreichen. Sie fordert zudem eine stärkere multilaterale Kooperation im Rahmen von internationalen Foren wie den G7, den G20, den Vereinten Nationen sowie den multilateralen Entwicklungsbanken. „Selbst in einem Umfeld strategischer Rivalität und wirtschaftlichen Wettbewerbs", so heißt es in der Europäischen Strategie für wirtschaftliche Sicherheit von 2023, „gibt es einen Bedarf für klare Regeln, die einen fairen und offenen Handel garantieren und damit den Tendenzen von Might is Right, wirtschaftlicher Fragmentierung und Protektionismus einen Riegel vorschieben."[15]

Dabei ist der Schutz der multilateralen Handelsordnung durchaus im wirtschaftlichen Eigeninteresse Europas, weil die WTO und die Regeln des multilateralen Handels, wie die Meistbegünstigungsklausel, eine zentrale Bedeutung für den Außenhandel der Union haben.[16] Es sind allerdings nicht nur die USA, die das bestehende multilaterale Handelssystem infrage stellen, sondern auch andere große Wirtschaftsmächte wie beispielsweise Indien. Dabei muss die deutsche und europäische Politik in Rechnung stellen, dass die wirtschaftliche und politische Bedeutung nicht nur Indiens, sondern auch anderer BRICS-Länder deutlich zugenommen hat.

Wie sehr sich trotz des Bekenntnisses zu einer offenen, multilateralen Weltwirtschaftsordnung auch in der EU geoökonomisches Denken durchgesetzt hat, spiegelt die EU-Strategie zur wirtschaftlichen Sicherheit wider: „Mehr denn je", so die Feststellung der Europäischen Kommission, „ist unsere Sicherheit eng mit unserer Fähigkeit verknüpft, uns widerstandsfähiger zu machen und die Risiken zu verringern, die sich aus wirtschaftlichen Verflechtungen ergeben, die wir in den vergangenen Jahrzehnten als harmlos angesehen haben."[17] In der jüngeren Vergangenheit hat die EU Instrumente eingeführt und Gesetze verabschiedet, welche die Risiken wirtschaftlicher Abhängigkeiten in besonders kritischen Bereichen reduzieren sollen. Dazu zählen unter anderem der European Chips Act oder der Critical Raw Materials Act.

Politisch besonders brisant dürfte in Zukunft die Frage sein, ob die EU auch Ansätze und Instrumente für eine wirtschaftliche Gegenmachtbildung gegenüber Amerika entwickeln und nutzen sollte. Je nachdem, welche Blüten der Wirtschaftsnationalismus in Amerika unter Trump und darüber hinaus noch treiben wird – Deutschland und seine europäischen Partner könnten im Extremfall sogar gezwungen sein, über De-Risking-Initiativen im Hinblick auf die USA nachzudenken. Diese könnten beispielsweise Gegenmaßnahmen gegen künftige US-amerikanische Strafzölle, Sanktionen oder Exportkontrollen beinhalten, die europäischen Wirtschaftsinteressen schaden.

Als möglicher Handlungsrahmen könnte das sogenannte Anti-Coercion-Instrument dienen. Dieses Instrument gibt der EU die Möglichkeit zu reagieren, wenn Drittstaaten versuchen, wirtschaftlichen Druck auf die Union und ihre Mitgliedstaaten auszuüben. Zu möglichen Gegenmaßnahmen zählen die Verhängung von Zöllen sowie weitere Beschränkungen des Handels, der Dienstleistungen und des Zugangs zu Direktinvestitionen und öffentlichen Aufträgen.[18] Sollte sich die EU in Zukunft dazu entschließen, diese Möglichkeiten auch gegen die USA einzusetzen, wären die Kollateralschäden für die transatlantischen Beziehungen und die NATO enorm.[19]

Werte als Konflikttreiber

Die Idee der Pax Americana basiert auch auf der Vorstellung, dass die Verbreitung liberal-demokratischer Werte zur internationalen Sicherheit beiträgt. Die Vereinigten Staaten haben für sich über Jahrzehnte in Anspruch genommen, ihre Außenpolitik an diesen Werten auszurichten. Dieser Anspruch betrifft zum einen die Art und Weise, wie Amerika international führen soll, nämlich – anders als klassische Imperien – mit machtpolitischer Selbstbeschränkung, nicht durch Zwang und Unterwerfung. Der Anspruch bezieht sich zum anderen auf die Werte, für die Amerika auf der Weltbühne einzustehen beansprucht.

Demokratisch verfasste Staaten sind dieser Logik folgend friedliebender, weil sich die tragenden Prinzipien im Innern – Stärke des Rechts, Schutz der Menschenrechte, Kompromissfindung als Modus des Konfliktaustrags – auch auf die Außen- und Sicherheitspolitik übertragen. Diese Vorstellung hat lange Zeit nicht nur die Außen- und Sicherheitspolitik der USA geprägt. Auch die Europäische Union hat vertraglich verankert, dass ihre Außenpolitik von den Grundsätzen geleitet sein soll, „die für ihre eigene Entstehung, Entwicklung und Erweiterung maßgebend waren und denen sie auch weltweit zu stärkerer Geltung verhelfen will: Demokratie, Rechtsstaatlichkeit, die universelle Gültigkeit und Unteilbarkeit der Menschenrechte und Grundfreiheiten (...)."[20]

Die Erfahrungen der letzten zwei Dekaden zeigen jedoch, dass diese normative Grundannahme der Pax Americana quasi auf den Kopf gestellt worden ist: Gerade, weil es einen engen Zusammenhang zwischen innerer politischer Verfasstheit und dem außenpolitischen Verhalten gibt, sind Werte immer mehr zu einem Konflikttreiber zwischen den Staaten geworden. Denn nicht nur Demokratien, sondern auch autoritär geführte Staaten versuchen, ihr regionales und internationales Umfeld so zu gestalten, dass es ihre eigene Herrschaftsform stützt. Das gilt insbesondere für Regional- bzw. Großmächte, die dazu über die nötigen militärischen und wirtschaftlichen Ressourcen verfügen.

So erscheint das außen- und sicherheitspolitische Verhalten Russlands unter Wladimir Putin widersprüchlich, wenn man unterstellt, dass es Moskau in erster Linie um das Zurückdrängen einer militärischen Bedrohung durch die NATO geht. Das Gebaren Russlands seit 2014 hat überhaupt erst dazu geführt, dass die Atlantische Allianz ihre Sicherheit erneut ausdrücklich gegen Russland definiert und sich wieder auf ihren ursprünglichen Kernauftrag der kollektiven

Verteidigung besonnen hat. Zudem unternahmen viele Bündnispartner erst nach der Krimannexion ernsthafte Versuche, ihre militärischen Kapazitäten wieder deutlich zu stärken.

Stattdessen scheint die russische Politik vor allem vom Bestreben getrieben, die auf liberale Werte gegründete europäische Friedensordnung zu zertrümmern, die 1990 in der Charta von Paris entworfen wurde. Natürlich geht es dem Kreml auch darum, den Einfluss der USA in Europa zurückzudrängen. Russland begreift unter Putin jedoch die Entstehung bzw. Festigung demokratisch organisierter Gesellschaften in seiner Nachbarschaft als Bedrohung. Ebenso sieht es einen eigenen Sicherheitsgewinn offensichtlich darin, die europäischen Demokratien im Rahmen von Desinformations- und Einflusskampagnen zu schwächen.

Auch in China lehnt die Kommunistische Partei unter Führung von Staats- und Parteichef Xi Jinping Werte wie Rechtsstaatlichkeit, Liberalismus, Pressefreiheit oder lebendige Zivilgesellschaften ab. Diese Werte stellen eine Bedrohung für die Herrschaft der Kommunistischen Partei dar und sind daher aus Sicht Pekings auch eine Sicherheitsbedrohung. China propagiert regional und international Werte, die die autoritäre Herrschaft der Kommunistischen Partei nach innen stützen: Demnach hat das Recht auf wirtschaftliche Entwicklung Vorrang vor Demokratisierung; wirtschaftliche und soziale Rechte stehen vor den politischen Rechten des Einzelnen; das bestehende internationale Regime zum Schutz der Menschenrechte soll entsprechend aufgeweicht werden.

Im Nahen Osten lehnt Iran als weiterhin zentraler Gegenspieler der Pax Americana liberal-demokratische Werte ebenfalls ab, das Gleiche gilt allerdings auch für die mit Amerika sicherheitspolitisch eng verwobenen Golfmonarchien. In dieser Region ist der Konflikt um die Werteordnung anders als in Europa und im Indopazifik nicht in erster Linie durch den Gegensatz von Demokratie versus Autokratie gekennzeichnet. Stattdessen stehen unterschiedliche Interpretationen über die religiöse Legitimation von Herrschaft bzw. über das Verhältnis von Staat und Religion im Mittelpunkt sicherheitspolitischer Konflikte.

Anders als von den Verfechtern der Pax Americana erhofft, haben sich liberal-demokratische Werte also nicht immer weiter ausgebreitet, der Welt mehr Sicherheit gebracht und letztendlich das „Ende der Geschichte"[21] eingeläutet. Die Tatsache, dass Werte zu einem immer wichtigeren Konflikttreiber geworden sind, wirft für Deutschland und andere westliche Demokratien essenzielle Fragen auf.

Eine davon lautet, was es für die eigene Sicherheit bedeutet, wenn die US-Demokratie weiter erodiert. Der Zustand demokratischer Institutionen war in den USA schon vor dem erneuten Wahlsieg Donald Trumps im November 2024 fragil. In Zukunft wird die Anmaßung exekutiver Macht, die Selbstentmachtung des Kongresses und die Politisierung der Justiz die amerikanische Demokratie jedoch noch stärker herausfordern. Das Problem liegt aber nicht nur jenseits des Atlantiks. Auch in vielen europäischen Ländern haben antiliberale Strömungen in den letzten Jahren stark an Einfluss gewonnen. Dies hat sich im Juni 2024 bei den Wahlen zum Europäischen Parlament sowie bei Wahlen etwa in den Niederlanden, Frankreich, Deutschland und Österreich gezeigt.

Die Wiederwahl Donald Trumps wird auch weitreichende Auswirkungen auf die Werteorientierung der amerikanischen Außenpolitik haben. Wenn Amerika international immer weniger glaubwürdig für liberal-demokratische Werte eintritt, kann sich das Verhältnis zu China und Russland zunächst sogar verbessern, weil ein Teil des Systemkonflikts, der die Beziehungen zu diesen Staaten prägt, entschärft werden würde. Für Deutschland und andere europäische Partner der USA sieht es allerdings immer deutlicher danach aus, dass sie nicht mehr auf Amerika zählen können, wenn es um die Verteidigung einer europäischen Ordnung geht, die auf liberal-demokratischen Werten aufbaut.

Der Rückbau demokratischer Werte und Institutionen in Amerika könnte der Trump-II-Administration sogar neue Handlungsspielräume eröffnen, um mit Russland eine Verständigung über die Ukraine und darüber hinaus über die russische Einflusssphäre in Europa zu erreichen. Dann ginge es nämlich aus US-Sicht nicht mehr um den Konflikt zwischen unvereinbaren Werten, sondern um pure Realpolitik. Amerika hätte dann allenfalls ein Interesse daran, dass Russland keine militärische Hegemonie in ganz Europa erreicht. Zugespitzt ließe sich sogar fragen, ob ein illiberales Amerika in Zukunft noch Sicherheitsgarant für die NATO sein könnte. All dies spricht ebenfalls für mehr europäische Eigenständigkeit in der Sicherheitspolitik.

Schließlich geht es um die Frage, welchen Stellenwert die Förderung liberal-demokratischer Werte außerhalb Europas haben kann und soll. Die eigene Sicherheitsordnung in Europa ist aus Sicht der meisten EU- bzw. der europäischen NATO-Staaten zwar untrennbar mit der Verteidigung liberaldemokratischer Werte verbunden. Für andere Weltregionen gilt dies jedoch nicht oder nicht im gleichen Maße. Zwar hat Amerika bislang auch in Asien mit Demokratien besonders enge sicherheitspolitische Bande gepflegt, aber die US-Allianzen sind dort im Vergleich zur NATO nur schwach institutionalisiert und verrechtlicht. Im Indopazifik und mehr noch im Nahen Osten werden die regionalen Ordnungen von Staaten getragen, die mehrheitlich keine liberalen Demokratien sind. Zudem fehlen dort multilaterale Institutionen wie NATO, EU, OSZE oder Europarat, die auf liberalen Prinzipien beruhen. Westliche Demokratien werden dort und auf globaler Ebene in Zukunft eher mehr als weniger auf die Zusammenarbeit mit Nicht-Demokratien angewiesen sein.

In Deutschland haben globale „Wertepartnerschaften" in außenpolitischen Programmen und Grundsatzreden einen hohen Stellenwert. Das Eintreten für demokratische Reformen und für den Schutz von Freiheitsrechten droht allerdings zu einem Spaltpilz zu werden, wenn diese Werte mit Konditionalitäten sowie politischem und wirtschaftlichem Druck verbunden werden. Ein solcher Ansatz läuft zudem Gefahr, am eigenen Anspruch zu scheitern. Bereits heute schwächt der (nicht selten berechtigte) Vorwurf von Doppelmoral die Glaubwürdigkeit westlicher Politik und bietet Moskau wie Peking zahlreiche Angriffsflächen.

Aus den genannten Gründen taugte die von Joe Biden zu Beginn seiner Amtszeit propagierte Verteidigung der Demokratien gegen Autokratien nicht als generelles Prinzip für das

Verhältnis des Westens zur nicht-westlichen Welt. Das Einstehen für Werte sollte sich daher außerhalb Europas vor allem auf jene Normen, Institutionen und Regelwerke beziehen, die das friedliche Miteinander der Staaten betreffen. Damit gemeint sind das geltende Völker- bzw. Seerecht, die Verrechtlichung multilateraler Beziehungen, mithin die oft zitierte „regelbasierte Ordnung“ auf regionaler und globaler Ebene. Diese Normen und Institutionen werden aus Eigeninteresse auch von autoritär regierten Staaten unterstützt, die keine Regional- bzw. Großmächte sind und wirtschaftlich oder militärisch mächtigeren Nachbarn gegenüberstehen. Das ändert allerdings nichts an der ernüchternden Tatsache, dass es ohne die USA wesentlich schwieriger sein wird, die noch verbliebenen Elemente der regelbasierten Weltordnung zu schützen.

Die transatlantischen Beziehungen neu denken

Die langfristigen Entwicklungen in der amerikanischen Innen- und Außenpolitik sowie der Siegeszug Donald Trumps haben fundamentale Auswirkungen auf die transatlantischen Beziehungen. Eine einfache Neujustierung wird nicht mehr ausreichen. In den letzten Jahren und Jahrzehnten hat sich die deutsche und europäische Politik gegenüber Amerika auf eine Reihe von Grundannahmen gestützt. Dazu zählt insbesondere, dass

- sich die USA wie eine „wohlwollende“ Großmacht verhalten würden, die ihre Interessen im Einklang – oder zumindest in enger Abstimmung – mit verbündeten und befreundeten Ländern durchsetzen;

- es im „wohlverstandenen Eigeninteresse" Washingtons liege, sich militärisch, wirtschaftlich und politisch stark in Europa zu engagieren;
- sich die transatlantischen Beziehungen – gerade unter Trump – auf eine stabile Grundlage stellen ließen, wenn die Europäer nur etwas mehr böten – sei es in Form höherer Verteidigungsausgaben, mehr Investitionen in den USA oder durch den Bezug von mehr amerikanischem Fracking-Gas;
- die sicherheitspolitische Abhängigkeit von Amerika letztendlich unabänderlich sei.

Die Analyse in diesem Buch hat aufgezeigt, dass alle diese Annahmen immer weniger tragfähig sind. Die transatlantischen Beziehungen müssen in diesem Sinne neu gedacht werden. Besonders herausfordernd wird die Aufgabe sein, die sicherheitspolitischen und militärischen Abhängigkeiten von Amerika in den kommenden Jahren massiv zu reduzieren. Deutschland und die anderen europäischen NATO-Staaten müssen verteidigungspolitische Ansätze und Strategien entwickeln, die sich deutlich weniger als bisher auf amerikanische Macht stützen.

Richtig ist in diesem Zusammenhang sicherlich, dass Europa mehr Geld in die Hand nehmen muss, um damit eigene militärische Fähigkeiten aufzubauen. Allerdings krankt die Debatte hierzulande daran, dass sie zu sehr auf diesen monetären Aspekt verengt wird. Die europäischen NATO-Staaten geben gemeinsam bereits erhebliche Summen – 2023 waren es fast 400 Mrd. Dollar – für ihre Verteidigung aus. In

Deutschland haben sogar die 100 Mrd. Euro Sondervermögen, die im Zuge der „Zeitenwende“ mobilisiert wurden, nicht dazu geführt, die Einsatzfähigkeit und Schlagkraft der Bundeswehr deutlich zu verbessern. Offensichtlich reichen die Probleme tiefer und betreffen das Beschaffungswesen, die europäische Rüstungszusammenarbeit und vor allem auch die politische Entscheidungsfindung im europäischen Rahmen.

Vieles spricht dafür, die NATO als politischen Rahmen in einem „Plan A“ zu erhalten und im Sinne europäischer Handlungsfähigkeit zu stärken. Dies würde allerdings eine grundlegende Reform der Allianz voraussetzen, die auch zu Konflikten mit den USA führen wird. So würde es darum gehen, die Interoperabilität von Streitkräften nicht mehr nur an amerikanischen Standards auszurichten. Die Reform der Kommandostrukturen würde das Gewicht europäischer Kommandeure deutlich erhöhen. Außerdem ginge es darum, dass die europäischen Länder im Bündnis politisch geeinter auftreten. Sollte es zu einem weitgehenden Boykott der USA gegenüber der NATO oder gar einem Totalabzug kommen, müssen die Europäer über „Plan B“ nachdenken, nämlich ihre Verteidigung sogar komplett außerhalb des Bündnisrahmens zu organisieren.

Auch im wirtschaftlichen und handelspolitischen Bereich werden sich die transatlantischen Beziehungen grundlegend verändern müssen. Die EU und ihre Mitgliedstaaten haben einerseits ein grundlegendes Interesse daran, ein möglichst offenes und multilaterales Weltwirtschaftssystem zu erhalten. Es muss aus europäischer Sicht darum gehen, die Welthandelsorganisation zu reformieren, anstatt sie vollständig zu zertrümmern.

Andererseits müssen sich die EU und ihre Mitgliedstaaten angesichts des weltweiten Trends zur Geoökonomisierung dagegen zur Wehr setzen können, wenn andere Länder oder Wirtschaftsakteure Druck auf sie ausüben. Bislang mag man in Brüssel dabei vor allem China im Blick gehabt haben. In Zukunft könnte es jedoch auch nötig sein, wirtschaftliche Gegenmachtbildung gegenüber Amerika zu betreiben – oder zumindest glaubhaft damit zu drohen. Im Vergleich zur militärischen Säule ist die EU aufgrund des europäischen Binnenmarktes und der weitreichenden Kompetenzen der Gemeinschaftsinstitutionen bei der Handelspolitik in einer starken Position. Die wesentliche Herausforderung wird darin bestehen, die eigene Wettbewerbsfähigkeit zu erhalten und zu stärken.

Schließlich verschieben sich auch die Wertegrundlagen der transatlantischen Beziehungen. Das hängt nicht nur mit den innenpolitischen Entwicklungen in den USA zusammen. Ehrlicherweise hat sich nämlich nicht nur „der große Bruder" Amerika von der Familie westlicher Demokratien entfremdet. Auch die Familie selbst hat sich verändert, weil die demokratischen Systeme auch in vielen europäischen bzw. westlichen Ländern unter Druck stehen.

Zugleich bleibt die europäische Sicherheit eng mit liberaldemokratischen Werten verknüpft. Diese Werte bilden die politische und rechtliche Grundlage sowohl der EU als auch der NATO. Bricht dieses Fundament weg, droht in Europa wieder Kleinstaaterei, während der Druck autoritärer Großmächte, zuvorderst China und Russland, zunimmt.

Aus diesem Grund muss es auch in den transatlantischen Beziehungen um ein klares Bekenntnis zu den liberal-demokratischen Werten gehen. Das betrifft unterschiedliche Politikfelder, immer bedeutsamer wird jedoch die Digital- und Technologiepolitik. Die USA vertreten seit Langem ein anderes Verständnis von Meinungsfreiheit als viele europäische Länder. Trotzdem liegt es im Interesse aller demokratischen Regierungen, die Verbreitung von Desinformation und Hassrede über Internetplattformen soweit wie möglich zu unterbinden.

Die transatlantischen Beziehungen neu zu denken, bedeutet indes nicht, sie völlig aufzugeben. Amerika und Europa werden füreinander in vielerlei Hinsicht wichtige wirtschaftliche und sicherheitspolitische Partner bleiben. Der Abbau einseitiger sicherheitspolitischer Abhängigkeiten, die Stärkung europäischer Handlungsfähigkeit und der Schutz der gemeinsamen Wertegrundlagen stellen die Beziehungen zu den USA langfristig auf eine stabilere Grundlage – auch und gerade für die Zeit „nach Trump". Zugleich tragen Maßnahmen in diese Richtung der veränderten Realität Rechnung, nämlich dass Amerika sich in Zukunft mehr wie eine „normale" Großmacht verhalten und seine Interessen anders als in den vergangenen sieben Dekaden definieren wird.

Das Ende der Pax Americana bedeutet jedoch nicht nur für die transatlantischen Beziehungen eine Zäsur, sondern auch für die globale Ordnung. Alternative Ordnungsmodelle zur Pax Americana, die den deutschen und europäischen Wertevorstellungen und den daraus abgeleiteten Sicherheitsinteressen entsprechen, zeichnen sich bislang allenfalls in Konturen ab. Es ist viel davon die Rede, dass das internationale System „multipolarer" wird. Dabei gehen jedoch die Verständnisse von Multipolarität weit auseinander.

Die Führungen in Russland, China oder Iran meinen damit vor allem den Machtverlust der USA sowie anderer westlicher Demokratien in einer von Groß- und Regionalmächten gekennzeichneten Welt. Multipolarität beschreibt aus dieser Warte vor allem eine illiberale Weltordnung. Selbst außenpolitische Strategiedokumente aus Deutschland, wie beispielsweise die Indopazifik-Leitlinien, erwecken mitunter den Eindruck, dass sich Europa als dritter Pol zwischen China und den USA etablieren könne. In absehbarer Zukunft erfüllt die EU bzw. der europäische Teil der NATO jedoch nicht die Voraussetzungen, um in einer von Großmächtekonkurrenz gekennzeichneten Welt als eigenständiger Pol bestehen zu können.

Aus europäischer Sicht vielversprechender ist das Gegenmodell zur illiberalen Multipolarität: Es sieht unter anderem die Wiederbelebung multilateraler Institutionen und die ausgewogenere Mitsprache von Staaten vor – nicht zuletzt des „Globalen Südens" –, die in den nach dem Zweiten Weltkrieg geschaffenen Institutionen bislang unterrepräsentiert waren. Letztendlich geht es also um die grundlegende Neugestaltung jener Institutionen, welche die Pax Americana in den vergangenen Jahrzehnten getragen haben. Das bedeutet auch, dass europäische bzw. westliche Länder ihr Handeln konsequent am geltenden Völkerrecht und anderen internationalen Normen ausrichten und dies nicht nur von anderen verlangen.

Auf lange Sicht wird sich Europa in einer sich radikal verändernden Welt nur dann behaupten können, wenn es einen effektiven Beitrag zu diesem Modell der „multilateralen Multipolarität" leisten kann. Zugleich muss es in der Verteidigungs-, Wirtschafts-, Technologie- und Energiepolitik eigenständig werden. Dabei geht es aus europäischer Sicht allerdings nicht nur um den Aufbau militärischer und technologischer Fähigkeiten, sondern auch um die Herausbildung eines kollektiven politischen Willens. Die Rahmenbedingungen dafür sind deutlich schwieriger geworden. Die Impulse in Richtung nationaler Alleingänge, wirtschaftlicher Abschottung und des Rückbaus demokratischer Institutionen sind nicht nur in Amerika stärker geworden. Diese Trends umzukehren, erfordert ein hohes Maß an politischer Führung – nicht zuletzt in Deutschland. Gelingt dies nicht, könnte das Ende der Pax Americana für Europa bedeuten, zum Spielball anderer Mächte zu werden.

Literaturverzeichnis

Israel, UAE sign free trade pact into effect, in: Reuters (Online), 26. März 2023.

Trump Mercilessly Unleashes on Biden In Speech Following Arraignment In Federal Court, in: Forbes Breaking News (via youtube), 13. Juni 2023.

World Inequality Database, URL: https://wid.world/country/usa/ [Zugriff: 12.12.2023].

How 2024 exit polls compare with the 2020 and 2016 elections, in: Cable News Network (Online), 6. November 2024.

Abramowitz, Alan I.: The Great Alignment. Race, Party Transformation, and the Rise of Donald Trump, Yale University Press, New Haven/London 2018.

Abutaleb, Yasmeen u. a.: Trump coalition marks a transformed Republican Party, in: Washington Post (Online), 6. November 2024.

Ahram, Ariel I.: Weaponizing Interdependence in the Middle East, in: Middle East Policy 29 (2022), H. 3, S. 37–47.

Akbarzadeh, Shahram (Hrsg.): Routledge handbooks: Routledge Handbook of International Relations in the Middle East, Routledge, London/New York 2019.

Akbarzadeh, Shahram (Hrsg.): Elgar handbooks in political science: Handbook of Middle East Politics, Edward Elgar Publishing, Cheltenham, UK/Northampton, MA, USA 2023.

Allan, Duncan: The Minsk Conundrum. Western Policy and Russia's War in Eastern Ukraine, Chatham House (= Research Paper), London, Mai 2020.

Allison, Graham T.: Destined for War. Can America and China Escape Thucydides's Trap?, Scribe Publications, Brunswick/London 2017.

Anderlini, Jamil/Caulcutt, Clea: Europe must resist pressure to become 'America's followers,' says Macron, in: Politico (Online), 9. April 2023.

ATLANTIC COUNCIL: Transatlantic-Economic-Statecraft. Different Approaches, Shared Risks, Atlantic Council, Washington, D.C. 2023.

AUSWÄRTIGES AMT: Indo-Pazifik, Berlin, URL: https://www.auswaertiges-amt.de/de/aussenpolitik/asien/indo-pazifik/2492704 [Zugriff: 07.06.2023].

Azizi, Hamidreza: Iran and multilateralism in the Middle East. Possibilities and constraints, Chatham House (Kalam), London, 27. Oktober 2022.

Azizi, Hamidreza: Navigating Power Dynamics. Iran's Foreign Policy amid a Middle East Reset, in: Dalay, Galip/Yousef, Tarik M. (Hrsg.): The Middle East's Fragile Reset. Actors, Battlegrounds, and (Dis)Order, Middle East Council on Global Affairs, Doha, November 2023, S. 47–52.

Ballbach, Eric J.: Am Abgrund. Warum der Konflikt zwischen Nord- und Südkorea eskalieren könnte, Stiftung Wissenschaft und Politik (SWP) (= kurz gesagt), Berlin, 28. Juni 2024.

Bauer, Matthias/Pandya, Dyuti: Time to Rethink Export Controls for Strengthened US-EU Cooperation and Global Trade Rules, European Centre for International Political Economy (= ECPR Policy Brief), Brüssel, 2024.

Bergsten, Carl Fred: The United States Vs. China. The Quest for Global Economic Leadership, Polity, Cambridge, UK/Medford, MA, USA 2022.

Biden, Joseph R.: What America Will and Will Not Do in Ukraine, in: New York Times (Online), 31. Mai 2022.

Biden, Joseph R.: The U.S. won't back down from the challenge of Putin and Hamas, in: Washington Post (Online), 20. November 2023.

Böge, Frederike/Hermann, Rainer: Seitenhiebe eines Friedensstifters. Saudi-Arabien und Iran haben ihre Beziehungen normalisiert – nach Gesprächen unter Beteiligung Pekings., in: Frankfurter Allgemeine Zeitung, 13. März 2023.

Böller, Florian (Hrsg.): Palgrave Studies in International Relations: Hegemonic Transition. Global Economic and Security Orders in the Age of Trump, Springer International Publishing AG, Basel 2021.

Böller, Florian/Lohmann, Sascha/Sirakov, David: Ausmaß und Auswirkung parteipolitischer Polarisierung, in: Overhaus, Marco (Hrsg.): State of the Union. Langfristige Trends in der US-amerikanischen Innen- und Außenpolitik und ihre Konsequenzen für Europa, Berlin 2021, S. 7–12.

Brands, Hal: An "America First" World. What Trump's Return Might Mean for Global Order, in: Foreign Affairs (Online), 31. Mai 2024.

Brose, Christian: The Kill Chain. Defending America in the Future of High-Tech Warfare, Hachette Books, New York 2020.

Bryan, James D./Tama, Jordan: The prevalence of bipartisanship in U.S. foreign policy. An analysis of important congressional votes, in: International Politics 59 (2022), S. 874–897.

Bump, Philip: Trump's 2024 coalition looks a lot like his 2020 coalition, in: Washington Post (Online), 8. November 2024.

BUNDESREGIERUNG: Leitlinien zum Indo-Pazifik. Das 21. Jahrhundert gemeinsam gestalten, Bundesregierung, Berlin, August 2020.

Bunzel, Cole/Haykel, Bernard: Will Saudi Arabia Normalize Relations With Israel?, Hoover Institution, Washington, D.C., März 2023.

Campbell, Kurt M./Sullivan, Jake: Competition Without Catastrophe. How America Can Both Challenge and Coexist With China, in: Foreign Affairs 98 (2019), H. 5, S. 96–110.

Cancian, Mark F./Cancian, Matthew/Heginbotham, Eric: The First Battle of the Next War. Wargaming a Chinese Invasion of Taiwan, Center for Strategic and International Studies (CSIS), Washington, D.C., Januar 2023.

Carter, James Earl: The State of the Union Address Delivered Before a Joint Session of the Congress, The American Presidency Project, 23. Januar 1980.

Charles, Kerwin Kofi/Hurst, Erik/Schwartz, Mariel: The Transformation of Manufacturing and the Decline in US Employment, in: NBER Macroeconomics Annual 33 (2018), H. 1, S. 307–371.

Chorzempa, Martin/Daniels, Laura von: New US Export Controls. Key Policy Choices for Europe. Recommendations for a robust European export control policy, Stiftung Wissenschaft und Politik (SWP) (= SWP Comment C20), Berlin, März 2023.

Clement, Scott u. a.: What the 2024 election tells us about Trump's voters, in: Washington Post (Online), 8. November 2024.

Clinton, Hillary Rodham: America's Pacific Century. Remarks at the East-West-Center, Honolulu, U.S. Department of State (Archive), Washington, D.C., 10. November 2011.

CONGRESSIONAL BUDGET OFFICE: An Update to the Budget and Economic Outlook. 2024 to 2034, Washington, D.C., zuletzt aktualisiert: 18. Juni 2024, URL: https://www.cbo.gov/publication/60039 [Zugriff: 23.10.2024].

CONGRESSIONAL RESEARCH SERVICE: U.S. Direct Financial Support for Ukraine, Congressional Research Service, Washington, D.C., 15. August 2024.

Cooley, Alexander/Nexon, Daniel H.: Exit from hegemony. The unraveling of the American global order, Oxford University Press, New York 2020.

COUNCIL ON FOREIGN RELATIONS: North Korea's Military Capabilities. Backgrounder, New York, zuletzt aktualisiert: 28. Juni 2022, URL: https://www.cfr.org/backgrounder/north-korea-nuclear-weapons-missile-tests-military-capabilities [Zugriff: 02.07.2023].

Dalay, Galip/Yousef, Tarik M.: The Middle East's Fragile Reset. Actors, Battlegrounds, and (Dis)Order, Middle East Council on Global Affairs, Doha, November 2023.

Dalsjö, Robert/Jonsson, Michael/Norberg, Johan: A Brutal Examination: Russian Military Capability in Light of the Ukraine War, in: Survival 64 (2022), H. 3, S. 7–28.

Daniels, Laura von: Wirtschaft und nationale Sicherheit. US-Außenwirtschaftspolitik unter Trump und Biden, Stiftung Wissenschaft und Politik (= SWP-Studie S4), Berlin, Februar 2024.

Davies, Shawn/Pettersson, Therese/Öberg, Magnus: Organized Violence 1989–2021 and Drone Warfare, in: Journal of Peace Research 59 (2022), H. 4, S. 593–610.

Davis, Ian: Armed conflict and peace processes in Asia and Oceania, in: SIPRI Yearbook 2022. Armaments, Disarmament and International Security, Oxford University Press, Oxford 2022.

Davison, Rémy: US Regional Economic Policy in the Indo-Pacific, in: Turner, Oliver/Nymalm, Nicola/Aslam, Wali (Hrsg.): The Routledge Handbook of US Foreign Policy in the Indo-Pacific, Routledge Taylor & Francis Group, London/New York 2023, S. 386–401.

DEFENSE INTELLIGENCE AGENCY: Iran Military Power, Defense Intelligence Agency, Washington, D.C., August 2019.

Dembinski, Matthias/Peters, Dirk: Kann Europa Macht? Die Sicherheits- und Verteidigungspolitik der EU nach dem Ukraine-Krieg, Leibnitz-Institut für Friedens- und Konfliktforschung (= PRIF Report), Frankfurt am Main, August 2024.

DEPARTMENT OF DEFENSE: Indo-Pacific Strategy Report. Preparedness, Partnerships, and Promoting a Networked Region, Department of Defense, Washington, D.C., Juni 2019.

DEPARTMENT OF STATE: A Free and Open Indo-Pacific. Advancing a Shared Vision, Department of State, Washington, D.C., November 2019.

Deutsch, Karl W.: International organization in the light of historical experience, (Princeton paperbacks) Bd. 122: Political community and the North Atlantic area, University of Princeton, Princeton, N.J. 1968.

Doherty, Carroll: 10 facts about Democrats in the U.S. 2024, Pew Research Center, Washington, D.C., zuletzt aktualisiert: 16. August 2024, URL: https://www.pewresearch.org/short-reads/2024/08/16/10-facts-about-democrats-in-the-us/ [Zugriff: 21.11.2024].

Doyle, Michael: Why They Don't Fight. The Surprising Endurance of the Democratic Peace, in: Foreign Affairs (Online), 18. Juni 2024.

Economy, Elizabeth C.: China's Alternative Order. And What America Should Learn From It, in: Foreign Affairs (Online), 23. April 2024.

Economy, Elizabeth C.: The Third Revolution. Xi Jinping and the new Chinese state, Oxford University Press, New York, NY 2019.

Egel, Daniel/Efron, Shira/Robinson, Linda: Abraham Accords Offer Historic Opportunity to Spur Mideast Growth, in: RAND Corporation Blog, 25. März 2021.

Ehteshami, Anoushiravan/Molavi, Reza (Hrsg.): Durham modern Middle East and Islamic world series: Iran and the International System, Routledge, London/New York 2012.

Eisenstadt, Michael: Iranian military developments and trends, Chatham House, London, 13. April 2023.

Ekman, Alice: China and the Battle of Coalitions. The 'Circle of Friends' Versus the Indo-Pacific Strategy, European Union Institute for Security Studies (EUISS) (= Chaillot Paper 174), Paris, April 2022.

Esfandiary, Dina/Jacobs, Anna: How Beijing Helped Riyadh and Tehran Reach a Detente, International Crisis Group (= Q&A Middle East and North Africa), Brüssel, März 2023.

EUROPÄISCHE KOMMISSION: EU trade relations with the United States. Facts, figures and latest developments, Brüssel, URL: https://policy.trade.ec.europa.eu/eu-trade-relationships-country-and-region/countries-and-regions/united-states_en [Zugriff: 16.08.2024].

EUROPEAN COMMISSION: Joint Communication to the European Parliament and the Council. A Strategic Partnership with the Gulf, European Commission, Brüssel, 18. Mai 2022.

EUROPEAN COMMISSION: European Economic Security Strategy, European Commission, Brüssel, 20. Juni 2023.

Fajgelbaum, Pablo/Khandelwal, Amit: The Economic Impacts of the US-China Trade War, National Bureau of Economic Research (= Working Paper 29315), Cambridge, MA, Dezember 2021.

Falke, Andreas: Wasting Hegemony in the Global Trading System. Trump's Trade Policy, in: Böller, Florian (Hrsg.): Hegemonic Transition. Global Economic and Security Orders in the Age of Trump, Springer International Publishing AG, Basel 2021, S. 87–103.

Fantappie, Maria/Nasr, Vali: A New Order in the Middle East?, in: Foreign Affairs (Online), 22. März 2023.

Farrell, Henry/Newman, Abraham L.: Weaponized Interdependence. How Global Economic Networks Shape State Coercion, in: International Security 44 (2019), H. 1, S. 42–79.

Farrell, Henry/Newman, Abraham L.: The New Economic Security State. How De-risking Will Remake Geopolitics, in: Foreign Affairs (Online), 19. Oktober 2023.

Feickert, Andrew: The U.S. Army's Typhon Strategic Mid-Range Fires (SMRF) System, Congressional Research Service (= In Focus), Washington, D.C., 16. April 2024.

Feierstein, Gerald M./Guzansky, Yoel: A mixed report card. The Abraham Accords at three, Middle East Institute, Washington, D.C., September 2023.

Firooz-Abadi, Dehghani: The Islamic Republic of Iran and the Ideal International System, in: Ehteshami, Anoushiravan/Molavi, Reza (Hrsg.): Iran and the International System, Routledge, London/New York 2012, S. 43–58.

Fischer, Sabine: Friedensverhandlungen im Krieg zwischen Russland und der Ukraine. Mission impossible, Stiftung Wissenschaft und Politik (SWP) (= SWP-Aktuell A66), Berlin, Oktober 2022.

Forsby, Andreas Bøje: Like-Mindedness. How the West Shapes the Geostrategic Landscape in the Indo-Pacific, Danish Institute for International Studies, Kopenhagen 2023.

Freedom House: United States. Freedom in the World 2023 Country Report, Washington, D.C., URL: https://freedomhouse.org/country/united-states/freedom-world/2023 [Zugriff: 16.02.2024].

Friederichs, Hauke: Bundeswehr: „Wir dürfen die Russen nicht unterschätzen". Interview mit Oberstleutnant Martin Winkler, in: Zeit (Online), 13. Juli 2024.

Friedman, Thomas L.: Iran and the Obama Doctrine, in: New York Times (Online), 5. April 2015.

Friedrichs, Gordon/Harnisch, Sebastian/Thies, Cameron G. (Hrsg.): Routledge studies on challenges, crises and dissent in world politics: The Politics of Resilience and Transatlantic Order. Enduring Crisis?, Routledge Taylor & Francis Group, London/New York 2019.

Friedrichs, Gordon M.: Polarized we trade? Intraparty polarization and US trade policy, in: International Politics (2022), H. 59, S. 956–980.

Fukuyama, Francis: Liberalism and Its Discontents, Profile Books, London 2022.

Gause, F. Gregory: The Kingdom and the Power: How to Salvage the U.S.-Saudi Relationship, in: Foreign Affairs 102 (2023), H. 1, S. 115–125.

Gerson, Michael S.: Conventional Deterrence in the Second Nuclear Age, in: Parameters 39 (2009), H. 3, S. 32–48.

Ghiretti, Francesca: How China imposes sanctions. A guide to the evolution of Beijing's new policy tool, Mercator Institute for China Studies (= MERICS Report), Berlin, Juni 2023.

Godehardt, Nadine: Wie China Weltpolitik formt. Die Logik von Pekings Außenpolitik unter Xi Jinping, Stiftung Wissenschaft und Politik (SWP) (= SWP-Studie S19), Berlin, Oktober 2020.

Goldberg, Jeffrey: The Obama Doctrine. The U.S. president talks through his hardest decisions about America's role in the world, in: The Atlantic, Juni 2016.

Grand, Camille: Defending Europe with less America, European Council on Foreign Relations (= ECFR Policy Brief), London, Juli 2024.

Gray, John: Concepts in the social thought: Liberalism, University of Minnesota Press, Minneapolis 1995.

Grumbach, Jacob M.: Laboratories of Democratic Backsliding, in: American Political Science Review 117 (2023), H. 3, S. 967–984.

Hafez, Mohammed M.: The Power of Ideology in the Middle East and Its Limits, in: Akbarzadeh, Shahram (Hrsg.): Handbook of Middle East Politics, Edward Elgar Publishing, Cheltenham, UK/Northampton, MA, USA 2023, S. 43–58.

Hagedorn, Elizabeth: Saudi-Israel normalization emerges as leverage for post-war Gaza, in: Al-Monitor (Online), 11. Januar 2024.

Harrell, Peter E.: Time to Reset the U.S. Trade Agenda, Carnegie Endowment for International Peace, Washington, D.C., Mai 2024.

Harris, Jennifer M.: America, Europe and the Necessary Geopolitics of Trade, in: Survival 58 (2016), H. 6, S. 63–92.

Hilpert, Hanns Günther/Meier, Oliver: Facetten des Nordkorea-Konflikts. Akteure, Problemlagen und Europas Interessen, Stiftung Wissenschaft und Politik (= SWP-Studie S18), Berlin, 19. September 2018.

Hilpert, Hanns Günther/Sakaki, Alexandra/Wacker, Gudrun (Hrsg.): Vom Umgang mit Taiwan, Stiftung Wissenschaft und Politik (SWP), Berlin, April 2022.

Hinnebusch, Raymond: Globalized Finance Capital, Hegemony and the Middle East: Through the Lens of Radical Political Economy, in: Akbarzadeh, Shahram (Hrsg.): Handbook of Middle East Politics, Edward Elgar Publishing, Cheltenham, UK/Northampton, MA, USA 2023, S. 350–366.

Horton, Ben/Hopewell, Kristen: Lessons from Trump's assault on the World Trade Organization, Chatham House, London, 3. August 2021.

Hubel, Helmut/Kaim, Markus/Lembcke, Oliver: Pax Americana im Nahen Osten. Eine Studie zur Transformation regionaler Ordnungen, Nomos Verlagsgesellschaft, Baden-Baden 2000.

Hubel, Helmut/Kaim, Markus/Lembcke, Oliver: The United States in Regional Orders. "Pax Americana" as an Analytical Concept, in: Amerikastudien 46 (2001), H. 4, S. 593–608.

Hurst, Steven: Parties, Polarization, and U.S. Foreign Policy, in: Parmar, Inderjeet/Miller, Linda B./Ledwidge, Mark (Hrsg.): Obama and the World. New Directions in US Foreign Policy, Routledge, London 2014, S. 95–106.

Huxley, Tim/Kuok, Lynn: Introduction, in: dies. (Hrsg.): Asia-Pacific Regional Security Assessment 2023. Key Developments and trends, International Institute for Strategic Studies (IISS), London 2023, S. 6–19.

Ikenberry, G. John: Liberal Leviathan. The Origins, Crisis, and Transformation of the American World Order, Princeton University Press, Princeton 2012.

Inhofe, Jim/Reed, Jack: The Pacific Deterrence Initiative: Peace Through Strength in the Indo-Pacific, in: War on the Rocks (Online), 28. Mai 2020.

INSTITUTE FOR ECONOMICS & PEACE: Global Peace Index 2024. Measuring Peace in a Complex World, Institute for Economics & Peace, Sydney, Juni 2024.

INTERNATIONAL INSTITUTE FOR STRATEGIC STUDIES (IISS): The Military Balance. List of Issues, London, 2024, URL: https://www.tandfonline.com/loi/tmib20 [Zugriff: 23.04.2024].

INTERNATIONAL MONETARY FUND: World Economic Outlook Database, Washington, D.C., URL: https://www.imf.org/en/Publications/WEO/weo-database/2023/October/select-country-group [Zugriff: 15.09.2024].

Jang, Se Young: The Evolution of US Extended Deterrence and South Korea's Nuclear Ambitions, in: The Journal of Strategic Studies 39 (2016), H. 4, S. 502–520.

Johnson, Richard: US Foreign Policy. Domestic Roots and International Impact, Bristol University Press, Bristol 2021.

Jones, Seth: Containing Iran. Understanding Iran's Power and Exploiting Its Vulnerabilities, Center for Strategic and International Studies (CSIS) (= Report of the Transnational Threats Project), Washington, D.C., Januar 2020.

Kapstein, Ethan B.: Military Allies and Economic Conflict, in: Survival 65 (2023), H. 6, S. 179–192.

Katzenstein, Peter J.: Liberalism's Antinomy. Endings and Beginnings?, in: Katzenstein, Peter J./Kirshner, Jonathan (Hrsg.): The Downfall of the American Order?, Cornell University Press, Ithaca/London 2022, S. 165–183.

Keddie, Nikki R.: Iran and the Muslim World: Resistance and Revolution, Palgrave Macmillan, London 1995.

Khanna, Ro: The New Industrial Age: America Should Once Again Become a Manufacturing Superpower, in: Foreign Affairs (Online), 20. Dezember 2022.

Kindleberger, Charles P.: History of the world economy in the twentieth century / general ed. Wolfram Fischer. Bd. 4, Lane, London 1973.

Klein, Ezra: Why We're Polarized, Avid Reader Press, New York 2020.

Klein, Margarete/Schreiber, Nils Holger: Der Angriff auf die Ukraine und die Militarisierung der russischen Außen- und Innenpolitik. Stresstest für Militärreform und Regimelegitimation, Stiftung Wissenschaft und Politik (SWP) (= SWP-Aktuell 76), Berlin, Dezember 2022.

Knüpfer, Curd/Starke, Paula: Trendlinien der Entwicklung des Mediensystems in den USA, in: Overhaus, Marco (Hrsg.): State of the Union. Langfristige Trends in der US-amerikanischen Innen- und Außenpolitik und ihre Konsequenzen für Europa, Berlin 2021, S. 18–21.

Kolev-Schaefer, Galina/Obst, Thomas/Puls, Thomas: Auswirkungen des Nahostkonflikts auf die deutsche Wirtschaft, Institut der Deutschen Wirtschaft (IW) (= Report 1/2024), Köln/Berlin, Januar 2024.

Kroeber, Arthur R.: The Economic Origins of US-China Strategic Competition, in: Medeiros, Evan S. (Hrsg.): Cold Rivals. The New Era of US-China Strategic Competition, Georgetown University Press, Washington, D.C. 2023, S. 172–204.

Kudelia, Sergiy: Ukraine Crises and the Limits of Transatlantic Cooperation, in: Friedrichs, Gordon/Harnisch, Sebastian/Thies, Cameron G. (Hrsg.): The Politics of Resilience and Transatlantic Order. Enduring Crisis?, Routledge Taylor & Francis Group, London/New York 2019, S. 37–53.

Lahiri, Upamanyu: The Future of Dollar Hegemony, Council on Foreign Relations, New York, 22. August 2023.

Lammert, Christian/Thimm, Johannes: Die wachsende sozioökonomische Ungleichheit in den USA, in: Overhaus, Marco (Hrsg.): State of the Union. Langfristige Trends in der US-amerikanischen Innen- und Außenpolitik und ihre Konsequenzen für Europa, Berlin 2021, S. 13–17.

Laqueur, Walter: Putinismus. Wohin treibt Russland?, Propyläen, Berlin 2022.

Laruelle, Marlène: Russian Eurasianism. An Ideology of Empire, Johns Hopkins University Press, Baltimore 2008.

Lee, Matthew: Pompeo in Middle East reassures allies about US role in region, pushes for 'Arab NATO', in: Military Times (Online), 11. Januar 2019.

Lilkov, Dimitar/Riedenstein, Clara/Echikson, Bill: Transatlantic Trade and Technology: Partners or Rivals?, Center for European Policy Analysis/Wilfried Martens Centre for European Studies, Washington, D.C./Brüssel 2024.

Lippert, Barbara u. a.: Strategische Autonomie Europas. Akteure, Handlungsfelder, Zielkonflikte, Stiftung Wissenschaft und Politik (SWP) (= SWP-Studie S2), Berlin 2019.

Löhr, Julia: Ohne China geht es nicht. Sollte der Konflikt zwischen China und Taiwan eskalieren, könnten die deutschen Ziele erst später erreicht werden, in: Frankfurter Allgemeine Zeitung, 14. April 2023.

Luks, Leonid: Zwischen Ost und West. Russlands Suche nach Identität, Bundeszentrale für politische Bildung, Bonn, 9. Mai 2018.

Lundestad, Geir: Empire by Invitation? The United States and Western Europe, 1945–1952, in: Journal of Peace Research 23 (1986), H. 3, S.263–277.

Luttwak, Edward N.: From Geopolitics to Geo-Economics. Logic of Conflict, Grammar of Commerce, in: The National Interest (1990), H. 20, S. 17–23.

Mabon, Simon: Saudi Arabia and Iran: Islam and Foreign Policy in the Middle East, in: Akbarzadeh, Shahram (Hrsg.): Routledge Handbook of International Relations in the Middle East, Routledge London/New York 2019, S. 138–152.

Macron, Emmanuel: Speech of the President of the Republic on the Defense and Deterrence Strategy, Élysée, Paris, 7. Februar 2020.

Maitra, Sumantra: The Path to a 'Dormant NATO', in: The American Conservative (Online), 29. Dezember 2023.

Malerius, Frank: Meerenge Straße von Malakka. Nadelöhr des Welthandels, Germany Trade & Invest, Berlin, Juli 2024.

Malpass, David: Regional integration in the Middle East and North Africa: A call to action, in: World Bank Blogs, 29. Oktober 2021.

Mann, Thomas E./Ornstein, Norman J.: It's Even Worse Than It Looks. How the American Constitutional System Collided with the New Politics of Extremism, Basic Books, New York 2016.

Mearsheimer, John J.: The Causes and Consequences of the Ukraine Crisis, in: The National Interest (Online), 23. Juni 2022.

Meyerson, Harold: The Roots of Today's Republicans, in: The American Prospect (Online), 23. Oktober 2023.

Milbank, Dana: The Destructionists. The Twenty-Five Year Crack-up of the Republican Party, Knopf Doubleday Publishing Group, New York 2022.

Miller, Chris: Chip War. The Fight for the World's Most Critical Technology, Scribner, New York 2022.

Miller, Maya C.: What Are 'Recess Appointments' and How Might Trump Try to Leverage Them?, in: New York Times (Online), 19. November 2024.

Morse, Clara Ence/Hawkins, Derek/TerBush, Carson: Over 230 GOP candidates have spread misinformation on the 2024 election, in: Washington Post (Online), 23. Oktober 2024.

Nacht, Michael/Laderman, Sarah/Beeston, Julie: Strategic Competition in China-US Relations, Lawrence Livermore National Laboratory (= Livermore Papers on Global Security 5), Oktober 2018.

NATO: NATO's military presence in the east of the Alliance, Brüssel, zuletzt aktualisiert: 29. November 2024, URL: https://www.nato.int/cps/en/natohq/topics_136388.htm? [Zugriff: 22.02.2025].

NATO PUBLIC DIPLOMACY DIVISION: Defence Expenditures of NATO Countries (2014–2024), NATO Public Diplomacy Division, Brüssel, 2024.

Nikitin, Mary Beth: North Korea's Nuclear Weapons and Missile Programs, Congressional Research Service (= In Focus), Washington, D.C., 14. April 2023.

Nouwens, Veerle u. a.: Long-range Strike Capabilities in the Asia-Pacific. Implications for Regional Stability, International Institute for Strategic Studies (IISS), London, Januar 2024.

Obama, Barack: Videotaped Remarks by The President in Celebration of Nowruz, The White House, Washington, D.C., zuletzt aktualisiert: 20. März 2009, URL: https://obamawhitehouse.archives.gov/the-press-office/videotaped-remarks-president-celebration-nowruz [Zugriff: 23.03.2020].

Obst, Thomas/Matthes, Jürgen/Sultan, Samina: What if Trump is re-elected? Trade policy implications, Institut der Deutschen Wirtschaft, Köln, März 2024.

Oliphant, J. Baxter: 10 facts about Republicans in the U.S., Pew Research Center, Washington, D.C., zuletzt aktualisiert: 12. Juli 2024, URL: https://www.pewresearch.org/short-reads/2024/07/12/10-facts-about-republicans-in-the-us/ [Zugriff: 21.11.2024].

Olson, Mancur: Die Logik des kollektiven Handelns. Kollektivgüter und die Theorie der Gruppen, Die Einheit der Gesellschaftswissenschaften. Bd. 10, Mohr, Tübingen 1968.

O'Neil, Andrew: Asia, the US and Extended Nuclear Deterrence. Atomic Umbrellas in the Twenty-First Century, Routledge, London 2013.

Overhaus, Marco: Die deutsche NATO-Politik. Vom Ende des kalten Krieges bis zum Kampf gegen den Terrorismus, Nomos, Baden-Baden 2009.

Overhaus, Marco: Verteidigungskooperation und Regimesicherheit. Grenzen der US-amerikanischen Hegemonie am Persischen Golf, Stiftung Wissenschaft und Politik (SWP) (= SWP-Studie S20), Berlin, Oktober 2017.

Overhaus, Marco: USA: Zwischen den Extremen, in: Hilpert, Hanns Günther/Meier, Oliver (Hrsg.): Facetten des Nordkorea-Konflikts. Akteure, Problemlagen und Europas Interessen, Stiftung Wissenschaft und Politik (SWP), Berlin 2018, S. 25–29.

Overhaus, Marco: Eine Frage der Glaubwürdigkeit. Konventionelle und nukleare Sicherheitszusagen der USA in Europa, Stiftung Wissenschaft und Politik (SWP) (=SWP-Studie S15), Berlin, Juni 2019.

Overhaus, Marco: Das Virus und die Weltmacht. Mögliche Folgen der Corona-Pandemie für die US-amerikanische Sicherheits- und Verteidigungspolitik, Stiftung Wissenschaft und Politik (SWP) (= SWP-Aktuell A44), Berlin, 4. Juni 2020.

Overhaus, Marco: Das global steigende Konfliktniveau als Problem (auch) für die USA, in: ders. (Hrsg.): State of the Union. Langfristige Trends in der US-amerikanischen Innen- und Außenpolitik und ihre Konsequenzen für Europa, Berlin 2021, S. 36–40.

Overhaus, Marco: The Biden Administration's Global Posture Review. Washington Seeks to Expand US Military Presence in Indo-Pacific Without Neglecting Europe, Stiftung Wissenschaft und Politik (SWP) (= SWP Comment C59), Berlin, Dezember 2021.

Overhaus, Marco: Die Taiwan-Politik der USA. Balanceakt unter erschwerten Bedingungen, in: Hilpert, Hanns Günther/Sakaki, Alexandra/Wacker, Gudrun (Hrsg.): Vom Umgang mit Taiwan, Stiftung Wissenschaft und Politik (SWP), Berlin, April 2022, S. 30–37.

Overhaus, Marco: Der neue US-Kongress und die europäische Sicherheit. Auch für die Nato bedeutet der Führungsstreit bei den Republikanern nichts Gutes, Stiftung Wissenschaft und Politik (SWP) (= SWP-Aktuell A01), Berlin, Januar 2023.

Overhaus, Marco: Europa und das Ende der Pax Americana. Die transatlantischen Beziehungen benötigen unabhängig vom Ausgang der US-Wahlen eine neue Grundlage, Stiftung Wissenschaft und Politik (SWP) (= SWP-Aktuell A47), Berlin, September 2024.

Overhaus, Marco/Paul, Michael: Sicherheit und Sicherheitsdilemmata in den chinesisch-amerikanischen Beziehungen, in: Lippert, Barbara/Perthes, Volker (Hrsg.): Strategische Rivalität zwischen USA und China. Worum es geht, was es für Europa (und andere) bedeutet, Stiftung Wissenschaft und Politik, Berlin 2020, S. 22–26.

Overhaus, Marco/Sakaki, Alexandra: Die US-Bündnisse mit Japan und Südkorea. Stärken und Bruchlinien in der sicherheitspolitischen Kooperation, Stiftung Wissenschaft und Politik (SWP) (= SWP-Studie S5), Berlin, Mai 2021.

Overhaus, Marco/Steinberg, Guido/Westphal, Kirsten: Die US-Schieferrevolution und die arabischen Golfstaaten. Wirtschaftliche und politische Auswirkungen des Energiemarkt-Wandels, Stiftung Wissenschaft und Politik (SWP) (= SWP-Studie S15), Berlin, September 2014.

Overhaus, Marco/Thimm, Johannes: Die USA auf dem Weg in die Systemkrise. Warum demokratische Institutionen erodieren, Stiftung Wissenschaft und Politik (SWP) (= SWP-Aktuell A16), Berlin, März 2024.

Owen, John M.: The Liberal Paradigm and US Policy in the Indo-Pacific, in: Turner, Oliver/Nymalm, Nicola/Aslam, Wali (Hrsg.): The Routledge Handbook of US Foreign Policy in the Indo-Pacific, Routledge Taylor & Francis Group, London/New York 2023, S. 166–180.

Oxenstierna, Susanne/Westerlund, Fredrik: Russian Military Capability in a Ten-Year Perspective – 2019, Swedish Defence Research Agency (FOI), Stockholm, Dezember 2019.

Parchami, Ali: Hegemonic peace and empire. The Pax Romana, Britannica and Americana, Routledge, London und New York 2009.

Park, Cyn-Young/Petri, Peter A./Plummer, Michael G.: The Economics of Conflict and Cooperation in the Asia-Pacific: RCEP, CPTPP and the US-China Trade War, in: East Asian Economic Review 25 (2021), H. 3, S. 233–272.

Parmar, Inderjeet/Miller, Linda B./Ledwidge, Mark (Hrsg.): Routledge studies in US foreign policy: Obama and the World. New Directions in US Foreign Policy, Routledge, London 2014.

Parsi, Trita: The U.S. Is No Longer an Indispensable Mediator, in: New York Times, 24. März 2023.

Petri, Peter A./Plummer, Michael G.: East Asia Decouples from the United States: Trade War, COVID-19, and East Asia's New Trade Blocs, Peterson Institute for International Economics (= Working Paper), Washington, D.C., Juni 2020.

Pettyjohn, Stacie L./Dennis, Hannah: Avoiding the Brink. Escalation Management in a War to Defend Taiwan, Center for a New American Security (CNAS), Washington, D.C., Februar 2023.

PEW RESEARCH CENTER: Americans' Dismal Views of the Nation's Politics, Washington, D.C., zuletzt aktualisiert: 19. September 2023, URL: https://www.pewresearch.org/politics/2023/09/19/americans-dismal-views-of-the-nations-politics/ [Zugriff: 20.11.2024].

Pisani-Ferry, Jean/Weder di Mauro, Beatrice/Zettelmeyer, Jeromin: How to de-risk. European economic security in a world of interdependence, Bruegel (= Bruegel Policy Brief 7/2024), Brüssel, Mai 2024.

Pompeo, Mike: After the Deal. A New Iran Strategy, U.S. Department of State, Washington, D.C., 21. Mai 2018.

Pompeo, Mike: A Force for Good. America Reinvigorated in the Middle East, U.S. Department of State, Washington, D.C., 10. Januar 2019.

PROJECT 2025: Mandate for Leadership. The Conservative Promise, Project 2025, Washington, D.C. 2023.

Putin, Vladimir: Address by the President of the Russian Federation, Permanent Mission of the Russian Federation to the United Nations, New York, 24. Februar 2022.

Rapp-Hooper, Mira: Decoupling is Back in Asia: A 1960s Playbook Won't Solve These Problems, in: War on the Rocks (Online), 7. September 2017.

Rashish, Peter S.: Bidenomics Is Still Incomplete, in: Foreign Policy (Online), 12. Juli 2023.

RAT DER EUROPÄISCHEN UNION: EU sanctions against Russia explained, Brüssel, zuletzt aktualisiert: 4. Dezember 2024, URL: https://www.consilium.europa.eu/en/policies/sanctions/restrictive-measures-against-russia-over-ukraine/sanctions-against-russia-explained/ [Zugriff: 05.01.2024].

Reach, Clint u. a.: Competing with Russia Militarily: Implications of Conventional and Nuclear Conflicts, RAND Corporation (= Perspective), Santa Monica, Juni 2021.

Rizzi, Alberto: The infinite connection: How to make the India-Middle East-Europe economic corridor happen, European Council on Foreign Relations, London, April 2024.

Robson, Seth: Marine rotational force returns to Australia for its 12th training season, in: Stars and Stripes (Online), 24. März 2023.

Rosenblatt, Helena: The Lost History of Liberalism. From Ancient Rome to the Twenty-First Century, Princeton University Press, Princeton, NJ 2018.

Rudd, Kevin: The Avoidable War. The Dangers of a Catastrophic Conflict Between the US and Xi Jinping's China, PublicAffairs, New York 2022.

Rudolf, Peter: Konfrontationskurs. Der amerikanisch-chinesische Weltkonflikt, Herder, Freiburg im Breisgau 2024.

Rustamova, Farida: Ukraine's 10-point plan, in: Faridaily (Online), 29. März 2022.

Rynhold, Jonathan/Yaari, Michal: The quiet revolution in Saudi-Israeli relations, in: Mediterranean Politics 26 (2021), H. 2, S. 260–268.

Saidi, Nasser/Prasad, Aathira: A Mercantile Middle East, in: F&D Finance and Development Magazine (Online), September 2023.

Sakaki, Alexandra: Japans sicherheitspolitische Neuausrichtung. Historische Aufrüstungsentscheidung, Stiftung Wissenschaft und Politik (SWP) (= SWP-Aktuell A13), Berlin, Februar 2023.

Sang-Hun, Choe: In a First, South Korea Declares Nuclear Weapons a Policy Option, in: New York Times, 12. Januar 2023.

Sarotte, Mary Elise: The Henry L. Stimson lectures series: Not One Inch. America, Russia, and the Making of Post-Cold War Stalemate, Yale University Press, New Haven/London 2021.

Sasse, Gwendolyn: Der Krieg gegen die Ukraine. Hintergründe, Ereignisse, Folgen, C.H. Beck Wissen. Bd. 2943, C.H. Beck, München 2022.

SAUDI PRESS AGENCY: Joint Trilateral Statement by the Kingdom of Saudi Arabia, the Islamic Republic of Iran, and the People's Republic of China, Saudi Press Agency (SPA), Riad, 10. März 2023.

Saunders, Phillip C.: The Military Factor in US-China Strategic Competition, in: Medeiros, Evan S. (Hrsg.): Cold Rivals. The New Era of US-China Strategic Competition, Georgetown University Press, Washington, D.C. 2023, S. 205–232.

Schmucker, Claudia/Mildner, Stormy-Annika: Die US-Wirtschaft bis 2030. Der Strukturwandel bleibt ungebrochen, in: Overhaus, Marco (Hrsg.): State of the Union. Langfristige Trends in der US-amerikanischen Innen- und Außenpolitik und ihre Konsequenzen für Europa, Stiftung Wissenschaft und Politik (SWP), Berlin 2021, S. 27–31.

Schneider, Jonas/Arnold, Torben: Gewichtig und richtig. Weitreichende US-Mittelstreckenwaffen in Deutschland, Stiftung Wissenschaft und Politik (SWP) (= SWP-Aktuell A36), Berlin, Juli 2024.

Schubert, Christian: Die WTO bleibt am Seitenrand des Welthandels, in: Frankfurter Allgemeine Zeitung, 18. Juli 2024.

Schubert, Christian/Schäfers, Manfred: Sorge vor Handelskrieg. Lindner warnt vor Eskalation des Konflikts mit China, in: Frankfurter Allgemeine Zeitung, 25. Mai 2024.

Scott, Robert E./Mokhiber, Zane: Growing China trade deficit cost 3.7 million American jobs between 2001 and 2018. Jobs lost in every U.S. state and congressional district, Economic Policy Institute, Washington, D.C., 30. Januar 2020.

Sharp, Jeremy M.: U.S. Foreign Aid to Israel, Congressional Research Service (= CRS Reports RL33222), Washington, D.C., 18. Februar 2022.

Shullman, David O.: The Role of Democracy and Human Rights in US Indo-Pacific Policy (1945–2021), in: Turner, Oliver/Nymalm, Nicola/Aslam, Wali (Hrsg.): The Routledge Handbook of US Foreign Policy in the Indo-Pacific, Routledge Taylor & Francis Group, London/New York 2023, S. 430–445.

Simon, Luis/Fiott, Daniel/Manea, Octavian: Two Fronts, One Goal. Euro-Atlantic Security in the Indo-Pacific Age, The Marathon Initiative, Washington, D.C., August 2023.

SIPRI Yearbook 2022. Armaments, Disarmament and International Security, Oxford University Press, Oxford 2022.

Snidal, Duncan: The Limits of Hegemonic Stability Theory, in: International Organization 39 (1985), H. 4, S. 579–614.

Snyder, Timothy: Der Weg in die Unfreiheit. Russland, Europa, Amerika, C.H. Beck, München 2018.

Steinberg, Guido: Krieg am Golf. Wie der Machtkampf zwischen Iran und Saudi-Arabien die Weltsicherheit bedroht, Droemer, München 2020.

Steinberg, Guido: Die „Achse des Widerstands". Irans Expansion im Nahen Osten stößt an Grenzen, Stiftung Wissenschaft und Politik (SWP) (= SWP-Studie S8), Berlin, August 2021.

Stent, Angela: Putin's World. Russia Against the West and with the Rest, Twelve, New York/Boston 2020.

STOCKHOLM INTERNATIONAL PEACE RESEARCH INSTITUTE: SIPRI Military Expenditure Database, Stockholm, URL: https://milex.sipri.org/sipri [Zugriff: 29.11.2024].

Stone, John: Conventional Deterrence and the Challenge of Credibility, in: Contemporary Security Policy 33 (2012), H. 1, S. 108–123.

Stracqualursi, Veronica: Trump suggests using military against 'enemy from within' on Election Day, in: Cable News Network (Online), 14. Oktober 2024.

Sullivan, Jake: The Sources of American Power, in: Foreign Affairs 102 (2023), H. 6 (November/Dezember), S. 8–29.

THE NUCLEAR THREAT INITIATIVE: North Korea Overview 2021, Washington, D.C., zuletzt aktualisiert: 19. Oktober 2021, URL: https://www.nti.org/analysis/articles/north-korea-overview/ [Zugriff: 02.07.2023].

THE WHITE HOUSE: U.S. Missile Defense Policy. A Phased, Adaptive Approach for Missile Defense in Europe, The White House (= Fact Sheet), Washington, D.C., 17. September 2009.

THE WHITE HOUSE: President Biden's State of the Union Address, The White House, Washington, D.C., 1. März 2022.

THE WHITE HOUSE: National Security Strategy, The White House, Washington, D.C., Oktober 2022.

THE WHITE HOUSE: Joint Statement on U.S.-EU Task Force on Energy Security, Washington, D.C., zuletzt aktualisiert: 3. April 2024, URL: https://bidenwhitehouse.archives.gov/briefing-room/statements-releases/2023/11/01/joint-statement-on-u-s-eu-energy-security-task-force-meeting/ [Zugriff: 27.02.2025].

THE WHITE HOUSE: Washington Declaration, The White House, Washington, D.C., 26. April 2023.

THE WHITE HOUSE: Fact Sheet. World Leaders Launch a Landmark India-Middle East-Europe Economic Corridor, The White House, Washington, D.C., 9. September 2023.

THE WHITE HOUSE: Joint Vision Statement from the Leaders of Japan, the Philippines, and the United States, Washington, D.C., zuletzt aktualisiert: 11. April 2024, URL: https://bidenwhitehouse.archives.gov/briefing-room/statements-releases/2024/04/11/joint-vision-statement-from-the-leaders-of-japan-the-philippines-and-the-united-states/ [Zugriff: 27.02.2025]

THE WHITE HOUSE: Remarks by President Biden on the Middle East, The White House, Washington, D.C., 31. Mai 2024.

Theriault, Sean M.: Party Polarization in Congress, Cambridge University Press, Cambridge/New York 2008.

Thimm, Johannes: Vom Ausnahmezustand zum Normalzustand. Die USA im Kampf gegen den Terrorismus, Stiftung Wissenschaft und Politik (SWP) (= SWP-Studie S16), Berlin, August 2018.

Thomsen, Danielle M.: Opting Out of Congress. Partisan Polarization and the Decline of Moderate Candidates, Cambridge University Press, Cambridge 2017.

Toner, Helen: From Backwater to Near-Peer. Changing US Approaches Towards China as a Technological Competitor, in: Medeiros, Evan S. (Hrsg.): Cold Rivals. The New Era of US-China Strategic Competition, Georgetown University Press, Washington, D.C. 2023, S. 319–342.

Trebesch, Christoph u.a.: Ukraine Support Tracker Data, Institut für Weltwirtschaft Kiel, Kiel, zuletzt aktualisiert: Februar 2025, URL: https://www.ifw-kiel.de/publications/ukraine-support-tracker-data-20758/ [Zugriff: 24.02.2025].

Triolo, Paul: China's Rise as a Technology Power and US-China Technology Competition. Assessing Beijing's Response, in: Medeiros, Evan S. (Hrsg.): Cold Rivals. The New Era of US-China Strategic Competition, Georgetown University Press, Washington, D.C. 2023, S. 291–318.

Troianovski, Anton/Schwirtz, Michael: The Sticking Points That Kept Russia and Ukraine Apart, in: New York Times (Online), 15. Juni 2024.

Trubowitz, Peter/Burgoon, Brian: Oxford scholarship online Political Science: Geopolitics and Democracy. The Western Liberal Order from Foundation to Fracture, Oxford University Press, New York 2023.

Trubowitz, Peter/Harris, Peter: The end of the American century? Slow erosion of the domestic sources of usable power, in: International Affairs 95 (2019), H. 3, S. 619–639.

Turner, Oliver: The U.S. "Pivot" to Asia Pacific, in: Parmar, Inderjeet/Miller, Linda B./Ledwidge, Mark (Hrsg.): Obama and the World. New Directions in US Foreign Policy, Routledge, London 2014, S. 219–230.

U.S. BUREAU OF LABOR STATISTICS: Manufacturing and Mining Labor Productivity, Washington, D.C., zuletzt aktualisiert: 25. April 2024, URL: https://www.bls.gov/productivity/highlights/manufacturing-mining-labor-productivity.htm [Zugriff: 23.10.2024].

U.S. CENSUS BUREAU: Non-Hispanic White May No Longer Comprise Over 50 Percent of the U.S. Population by 2044, Washington, D.C. 2014, URL: https://www.census.gov/content/dam/Census/newsroom/releases/2015/cb15-tps16_graphic.pdf [Zugriff: 23.10.2024].

U.S. CENSUS BUREAU: U.S. Population Projected to Begin Declining in Second Half of Century, Washington, D.C., zuletzt aktualisiert: 9. November 2023, URL: https://www.census.gov/newsroom/press-releases/2023/population-projections.html [Zugriff: 23.10.2024].

U.S. DEPARTMENT OF DEFENSE: Australia, U.S. Agree to Expand Defense Cooperation, Washington, D.C., zuletzt aktualisiert: 6. Dezember 2022, URL: https://www.defense.gov/News/News-Stories/Article/Article/3238031/australia-us-agree-to-expand-defense-cooperation/ [Zugriff: 26.06.2023].

U.S. DEPARTMENT OF DEFENSE: 2022 Military and Security Developments Involving the People's Republic of China, U.S. Department of Defense, Washington, D.C., 29. November 2022.

U.S. DEPARTMENT OF DEFENSE: Military and Security Developments Involving the People's Republic of China 2024. Annual Report to Congress, U.S. Department of Defense, Washington, D.C., Dezember 2024.

U.S. DEPARTMENT OF DEFENSE: Philippines, U.S. Announce Four New EDCA Sites, Washington, D.C., zuletzt aktualisiert: 1. Februar 2023, URL: https://www.defense.gov/News/Releases/Release/Article/3285566/philippines-us-announce-four-new-edca-sites/ [Zugriff: 17.10.2024].

U.S. DEPARTMENT OF STATE: The Abraham Accords Declaration, Washington, D.C., URL: https://www.state.gov/the-abraham-accords/ [Zugriff am 04.12.2024].

UNITED NATIONS CONFERENCE ON TRADE AND DEVELOPMENT: UNCTAD Handbook of Statistics 2023, United Nations Conference on Trade and Development (UNCTAD), New York 2023.

UNITED NATIONS OFFICE FOR THE COORDINATION OF HUMANITARIAN AFFAIRS: Gaza Strip. Reported impact snapshot, Jerusalem, zuletzt aktualisiert: 5. November 2024, URL: https://www.ochaopt.org/content/reported-impact-snapshot-gaza-strip-5-november-2024 [Zugriff: 30.11.2024].

UNITED NATIONS SECURITY COUNCIL: Background. Resolution 2231 (2015), United Nations Security Council, New York, 20. Juli 2015.

UNITED STATES EUROPEAN COMMAND: U.S. Military Presence in Europe (1947–2016), United States European Command, Stuttgart, 26. Mai 2016.

UPPSALA UNIVERSITET – DEPARTMENT OF PEACE AND CONFLICT RESEARCH: 2019. Number of Deaths, Uppsala, URL: https://ucdp.uu.se/year/2019 [Zugriff: 16.02.2021].

UPPSALA UNIVERSITET – DEPARTMENT OF PEACE AND CONFLICT RESEARCH: UCDP – Uppsala Conflict Data Program. Ethiopia – number of deaths, Uppsala, URL: https://ucdp.uu.se/country/530 [Zugriff: 06.09.2024].

UPPSALA UNIVERSITET – DEPARTMENT OF PEACE AND CONFLICT RESEARCH: UCDP – Uppsala Conflict Data Program, Uppsala, URL: https://ucdp.uu.se/encyclopedia [Zugriff: 06.09.2024].

Vakil, Sanam/Quilliam, Neil: The Abraham Accords and Israel–UAE normalization. Shaping a new Middle East, Chatham House (= Research Paper), London, März 2023.

Vandehei, Jim/Allen, Mike: Behind the Curtain. The Republican welfare state, in: Axios (Online), 11. Oktober 2024.

V-DEM INSTITUTE: Democracy Report 2023. Defiance in the Face of Autocratization, V-Dem Institute, Universität Göteborg, Göteborg, März 2023.

Volpi, Frederic: Islam, Political Islam, and the State System, in: Akbarzadeh, Shahram (Hrsg.): Routledge Handbook of International Relations in the Middle East, Routledge London/New York 2019, S. 69–81.

Walt, Stephen M.: The Hell of Good Intentions. America's Foreign Policy Elite and the Decline of U.S. Primacy, Farrar Straus and Giroux, New York 2018.

Wang, Zheng: Contemporary Asia in the world: Never Forget National Humiliation. Historical Memory in Chinese Politics and Foreign Relations, Columbia University Press, New York 2014.

Weiss, Jessica Chen: Powerful Patriots. Nationalist Protest in China's Foreign Relations, Oxford University Press, Oxford 2014.

Welt, Cory: Russia's War Against Ukraine. Overview of U.S. Assistance and Sanctions, Congressional Research Service, Washington, D.C., 20. Dezember 2023.

Wike, Richard/Dimock, Michael: Can Americans be optimistic about their democracy?, Pew Research Center, Washington, D.C., zuletzt aktualisiert: 13. September 2024, URL: https://www.pewresearch.org/short-reads/2024/09/13/can-americans-be-optimistic-about-their-democracy/ [Zugriff: 20.11.2024].

WIKIPEDIA: Pax Americana 2023, URL: https://de.wikipedia.org/w/index.php?title=Pax_Americana&oldid=230927137 [Zugriff: 02.05.2023, Seite nicht mehr verfügbar].

Wilson, Rodney: Economic Development in the Middle East, Routledge, London 2022.

Wirth, Christian: Solidifying sovereign power in liquid space. The making and breaking of 'island chains' and 'walls' at sea, in: Political Geography 103 (2023), S. 1–11.

WISSENSCHAFTLICHER DIENST DES DEUTSCHEN BUNDESTAGES: Sachstand. Zur dauerhaften Stationierung von NATO-Truppen in Ländern der EU-/NATO-Osterweiterung, Berlin, Mai 2014.

Wong, Edward/Nereim, Vivian: Blinken's Visit to Saudi Arabia Caps Biden Effort to Rebuild Ties, in: New York Times (Online), 8. Juni 2023.

WORLD BANK GROUP: Trading Together. Reviving Middle East and North Africa Regional Integration in the Post-Covid Era, Washington, D.C., Oktober 2020.

Zamirirad, Azadeh: Iran im Umbruch. Die Islamische Republik auf dem Weg in die Post-Khamenei-Ära, Stiftung Wissenschaft und Politik (SWP) (= SWP-Studie S3), Berlin, April 2023.

Zapfe, Martin: Deterrence from the Ground Up. Understanding NATO's Enhanced Forward Presence, in: Survival 59 (2017), H. 3, S. 147–160.

Zelenskyy, Volodymyr: Speech by the President of Ukraine at the G20 Summit, President of Ukraine, Kyiv, 15. November 2022.

Zengerle, Patricia/Cowan, Richard: US Congress passes Ukraine aid after months of delay, in: Reuters (Online), 24. April 2024.

Zitner, Aaron/Kamp, Jon/Mcgill, Brian: Americans Are More Reliant Than Ever on Government Aid, in: Wall Street Journal (Online), 30. September 2024.

Endnoten

Kapitel 1: Der Niedergang einer Idee

[1] Der Begriff der Pax Americana tauchte in wissenschaftlichen Fachveröffentlichungen bereits Ende des 19. Jahrhunderts auf. Für eine umfassende Darstellung der sich wandelnden Bedeutung des Begriffs und der mit ihm zusammenhängenden Kontroversen in den USA vgl. Parchami, Ali: Hegemonic peace and empire. The Pax Romana, Britannica and Americana, Routledge, London und New York 2009, S.167–196.

[2] WIKIPEDIA: Pax Americana 2023, URL: https://de.wikipedia.org/w/index.php?title=Pax_Americana&oldid=230927137 [Zugriff: 02.05.2023, Seite nicht mehr verfügbar].

[3] Die Theorie hegemonialer Stabilität wird meist auf die Arbeit des Wirtschaftshistorikers Charles Kindleberger zurückgeführt, der sich mit den Ursachen der Weltwirtschaftskrise in den 1930er-Jahren befasst hat. Vgl. Kindleberger, Charles P.: The World in Depression 1929–1939, History of the world economy in the twentieth century / general ed. Wolfram Fischer. Bd. 4, Lane, London 1973. Andere haben den Zusammenhang zwischen Hegemonie und Stabilität auf den Bereich der Sicherheit übertragen bzw. sich kritisch damit auseinandergesetzt. Siehe insbesondere Snidal, Duncan: The Limits of Hegemonic Stability Theory, in: International Organization 39 (1985), H. 4, S.579–614.

[4] Zum Dilemma kollektiven Handelns vgl. Olson, Mancur: Die Logik des kollektiven Handelns. Kollektivgüter und die Theorie der Gruppen, Die Einheit der Gesellschaftswissenschaften. Bd. 10, Mohr, Tübingen 1968.

[5] Ikenberry, G. John: Liberal Leviathan. The Origins, Crisis, and Transformation of the American World Order, Princeton University Press, Princeton 2012, S.39, 71.

[6] Johnson, Richard: US Foreign Policy. Domestic Roots and International Impact, Bristol University Press, Bristol 2021, S.25–34.

[7] Hubel, Helmut/Kaim, Markus/Lembcke, Oliver: The United States in Regional Orders. "Pax Americana" as an Analytical Concept, in: Amerikastudien 46 (2001), H. 4, S.593–608.

[8] Chapter One: Defence and military analysis, in: International Institute for Strategic Studies (IISS): The Military Balance 125 (125), H. 1, S.6–11, hier S.10.

[9] Overhaus, Marco: Eine Frage der Glaubwürdigkeit. Konventionelle und nukleare Sicherheitszusagen der USA in Europa, Stiftung Wissenschaft und Politik (SWP) (= SWP-Studie S15), Berlin, 14. Juni 2019.

[10] Die Begriffe „Atomwaffen“ und „Nuklearwaffen“ werden in diesem Buch als Synonyme verwendet. „Nuklearwaffen“ umfassen sowohl Kernspaltungs- als auch Kernfusionswaffen.

[11] Inhofe, Jim/Reed, Jack: The Pacific Deterrence Initiative: Peace Through Strength in the Indo-Pacific, in: War on the Rocks (Online), 28. Mai 2020. Zitat übersetzt mit DeepL.

[12] Brose, Christian: The Kill Chain. Defending America in the Future of High-Tech Warfare, Hachette Books, New York 2020, S.184–205.

[13] Vgl. beispielsweise Parsi, Trita: The U.S. Is No Longer an Indispensable Peacemaker, in: New York Times, 22. März 2023.
[14] Kindleberger (wie Anm. 3), S.291 f.
[15] Bergsten, Carl Fred: The United States Vs. China. The Quest for Global Economic Leadership, Polity, Cambridge, UK und Medford, MA, USA 2022, S.62.
[16] Ebd., S.65.
[17] Kroeber, Arthur R.: The Economic Origins of U.S.-China Strategic Competition, in: Medeiros, Evan S. (Hrsg.): Cold Rivals. The New Era of US-China Strategic Competition, Georgetown University Press, Washington, D.C. 2023, S.172–204, hier S.173, 186.
[18] Ferguson, Niall/Schularick, Moritz: 'Chimerica' and the Global Asset Market Boom, in: International Finance 10 (2007), H. 3, S.215–239.
[19] Harrell, Peter E.: Time to Reset the U.S. Trade Agenda, Carnegie Endowment for International Peace, Washington, D.C., Mai 2024, S.3.
[20] Katzenstein, Peter J.: Liberalism's Antinomy. Endings as Beginnings?, in: Katzenstein, Peter J./Kirshner, Jonathan (Hrsg.): The Downfall of the American Order?, Cornell University Press, Ithaca/London 2022, S.165–183, hier S.178.
[21] Luttwak, Edward N.: From Geopolitics to Geo-Economics. Logic of Conflict, Grammar of Commerce, in: The National Interest (1990), H. 20, S.17–23, hier S.19.
[22] Farrell, Henry/Newman, Abraham L.: Weaponized Interdependence. How Global Economic Networks Shape State Coercion, in: International Security 44 (2019), H. 1, S.42–79, hier S.74 f.
[23] Bergsten (wie Anm. 15), S.10.
[24] Triolo, Paul: China's Rise as a Technology Power and US-China Technology Competition. Assessing Beijing's Response, in: Medeiros, Evan S. (Hrsg.): Cold Rivals. The New Era of US-China Strategic Competition, Georgetown University Press, Washington, D.C. 2023, S.291–318, hier S.291.
[25] Farrell, Henry/Newman, Abraham: The New Economic Security State. How De-risking Will Remake Geopolitics, in: Foreign Affairs (Online), 19. Oktober 2023.
[26] Miller, Chris: Chip War. The Fight for the World's Most Critical Technology, Scribner, New York 2022, S.xviiif; Kroeber (wie Anm. 17), S.179.
[27] Toner, Helen: From Backwater to Near-Peer. Changing US Approaches Towards China as a Technological Competitor, in: Medeiros, Evan S. (Hrsg.): Cold Rivals. The New Era of US-China Strategic Competition, Georgetown University Press, Washington, D.C. 2023, S.319–342, hier S.334.
[28] Lahiri, Upamanyu: The Future of Dollar Hegemony, Council on Foreign Relations, New York, 22. August 2023.
[29] Daniels, Laura von: Wirtschaft und nationale Sicherheit. US-Außenwirtschaftspolitik unter Trump und Biden, Stiftung Wissenschaft und Politik (SWP) (= SWP-Studie S4), Berlin, Februar 2024, S.8.
[30] Hurst, Steven: Parties, Polarization, and U.S. Foreign Policy, in: Parmar, Inderjeet/Miller, Linda B./Ledwidge, Mark (Hrsg.): Obama and the World. New Directions in US Foreign Policy, Routledge, London 2014, S.95–106, hier S.96.
[31] Lundestad, Geir: Empire by Invitation? The United States and Western Europe, 1945–1952, in: Journal of Peace Research 23 (1986), H. 3, S. 263–277.

[32] Doyle, Michael: Why They Don't Fight. The Surprising Endurance of the Democratic Peace, in: Foreign Affairs (Online), 18. Juni 2024.
[33] Katzenstein (wie Anm. 20), S.172.
[34] Rosenblatt, Helena: The Lost History of Liberalism. From Ancient Rome to the Twenty-First Century, Princeton University Press, Princeton, NJ 2018, S.3 f.
[35] Für die folgende Beschreibung der vier Kriterien des klassischen Liberalismus vgl. Gray, John: Concepts in the social thought: Liberalism, University of Minnesota Press, Minneapolis 1995, S.xii.
[36] Cooley, Alexander/Nexon, Daniel H.: Exit from hegemony. The unraveling of the American global order, Oxford University Press, New York NY 2020, S.1–17.
[37] Fukuyama, Francis: Liberalism and Its Discontents, Profile Books, London 2022, S.viii.
[38] Cooley/Nexon (wie Anm. 36), S.15.
[39] Zu den im Folgenden beschriebenen Entwicklungen vgl. auch Overhaus, Marco: Das global steigende Konfliktniveau als Problem (auch) für die USA, in: ders. (Hrsg.): State of the Union. Langfristige Trends in der US-amerikanischen Innen- und Außenpolitik und ihre Konsequenzen für Europa, Berlin 2021, S.36–40, hier S.39 f.
[40] UNITED NATIONS OFFICE FOR THE COORDINATION OF HUMANITARIAN AFFAIRS: Gaza Strip. Reported impact snapshot, Jerusalem, zuletzt aktualisiert: 5. November 2024, URL: https://www.ochaopt.org/content/reported-impact-snapshot-gaza-strip-5-november-2024 [Zugriff: 30.11.2024]. Die Angabe, auf die sich auch die Vereinten Nationen beziehen, stammt vom Gesundheitsministerium in Gaza.
[41] INSTITUTE FOR ECONOMICS & PEACE: Global Peace Index 2024. Measuring Peace in a Complex World, Institute for Economics & Peace, Sydney, Juni 2024, S.2.
[42] UPPSALA UNIVERSITET – DEPARTMENT OF PEACE AND CONFLICT RESEARCH: UCDP – Uppsala Conflict Data Program, Uppsala. URL: https://ucdp.uu.se/encyclopedia [Zugriff: 06.09.2024]. Die Daten können sich auch für bereits zurückliegende Jahre noch ändern, wenn neue Informationen einfließen. Das gleiche gilt auch für die Zahl der Konflikttoten. Die hier genannten Zahlen beziehen sich auf den Datensatz Version 24.1.
[43] INSTITUTE FOR ECONOMICS & PEACE 2024 (wie Anm. 41), S.5.
[44] UPPSALA UNIVERSITET – DEPARTMENT OF PEACE AND CONFLICT RESEARCH: UCDP – Uppsala Conflict Data Program. Ethiopia – number of deaths, Uppsala, URL: https://ucdp.uu.se/country/530 [Zugriff: 06.09.2024].
[45] Turner, Oliver: The U.S. "Pivot" to Asia Pacific, in: Parmar, Inderjeet/Miller, Linda B./Ledwidge, Mark (Hrsg.): Obama and the World. New Directions in US Foreign Policy, Routledge, London 2014, S.219–230, hier S.222.
[46] Davies, Shawn/Pettersson, Therese/Öberg, Magnus: Organized Violence 1989–2021 and Drone Warfare, in: Journal of Peace Research 59 (2022), H. 4, S.593–610, hier S.597.
[47] Ebd., S.600.
[48] UPPSALA UNIVERSITET – DEPARTMENT OF PEACE AND CONFLICT RESEARCH: UCDP – Uppsala Conflict Data Program. 2019. Number of Deaths, Uppsala, URL: https://ucdp.uu.se/year/2019 [Zugriff: 16.02.2021].

Kapitel 2: Erosion von innen

[1] Morse, Clara Ence/Hawkins, Derek/TerBush, Carson: Over 230 GOP candidates have cast doubt on the 2024 election, in: Washington Post (Online), 23. Oktober 2024.

[2] Overhaus, Marco/Thimm, Johannes: Die USA auf dem Weg in die Systemkrise. Warum demokratische Institutionen erodieren, Stiftung Wissenschaft und Politik (SWP) (= SWP-Aktuell A16), Berlin, März 2024.

[3] Theriault, Sean M.: Party Polarization in Congress, Cambridge University Press, Cambridge/New York 2008, S.8.

[4] Böller, Florian/Lohmann, Sascha/Sirakov, David: Ausmaß und Auswirkung parteipolitischer Polarisierung, in: Overhaus, Marco (Hrsg.): State of the Union. Langfristige Trends in der US-amerikanischen Innen- und Außenpolitik und ihre Konsequenzen für Europa, Berlin 2021, S.7.

[5] Trubowitz, Peter/Harris, Peter: The end of the American century? Slow erosion of the domestic sources of usable power, in: International Affairs 95 (2019), H. 3, S.619–639, hier S.625.

[6] Friedrichs, Gordon M.: Polarized we trade? Intraparty polarization and US trade policy, in: International Politics (2021), H. 59, S.956–980, hier S.958.

[7] Thomsen, Danielle M.: Opting Out of Congress. Partisan Polarization and the Decline of Moderate Candidates, Cambridge University Press, Cambridge 2017, S.163.

[8] Knüpfer, Curd/Starke, Paula: Trendlinien der Entwicklung des Mediensystems in den USA, in: Overhaus, Marco (Hrsg.): State of the Union. Langfristige Trends in der US-amerikanischen Innen- und Außenpolitik und ihre Konsequenzen für Europa, Berlin 2021, S.18–21.

[9] U.S. CENSUS BUREAU: Projecting Majority-Minority. Non-Hispanic White May No Longer Comprise Over 50 Percent of the U.S. Population by 2044, U.S. Census Bureau, Washington, D.C. 2015.

[10] Dass.: U.S. Population Projected to Begin Declining in Second Half of Century, Washington, D.C., zuletzt aktualisiert: 9. November 2023, URL: https://www.census.gov/newsroom/press-releases/2023/population-projections.html [Zugriff: 23.10.2024].

[11] Meyerson, Harold: The Roots of Today's Republicans, in: The American Prospect (Online), 23. Oktober 2023.

[12] Milbank, Dana: The Destructionists. The Twenty-Five Year Crack-up of the Republican Party, Knopf Doubleday Publishing Group, New York 2022, S.36 f.

[13] Abramowitz, Alan I.: The Great Alignment. Race, Party Transformation, and the Rise of Donald Trump, Yale University Press, New Haven/London 2018, S.16 f.

[14] Klein, Ezra: Why We're Polarized, Avid Reader Press, New York 2020, S.130 f.

[15] Abramowitz (wie Anm. 13), S.5, 144.

[16] Vgl. beispielsweise Cohn, Nate: Trump's Re-election Defines a New Era of American Politics, in: New York Times (Online), 25. Dezember 2024; Abutaleb, Yasmeen u. a.: Trump coalition marks a transformed Republican Party, in: Washington Post (Online), 6. November 2024.

[17] Clement, Scott u. a.: What the 2024 election tells us about Trump's voters, in: Washington Post (Online), 8. November 2024.

[18] Anatomy of three Trump elections: How Americans shifted in 2024 vs. 2020 vs. 2016, in: Cable News Network (Online), 6. November 2024, zuletzt aktualisiert: 13. Dezember 2024, URL: https://edition.cnn.com/interactive/2024/politics/2020-2016-exit-polls-2024-dg [Zugriff: 16.01.2025].
[19] Ebd.
[20] Bump, Philip: Trump's 2024 coalition looks a lot like his 2020 coalition, in: Washington Post (Online), 8. November 2024; Zur Entwicklung der jeweiligen „Wählerkoalitionen" bei den Republikanern und den Demokraten über Zeit vgl. auch Oliphant, J. Baxter: 10 facts about Republicans in the U.S., Pew Research Center, Washington, D.C., zuletzt aktualisiert: 12. Juli 2024, URL: https://www.pewresearch.org/short-reads/2024/07/12/10-facts-about-republicans-in-the-us/ [Zugriff: 21.11.2024], Doherty, Carroll: 10 facts about Democrats in the U.S, Pew Research Center, Washington, D.C., zuletzt aktualisiert: 16. August 2024, URL: https://www.pewresearch.org/short-reads/2024/08/16/10-facts-about-democrats-in-the-us/ [Zugriff: 21.11.2024].
[21] Doherty (wie Anm. 20).
[22] Mann, Thomas E./Ornstein, Norman J.: It's Even Worse Than It Looks. How the American Constitutional System Collided with the New Politics of Extremism, Basic Books, New York 2016, S.XIV.
[23] Trubowitz, Peter/Burgoon, Brian: Geopolitics and Democracy. The Western Liberal Order from Foundation to Fracture (Oxford scholarship online Political Science), Oxford University Press, New York 2023, S.16 f; Zur Restrukturierung des Steuer- und Sozialsystems der USA während der Präsidentschaften von Reagan, Clinton und George W. Bush vgl. Lammert, Christian/Thimm, Johannes: Die wachsende sozioökonomische Ungleichheit in den USA, in: Overhaus, Marco (Hrsg.): State of the Union. Langfristige Trends in der US-amerikanischen Innen- und Außenpolitik und ihre Konsequenzen für Europa, Berlin 2021, S.13–17, hier S.13 f.
[24] Bryan, James D./Tama, Jordan: The prevalence of bipartisanship in U.S. foreign policy. An analysis of important congressional votes, in: International Politics 59 (2022), S.874–897, hier: S.875.
[25] Ebd., S.876.
[26] Overhaus, Marco: Das Virus und die Weltmacht. Mögliche Folgen der Corona-Pandemie für die US-amerikanische Sicherheits- und Verteidigungspolitik, Stiftung Wissenschaft und Politik (SWP) (= SWP-Aktuell A44), Berlin, 4. Juni 2020.
[27] CONGRESSIONAL BUDGET OFFICE: An Update to the Budget and Economic Outlook. 2024 to 2034, Washington, D.C., zuletzt aktualisiert: 18. Juni 2024, URL: https://www.cbo.gov/publication/60039 [Zugriff: 23.10.2024].
[28] Für einen Überblick vgl. CONGRESSIONAL RESEARCH SERVICE: U.S. Direct Financial Support for Ukraine, Congressional Research Service, Washington, D.C., zuletzt aktualisiert: 13. Januar 2025, URL: https://crsreports.congress.gov/product/pdf/IF/IF12305 [Zugriff: 16.01.2025].
[29] Zengerle, Patricia/Cowan, Richard: US Congress passes Ukraine aid after months of delay, in: Reuters (Online), 24. April 2024.

[30] Overhaus, Marco: Der neue US-Kongress und die europäische Sicherheit. Auch für die Nato bedeutet der Führungsstreit bei den Republikanern nichts Gutes, Stiftung Wissenschaft und Politik (SWP) (= SWP-Aktuell A1), Berlin, Januar 2023.
[31] Böller/Lohmann/Sirakov (wie Anm. 4), S.11.
[32] Für einen Überblick über den wirtschaftlichen Strukturwandel in den USA vgl. Schmucker, Claudia/Mildner, Stormy-Annika: Die US-Wirtschaft bis 2030. Der Strukturwandel bleibt ungebrochen, in: Overhaus, Marco (Hrsg.): State of the Union. Langfristige Trends in der US-amerikanischen Innen- und Außenpolitik und ihre Konsequenzen für Europa, Stiftung Wissenschaft und Politik (SWP), Berlin 2021, S.27–31.
[33] Ebd., S.28 f.
[34] Charles, Kerwin Kofi/Hurst, Erik/Schwartz, Mariel: The Transformation of Manufacturing and the Decline in US Employment, in: NBER Macroeconomics Annual 33 (2018), H. 1, S.307–371, hier S.307.
[35] Ebd., S.308.
[36] U.S. BUREAU OF LABOR STATISTICS: Manufacturing and Mining Labor Productivity, Washington, D.C., zuletzt aktualisiert: 25. April 2024, URL: https://www.bls.gov/productivity/highlights/manufacturing-mining-labor-productivity.htm [Zugriff: 23.10.2024].
[37] Kroeber (wie Anm. 17, Kap. 1), S.174 f.
[38] Sullivan, Jake: The Sources of American Power, in: Foreign Affairs 102 (2023), H. 6 (November/Dezember), S.8–29, hier S.29.
[39] Lammert/Thimm (wie Anm. 23), S.14.
[40] World Inequality Database, URL: https://wid.world/country/usa/ [Zugriff: 12.12.2023].
[41] Vandehei, Jim/Allen, Mike: Behind the Curtain. The Republican welfare state, in: Axios (Online), 11. Oktober 2024; Zitner, Aaron/Kamp, Jon/McGill, Brian: Americans Are More Reliant Than Ever on Government Aid, in: The Wall Street Journal (Online), 30. September 2024.
[42] Trubowitz/Harris (wie Anm. 5), S.634 f.
[43] Khanna, Ro: The New Industrial Age: America Should Once Again Become a Manufacturing Super-power, in: Foreign Affairs (Online), 20. Dezember 2022.
[44] Scott, Robert E./Mokhiber, Zane: Growing China trade deficit cost 3.7 million American jobs between 2001 and 2018. Jobs lost in every U.S. state and congressional district, Economic Policy Institute, Washington, D.C., 30. Januar 2020, S.25.
[45] Charles/Hurst/Schwartz (wie Anm. 34), S.309.
[46] Kroeber (wie Anm. 17, Kap. 1), S.174.
[47] Rashish, Peter S.: Bidenomics Is Still Incomplete, in: Foreign Policy (Online), 12. Juli 2023.
[48] Friedrichs (wie Anm. 6), S.956.
[49] Harrell (wie Anm. 19, Kap. 1), S.6.
[50] Stracqualursi, Veronica: Trump suggests using military against 'enemy from within' on Election Day, in: Cable News Network (Online), 14. Oktober 2024.

[51] Thimm, Johannes: Vom Ausnahmezustand zum Normalzustand. Die USA im Kampf gegen den Terrorismus, Stiftung Wissenschaft und Politik (SWP) (=SWP-Studie S16), Berlin, August 2018.
[52] Overhaus/Thimm 2024 (wie Anm. 2), S.4 f.
[53] Miller, Maya C.: Could Trump Install Gaetz Without Senate Approval? A Recess Appointment Primer, in: New York Times (Online), 19. November 2024.
[54] Overhaus/Thimm 2024 (wie Anm. 2), S.5.
[55] Trump Mercilessly Unleashes on Biden In Speech Following Arraignment In Federal Court, in: Forbes Breaking News (via youtube), 13. Juni 2023.
[56] PEW RESEARCH CENTER: Americans' Dismal Views of the Nation's Politics, Washington, D.C., zuletzt aktualisiert: 19. September 2023, URL: https://www.pewresearch.org/politics/2023/09/19/americans-dismal-views-of-the-nations-politics/ [Zugriff: 20.11.2024].
[57] Wike, Richard/Dimock, Michael: Can Americans be optimistic about their democracy?, Pew Research Center, Washington, D.C., zuletzt aktualisiert: 13. September 2024, URL: https://www.pewresearch.org/short-reads/2024/09/13/can-americans-be-optimistic-about-their-democracy/ [Zugriff: 20.11.2024].
[58] Grumbach, Jacob M.: Laboratories of Democratic Backsliding, in: American Political Science Review 117 (2023), H. 3, S.967–984, hier S.967; V-DEM INSTITUTE, UNIVERSITÄT GÖTEBORG: Democracy Report 2023. Defiance in the Face of Autocratization, V-Dem Institute, Universität Göteborg, Göteborg, März 2023, S.21; FREEDOM HOUSE: United States. Freedom in the World 2023 Country Report, Freedom House, Washington, D.C., URL: https://freedomhouse.org/country/united-states/freedom-world/2023 [Zugriff: 16.02.2024].

Kapitel 3: Europa: Sicherheit Gegen Russland – ohne Amerika?

[1] Diese Sichtweise wird nicht nur in Russland oder Deutschland vertreten, sondern auch von prominenten amerikanischen Wissenschaftlern. Vgl. Mearsheimer, John J.: The Causes and Consequences of the Ukraine Crisis, in: The National Interest (Online), 23. Juni 2022; Walt, Stephen M.: The Hell of Good Intentions. America's Foreign Policy Elite and the Decline of U.S. Primacy, Farrar Straus and Giroux, New York 2018, S.32.
[2] Sarotte, Mary Elise: The Henry L. Stimson lectures series: Not One Inch. America, Russia, and the Making of Post-Cold War Stalemate, Yale University Press, New Haven/London 2021, S.1.
[3] Ebd., S.55–58.
[4] Für eine vertiefte Analyse der Entscheidungsprozesse in der NATO im Zusammenhang mit den beiden ersten Erweiterungsrunden vgl. Overhaus, Marco: Die deutsche NATO-Politik. Vom Ende des kalten Krieges bis zum Kampf gegen den Terrorismus, Nomos, Baden-Baden 2009, S.84–164.
[5] WISSENSCHAFTLICHER DIENST DES DEUTSCHEN BUNDESTAGES: Sachstand. Zur dauerhaften Stationierung von NATO-Truppen in Ländern der EU-/ NATO-Osterweiterung, Berlin, Mai 2014, S.15.

[6] THE WHITE HOUSE: U.S. Missile Defense Policy. A Phased, Adaptive Approach for Missile Defense in Europe, The White House (= Fact Sheet), Washington, D.C., 17. September 2009.
[7] Sasse, Gwendolyn: Der Krieg gegen die Ukraine. Hintergründe, Ereignisse, Folgen, C.H. Beck Wissen. Bd. 2943, C.H. Beck, München 2022, S.19.
[8] Fukuyama (wie Anm. 37, Kap. 1), S.22 f.
[9] Stent, Angela: Putin's World. Russia Against the West and with the Rest, Twelve, New York/Boston 2020, S.34.
[10] Ebd., S.33.
[11] Laruelle, Marlène: Russian Eurasianism. An Ideology of Empire, Johns Hopkins University Press, Baltimore 2008, S.12.
[12] Ebd., S.10.
[13] Der Autor dankt der Russland-Expertin und Kollegin an der Stiftung Wissenschaft und Politik Dr. Margarete Klein für diesen wichtigen Hinweis.
[14] Luks, Leonid: Zwischen Ost und West. Russlands Suche nach Identität, Bundeszentrale für politische Bildung, Bonn, 9. Mai 2018.
[15] Snyder, Timothy: Der Weg in die Unfreiheit. Russland, Europa, Amerika, C.H. Beck, München 2018, S.56.
[16] Klein, Margarete/Schreiber, Nils Holger: Der Angriff auf die Ukraine und die Militarisierung der russischen Außen- und Innenpolitik. Stresstest für Militärreform und Regimelegitimation, Stiftung Wissenschaft und Politik (SWP) (= SWP-Aktuell A76), Berlin, Dezember 2022, S.6.
[17] Laqueur, Walter: Putinismus. Wohin treibt Russland?, Propyläen, Berlin 2022.
[18] Ebd., S.306–308.
[19] Sarotte (wie Anm. 2).
[20] STOCKHOLM INTERNATIONAL PEACE RESEARCH INSTITUTE: SIPRI Military Expenditure Database, Stockholm, URL: https://www.sipri.org/databases/milex [Zugriff: 15.09.2024]. Die Angaben beziehen sich auf aktuelle Preise.
[21] Für die Daten zur Größe der Streitkräfte vgl. INTERNATIONAL INSTITUTE FOR STRATEGIC STUDIES: Military Balance 2024, Routledge 2024.
[22] INTERNATIONAL MONETARY FUND: World Economic Outlook Database, Washington, D.C., URL: https://www.imf.org/en/Publications/WEO/weo-database/2023/October/select-country-group [Zugriff: 15.09.2024].
[23] Overhaus, Marco: Eine Frage der Glaubwürdigkeit. Konventionelle und nukleare Sicherheitszusagen der USA in Europa, Stiftung Wissenschaft und Politik (SWP-Studie S15), Berlin, Juni 2019, S.36.
[24] Zapfe, Martin: Deterrence from the Ground Up. Understanding NATO's Enhanced Forward Presence, in: Survival 59 (2017), H. 3, S.147–160, hier S.153 f.
[25] UNITED STATES EUROPEAN COMMAND: U.S. Military Presence in Europe (1947–2016), United States European Command, Stuttgart, 26. Mai 2016.
[26] Chapter Two: North America, in: International Institute for Strategic Studies (IISS): The Military Balance 124 (2024), H. 1, S.16–53, hier S.50–52. Zu den genannten Zahlen kommen noch US-Truppen hinzu, die auf Rotationsbasis in Europa Dienst tun. Sie werden für eine begrenzte Zeit aus den USA entsendet.

[27] NATO: NATO's military presence in the east of the Alliance, Brüssel, zuletzt aktualisiert: 29. November 2024, URL: https://www.nato.int/cps/en/natohq/topics_136388.htm? [Zugriff: 14.04.2023].
[28] Chapter Three: North America, in: International Institute for Strategic Studies (IISS): The Military Balance 123 (2023), H. 1, S.16–49, hier S.49.
[29] Chapter Four: Europe, in: International Institute for Strategic Studies (IISS): The Military Balance 123 (2023), H. 1, S.50–149, hier S.53.
[30] Kühn, Oliver: Könnte Deutschland sich ohne Amerikas Truppen verteidigen?, in: Frankfurter Allgemeine Zeitung (Online), 3. Februar 2025.
[31] Maitra, Sumantra: The Path to a 'Dormant NATO', in: The American Conservative (Online), 29. Dezember 2023.
[32] Oxenstierna, Susanne/Westerlund, Fredrik: Russian Military Capability in a Ten-Year Perspective – 2019, Swedish Defence Research Agency (FOI), Stockholm, Dezember 2019, S.139 f.
[33] Reach, Clint u. a.: Competing with Russia Militarily: Implications of Conventional and Nuclear Conflicts, RAND Corporation (= Perspective), Santa Monica, Juni 2021, S.9.
[34] Schneider, Jonas/Arnold, Torben: Gewichtig und richtig. Weitreichende US-Mittelstreckenwaffen in Deutschland, Stiftung Wissenschaft und Politik (SWP) (= SWP-Aktuell A36), Berlin, Juli 2024, S.4.
[35] Oxenstierna/Westerlund (wie Anm. 32), S.137. Übersetzt mithilfe von DeepL.com.
[36] Dalsjö, Robert/Jonsson, Michael/Norberg, Johan: A Brutal Examination: Russian Military Capability in Light of the Ukraine War, in: Survival 64 (2022), H. 3, S.7–28, hier S.9.
[37] Friederichs, Hauke: Bundeswehr: „Wir dürfen die Russen nicht unterschätzen". Interview mit Oberstleutnant Martin Winkler, in: Zeit (Online), 13. Juli 2024.
[38] Chapter Four: Russia and Eurasia, in: International Institute for Strategic Studies (IISS): The Military Balance 124 (2024), H. 1, S.158–217, hier S.172.
[39] Ebd., S.164–172.
[40] Putin, Vladimir: Address by the President of the Russian Federation, Permanent Mission of the Russian Federation to the United Nations, New York, 24. Februar 2022.
[41] Zur Bedeutung konventioneller Waffen für die Abschreckung vgl. Stone, John: Conventional Deterrence and the Challenge of Credibility, in: Contemporary Security Policy 33 (2012), H. 1, S.108–123, hier S.109; Gerson, Michael S.: Conventional Deterrence in the Second Nuclear Age, in: Parameters 39 (2009), H. 3, S.32–48, hier S.33.
[42] Macron, Emmanuel: Speech of the President of the Republic on the Defense and Deterrence Strategy, Élysée, Paris, 7. Februar 2020.
[43] Trebesch, Christoph u.a.: Ukraine Support Tracker Data, Institut für Weltwirtschaft Kiel, Kiel, zuletzt aktualisiert: Februar 2025, URL: https://www.ifw-kiel.de/publications/ukraine-support-tracker-data-20758/ [Zugriff: 24.02.2025]. Die Angaben beziehen sich auf den Datensatz mit Stand vom 31. Dezember 2024.
[44] Mihm, Andreas: Ukrainische Ökonomen. Die Ukraine braucht noch viel mehr Geld, in: Frankfurter Allgemeine Zeitung, 18. Dezember 2024.
[45] Biden, Joseph R.: President Biden. What America Will and Will Not Do in Ukraine, in: New York Times (Online), 31. Mai 2022.

[46] Klein/Schreiber (wie Anm. 16), S.4.
[47] Nathusius, Ingo: Was der Rubel-Verfall für Russland bedeutet, in: tagesschau.de (Online), 5. Dezember 2024.
[48] Allan, Duncan: The Minsk Conundrum. Western Policy and Russia's War in Eastern Ukraine, Chatham House (= Research Paper), London, Mai 2020, S.1.
[49] Fischer, Sabine: Friedensverhandlungen im Krieg zwischen Russland und der Ukraine. Mission impossible, Stiftung Wissenschaft und Politik (SWP) (= SWP-Aktuell A66), Berlin, Oktober 2022, S.3.
[50] Rustamova, Farida: Ukraine's 10-point plan, in: Faridaily (Online), 29. März 2022.
[51] Troianovski, Anton/Schwirtz, Michael: The Sticking Points That Kept Russia and Ukraine Apart, in: New York Times (Online), 15. Juni 2024. Die Journalisten berufen sich auf bis dahin nicht-öffentliche Dokumente aus den Verhandlungen.
[52] Zelenskyy, Volodymyr: Speech by the President of Ukraine at the G20 Summit, President of Ukraine, Kyiv, 15. November 2022.
[53] Kudelia, Sergiy: Ukraine Crises and the Limits of Transatlantic Cooperation, in: Friedrichs, Gordon/Harnisch, Sebastian/Thies, Cameron G. (Hrsg.): The Politics of Resilience and Transatlantic Order. Enduring Crisis?, Routledge Taylor & Francis Group, London/New York 2019, S.37–53, hier S.38.
[54] EUROPÄISCHE KOMMISSION: EU trade relations with the United States. Facts, figures and latest developments, Brüssel, URL: https://policy.trade.ec.europa.eu/eu-trade-relationships-country-and-region/countries-and-regions/united-states_en [Zugriff: 16.08.2024].
[55] Lilkov, Dimitar/Riedenstein, Clara/Echikson, Bill: Transatlantic Trade and Technology: Partners or Rivals?, Center for European Policy Analysis/ Wilfried Martens Centre for European Studies, Washington, D.C./Brüssel, 2024, S.4.
[56] EUROPÄISCHE KOMMISSION (wie Anm. 54).
[57] Daniels (wie Anm. 29, Kap. 1), S.8.
[58] EUROPÄISCHE KOMMISSION (wie Anm. 54).
[59] Obst, Thomas/Matthes, Jürgen/Sultan, Samina: What if Trump is re-elected? Trade policy implications, Institut der Deutschen Wirtschaft, Köln, März 2024, S.20 f.
[60] Bauer, Matthias/Pandya, Dyuti: Time to Rethink Export Controls for Strengthened US-EU Cooperation and Global Trade Rules, European Centre for International Political Economy (= ECPR Policy Brief), Brüssel, 2024, S.9.
[61] Harrell (wie Anm. 19, Kap. 1), S.11.
[62] Bauer/Pandya (wie Anm. 60), S.2 f.
[63] ATLANTIC COUNCIL: Transatlantic-Economic-Statecraft. Different Approaches, Shared Risks, Atlantic Council, Washington, D.C. 2023, S.14.
[64] Daniels (wie Anm. 29, Kap. 1), S.40.
[65] Für einen Überblick über die auf den Ukrainekrieg bezogenen Russland-Sanktionen der USA und der EU vgl. Welt, Cory: Russia's War Against Ukraine. Overview of U.S. Assistance and Sanctions, Congressional Research Service, Washington, D.C., 20. Dezember 2023, S.2 f. RAT DER EUROPÄISCHEN UNION: EU sanctions against Russia explained, Brüssel, zuletzt aktualisiert: 4. Dezember 2024, URL: https://www.consilium.europa.eu/en/policies/sanctions/restrictive-measures-against-russia-over-ukraine/sanctions-against-russia-explained/ [Zugriff: 05.01.2024].

[66] THE WHITE HOUSE: Joint Statement on U.S.-EU Task Force on Energy Security, Washington, D.C., zuletzt aktualisiert: 3. April 2023, URL: https://bidenwhitehouse.archives.gov/briefing-room/statements-releases/2023/11/01/joint-statement-on-u-s-eu-energy-security-task-force-meeting/ [Zugriff: 27.02.2025].
[67] Kapstein, Ethan B.: Military Allies and Economic Conflict, in: Survival 65 (2023), H. 6, S.179–192, hier S.180.
[68] Horton, Ben/Hopewell, Kristen: Lessons from Trump's assault on the World Trade Organization, Chatham House, London, 10. August 2021.
[69] Harrell (wie Anm. 19, Kap. 1), S.14.
[70] Deutsch, Karl W.: International organization in the light of historical experience (Princeton paperbacks). Bd. 122: Political community and the North Atlantic area, University of Princeton, Princeton, N.J. 1968.

Kapitel 4: Indopazifik: Rivalität mit China
[1] Anderlini, Jamil/Caulcutt, Clea: Europe must resist pressure to become 'America's followers,' says Macron, in: Politico (Online), 9. April 2023.
[2] UNITED NATIONS CONFERENCE ON TRADE AND DEVELOPMENT: UNCTAD Handbook of Statistics 2023, United Nations Conference on Trade and Development (UNCTAD), New York 2023, S.66.
[3] Malerius, Frank: Die Straße von Malakka ist ein Nadelöhr des Welthandels, Germany Trade & Invest, Berlin, Juli 2024.
[4] Campbell, Kurt M./Sullivan, Jake: Competition Without Catastrophe. How America Can Both Challenge and Coexist With China, in: Foreign Affairs 98 (2019), H. 5, S.96–110.
[5] Davis, Ian: Armed conflict and peace processes in Asia and Oceania, in: SIPRI Yearbook 2022. Armaments, Disarmament and International Security, Oxford University Press, Oxford 2022.
[6] Huxley, Tim/Kuok, Lynn: Introduction, in: Dies. (Hrsg.): Asia-Pacific Regional Security Assessment 2023. Key Developments and Trends, International Institute for Strategic Studies (IISS), London, 2023, S.6–19, hier S.8.
[7] Davis (wie Anm. 5).
[8] Für eine aktuelle und umfassende Analyse dieser Rivalität vgl. Rudolf, Peter: Konfrontationskurs. Der amerikanisch-chinesische Weltkonflikt, Herder, Freiburg im Breisgau 2024.
[9] Overhaus, Marco/Paul, Michael: Sicherheit und Sicherheitsdilemmata in den chinesisch-amerikanischen Beziehungen, in: Lippert, Barbara/Perthes, Volker (Hrsg.): Strategische Rivalität zwischen USA und China. Worum es geht, was es für Europa (und andere) bedeutet, Stiftung Wissenschaft und Politik, Berlin 2020, S.22–26.
[10] Allison, Graham T.: Destined for War. Can America and China Escape Thucydides's Trap?, Scribe Publications, Brunswick/London 2017.
[11] DEPARTMENT OF DEFENSE: Indo-Pacific Strategy Report. Preparedness, Partnerships, and Promoting a Networked Region, Department of Defense, Washington, D.C., Juni 2019, S.16.

[12] Zur historischen Entstehung des Konzepts der „Inselketten“ vgl. Wirth, Christian: Solidifying sovereign power in liquid space. The making and breaking of 'island chains' and 'walls' at sea, in: Political Geography 103 (2023), S.1–11, hier S.4.
[13] Falke, Andreas: Wasting Hegemony in the Global Trading System. Trump's Trade Policy, in: Böller, Florian/Werner, Welf (Hrsg.): Hegemonic Transition. Global Economic and Security Orders in the Age of Trump, Springer International Publishing, Basel 2021, S.87–103, hier S.94.
[14] Rudd, Kevin: The Avoidable War. The Dangers of a Catastrophic Conflict Between the US and Xi Jinping's China, PublicAffairs, New York 2022, S.111–120.
[15] Ebd., S.120 f.
[16] Economy, Elizabeth C.: The Third Revolution. Xi Jinping and the new Chinese state, Oxford University Press, New York 2019, S.13.
[17] DEPARTMENT OF STATE: A Free and Open Indo-Pacific. Advancing a Shared Vision, Department of State, Washington, D.C., November 2019.
[18] Economy (wie Anm. 16), S.37 f.
[19] Rudd (wie Anm. 14), S.91.
[20] Wang, Zheng: Never Forget National Humiliation. Historical Memory in Chinese Politics and Foreign Relations (Contemporary Asia in the world), Columbia University Press, New York 2014, S 221–242.
[21] Weiss, Jessica Chen: Powerful Patriots. Nationalist Protest in China's Foreign Relations, Oxford University Press, Oxford 2014, S 235.
[22] Economy (wie Anm. 16), S.224.
[23] Godehardt, Nadine: Wie China Weltpolitik formt. Die Logik von Pekings Außenpolitik unter Xi Jinping, Stiftung Wissenschaft und Politik (SWP) (= SWP-Studie S19), Berlin, Oktober 2020, S.5.
[24] Shullman, David O.: The Role of Democracy and Human Rights in US Indo- Pacific Policy (1945–2021), in: Turner, Oliver/Nymalm, Nicola/Aslam, Wali (Hrsg.): The Routledge Handbook of US Foreign Policy in the Indo-Pacific, Routledge London/New York 2023, S.430–445, hier S.432.
[25] Economy, Elizabeth: China's Alternative Order. And What America Should Learn From It, in: Foreign Affairs (Online), 23. April 2024.
[26] Ekman, Alice: China and the Battle of Coalitions. The 'Circle of Friends' Versus the Indo-Pacific Strategy, European Union Institute for Security Studies (EUISS) (= Chaillot Paper 174), Paris, April 2022, S.28.
[27] Ebd.
[28] Neuseeland ist im Rahmen des ANZUS-Pakts ebenfalls ein Bündnispartner der USA und Australiens. Das verteidigungspolitische Verhältnis zwischen Neuseeland und den USA ist jedoch komplexer Natur. 1986 suspendierte Washington seine Bündnisverpflichtungen gegenüber Wellington aufgrund eines Streits über die Rolle von Nuklearwaffen.
[29] Overhaus, Marco/Sakaki, Alexandra: Die US-Bündnisse mit Japan und Südkorea. Stärken und Bruchlinien in der sicherheitspolitischen Kooperation, Stiftung Wissenschaft und Politik (SWP) (= SWP-Studie S5), Berlin, Mai 2021.

[30] Für die Angaben zur US-Truppenpräsenz in Japan, Südkorea und Australien vgl. Chapter Five: Asia, in: International Institute for Strategic Studies (IISS): The Military Balance 124 (2024), H. 1, S.218–327.
[31] STOCKHOLM INTERNATIONAL PEACE RESEARCH INSTITUTE (wie Anm. 20, Kap. 3).
[32] Robson, Seth: Marine rotational force returns to Australia for its 12th training season, in: Stars and Stripes (Online), 24. März 2023.
[33] U.S. DEPARTMENT OF DEFENSE: Australia, U.S. Agree to Expand Defense Cooperation, Washington, D.C., zuletzt aktualisiert: 6. Dezember 2022, URL: https://www.defense.gov/News/News-Stories/Article/Article/3238031/australia-us-agree-to-expand-defense-cooperation/ [Zugriff: 26.06.2023].
[34] Robertson, Noah: US, Australia announce additional basing and weapons plans, in: Defense News (online), 7. August 2024.
[35] U.S. DEPARTMENT OF DEFENSE: Philippines, U.S. Announce Four New EDCA Sites, Washington, D.C., zuletzt aktualisiert: 1. Februar 2023, URL: https://www.defense.gov/News/Releases/Release/Article/3285566/philippines-us-announce-four-new-edca-sites/ [Zugriff: 17.10.2024].
[36] THE WHITE HOUSE: Joint Vision Statement from the Leaders of Japan, the Philippines, and the United States, Washington, D.C., zuletzt aktualisiert: 11. April 2024, URL: https://bidenwhitehouse.archives.gov/briefing-room/statements-releases/2024/04/11/joint-vision-statement-from-the-leaders-of-japan-the-philippines-and-the-united-states/ [Zugriff: 27.02.2025].
[37] INTERNATIONAL MONETARY FUND: (wie Anm. 22, Kap. 3).
[38] STOCKHOLM INTERNATIONAL PEACE RESEARCH INSTITUTE (wie Anm. 20, Kap. 3). Die Angaben beziehen sich auf aktuelle Preise.
[39] DEPARTMENT OF STATE (Wie Anm. 17).
[40] Saunders, Phillip C.: The Military Factor in US-China Strategic Competition, in: Medeiros, Evan S. (Hrsg.): Cold Rivals. The New Era of US-China Strategic Competition, Georgetown University Press, Washington, D.C. 2023, S.205–232, hier S.205.
[41] U.S. DEPARTMENT OF DEFENSE: Military and Security Developments Involving the People's Republic of China 2024. Annual Report to Congress, U.S. Department of Defense, Washington, D.C., Dezember 2024.
[42] Saunders (wie Anm. 40), S.209.
[43] Overhaus, Marco: The Biden Administration's Global Posture Review. Washington Seeks to Expand US Military Presence in Indo-Pacific Without Neglecting Europe, Stiftung Wissenschaft und Politik (SWP) (= SWP Comment C59), Berlin, Dezember 2021, S.4.
[44] Nouwens, Veerle u. a.: Long-range Strike Capabilities in the Asia-Pacific. Implications for Regional Stability, International Institute for Strategic Studies (IISS), London, Januar 2024, S.22–24.
[45] Feickert, Andrew: The U.S. Army's Typhon Strategic Mid-Range Fires (SMRF) System, Congressional Research Service (= In Focus), Washington, D.C., 16. April 2024, S.2.
[46] Saunders (wie Anm. 40), S.209.

[47] Jang, Se Young: The Evolution of US Extended Deterrence and South Korea's Nuclear Ambitions, in: The Journal of Strategic Studies 39 (2016), H. 4, S.502–520, hier S.517.
[48] O'Neil, Andrew: Asia, the US and Extended Nuclear Deterrence. Atomic Umbrellas in the Twenty-First Century, Routledge, London 2013, S.42.
[49] Nacht, Michael/Laderman, Sarah/Beeston, Julie: Strategic Competition in China-US Relations, Lawrence Livermore National Laboratory (= Livermore Papers on Global Security 5), Oktober 2018, S.105.
[50] U.S. DEPARTMENT OF DEFENSE (wie Anm. 41), S.ix.
[51] Ebd., S.61.
[52] Nacht/Laderman/Beeston 2018 (wie Anm. 49), S.58.
[53] U.S. DEPARTMENT OF DEFENSE: 2022 Military and Security Developments Involving the People's Republic of China, U.S. Department of Defense, Washington, D.C., 29. November 2022, S.95.
[54] Pettyjohn, Stacie L./Dennis, Hannah: Avoiding the Brink. Escalation Management in a War to Defend Taiwan, Center for a New American Security (CNAS), Washington, D.C., Februar 2023, S.3.
[55] Für einen Überblick über das nordkoreanische Atomwaffen- und Raketenprogramm vgl. Nikitin, Mary Beth: North Korea's Nuclear Weapons and Missile Programs, Congressional Research Service (= In Focus), Washington, D.C., zuletzt aktualisiert: 18. Dezember 2024, URL: https://crsreports.congress.gov/product/pdf/IF/IF10472 [Zugriff: 16.01.2025]; COUNCIL ON FOREIGN RELATIONS: North Korea's Military Capabilities. Backgrounder, New York, zuletzt aktualisiert: 28. Juni 2022, URL: https://www.cfr.org/backgrounder/north-korea-nuclear-weapons-missile-tests-military-capabilities [Zugriff: 02.07.2023]; THE NUCLEAR THREAT INITIATIVE: North Korea Overview, Washington, D.C., zuletzt aktualisiert: 16. Dezember 2024, URL: https://www.nti.org/analysis/articles/north-korea-overview/ [Zugriff: 02.07.2023].
[56] Nikitin (wie Anm. 55), S.1.
[57] COUNCIL ON FOREIGN RELATIONS (wie Anm. 55).
[58] Rapp-Hooper, Mira: Decoupling is Back in Asia: A 1960s Playbook Won't Solve These Problems, in: War on the Rocks (Online), 7. September 2017.
[59] Overhaus/Sakaki (wie Anm. 29), S.17.
[60] Sang-Hun, Choe: In a First, South Korea Declares Nuclear Weapons a Policy Option, in: New York Times, 12. Januar 2023.
[61] Ballbach, Eric J.: Am Abgrund. Warum der Konflikt zwischen Nord- und Südkorea eskalieren könnte, Stiftung Wissenschaft und Politik (= kurz gesagt), Berlin, 28. Juni 2024.
[62] THE WHITE HOUSE: Washington Declaration, The White House, Washington, D.C., 26. April 2023.
[63] Sakaki, Alexandra: Japans sicherheitspolitische Neuausrichtung. Historische Aufrüstungsentscheidung, Stiftung Wissenschaft und Politik (SWP) (= SWP-Aktuell A13), Berlin, Februar 2023.
[64] Overhaus, Marco: Die Taiwan-Politik der USA. Balanceakt unter erschwerten Bedingungen, in: Hilpert, Hanns Günther/Sakaki, Alexandra/Wacker, Gudrun (Hrsg.): Vom Umgang mit Taiwan, Stiftung Wissenschaft und Politik (SWP), Berlin, April 2022, S.30–37.

[65] Cancian, Mark F./Cancian, Matthew/Heginbotham, Eric: The First Battle of the Next War. Wargaming a Chinese Invasion of Taiwan, Center for Strategic and International Studies (CSIS), Washington, D.C., Januar 2023.
[66] Kroeber (wie Anm. 17, Kap. 1), S.173, 186.
[67] Clinton, Hillary Rodham: America's Pacific Century. Remarks at the East-West-Center, Honolulu, U.S. Department of State (Archive), Washington, D.C., 10. November 2011.
[68] Kroeber (wie Anm. 17, Kap. 1), S.195.
[69] International Monetary Fund.
[70] Park, Cyn-Young/Petri, Peter A./Plummer, Michael G.: The Economics of Conflict and Cooperation in the Asia-Pacific: RCEP, CPTPP and the US-China Trade War, in: East Asian Economic Review 25 (2021), H. 3, S.233–272, hier S.251.
[71] Petri, Peter A./Plummer, Michael G.: East Asia Decouples from the United States: Trade War, COVID-19, and East Asia's New Trade Blocs, Peterson Institute for International Economics (= Working Paper), Washington, D.C., Juni 2020, S.1.
[72] Ebd., S.2.
[73] Davison, Rémy: US Regional Economic Policy in the Indo-Pacific, in: Turner, Oliver/Nymalm, Nicola/Aslam, Wali (Hrsg.): The Routledge Handbook of US Foreign Policy in the Indo-Pacific, Routledge Taylor & Francis Group, London/New York 2023, S.386–401, hier S.396.
[74] Fajgelbaum, Pablo/Khandelwal, Amit: The Economic Impacts of the US-China Trade War, National Bureau of Economic Research (= Working Paper 29315), Cambridge, MA, Dezember 2021, S.1.
[75] Owen, John M.: The Liberal Paradigm and US Policy in the Indo-Pacific, in: Turner, Oliver/Nymalm, Nicola/Aslam, Wali (Hrsg.): The Routledge Handbook of US Foreign Policy in the Indo-Pacific, Routledge Taylor & Francis Group, London/New York 2023, S.166–180, hier S.173.
[76] Forsby, Andreas Bøje: Like-Mindedness. How the West Shapes the Geostrategic Landscape in the Indo-Pacific, Danish Institute for International Studies, Kopenhagen 2023, S.26.
[77] Freedom House: Global Freedom Status, Washington, D.C., URL: https://freedomhouse.org/explore-the-map?type=fiw&year=2024 [Zugriff: 05.02.2025].
[78] AUSWÄRTIGES AMT: Indo-Pazifik, Berlin, zuletzt aktualisiert: 22. September 2023, URL: https://www.auswaertiges-amt.de/de/aussenpolitik/asien/indo-pazifik/2492704 [Zugriff: 07.06.2023].
[79] BUNDESREGIERUNG: Leitlinien zum Indo-Pazifik. Das 21. Jahrhundert gemeinsam gestalten, Bundesregierung, Berlin, August 2020, S.35.
[80] Löhr, Julia: Ohne China geht es nicht. Ökonomen warnen aber vor zu großer Abhängigkeit, in: Frankfurter Allgemeine Zeitung, 14. April 2023.

Kapitel 5: Naher Osten: die lange Suche nach dem Exit
[1] Sullivan (wie Anm. 38, Kap. 2).
[2] Biden, Joseph R.: The U.S. won't back down from the challenge of Putin and Hamas, in: Washington Post (Online), 18. November 2023.

[3] UNITED NATIONS OFFICE FOR THE COORDINATION OF HUMANITARIAN AFFAIRS (wie Anm. 40, Kap. 1).
[4] Carter, James Earl: The State of the Union Address Delivered Before a Joint Session of the Congress., The American Presidency Project, 23. Januar 1980.
[5] Overhaus, Marco/Steinberg, Guido/Westphal, Kirsten: Die US-Schieferrevolution und die arabischen Golfstaaten. Wirtschaftliche und politische Auswirkungen des Energiemarkt-Wandels, Stiftung Wissenschaft und Politik (SWP) (= SWP-Studie S15), Berlin, September 2014, S.7.
[6] Hafez, Mohammed M.: The Power of Ideology in the Middle East and Its Limits, in: Akbarzadeh, Shahram (Hrsg.): Handbook of Middle East Politics, Edward Elgar Publishing, Cheltenham, UK/Northampton, MA, USA 2023, S.43–58; Volpi, Frédéric: Islam, Political Islam, and the State System, in: Akbarzadeh, Shahram (Hrsg.): Routledge Handbook of International Relations in the Middle East, Routledge, London/New York 2019, S.69–81, hier S.72.
[7] Hafez (wie Anm. 6), S.51–56.
[8] Die Zahlen beziehen sich auf das Jahr 2005. Chapter One: North America, in: International Institute for Strategic Studies (IISS): The Military Balance 106 (2006), H. 1, S.13–46, hier S.42.
[9] Die Zahlen basieren auf den Angaben der Military Balance des International Institute for Strategic Studies aus den Jahren 2017, 2021 und 2024. Die Daten beziehen sich jeweils auf das vorangegangene Jahr. International Institute for Strategic Studies (IISS): The Military Balance. List of Issues, London, 2024, URL: https://www.tandfonline.com/loi/tmib20 [Zugriff: 23.04.2024].
[10] Pompeo, Mike: A Force for Good. America Reinvigorated in the Middle East, U.S. Department of State, Washington, D.C., 10. Januar 2019.
[11] Project 2025: Mandate for Leadership. The Conservative Promise, Project 2025, Washington, D.C., S.184.
[12] Obama, Barack: Videotaped Remarks by The President in Celebration of Nowruz, The White House, Washington, D.C., zuletzt aktualisiert: 20. März 2009, URL: https://obamawhitehouse.archives.gov/the-press-office/videotaped-remarks-president-celebration-nowruz [Zugriff: 23.03.2020].
[13] UNITED NATIONS SECURITY COUNCIL: Background. Resolution 2231 (2015), United Nations Security Council, New York, 20. Juli 2015.
[14] Friedman, Thomas L.: Iran and the Obama Doctrine, in: New York Times (Online), 5. April 2015.
[15] Pompeo, Mike: After the Deal. A New Iran Strategy, U.S. Department of State, Washington D.C., 21. Mai 2018.
[16] Lee, Matthew: Pompeo in Middle East reassures allies about US role in region, pushes for 'Arab NATO', in: Military Times (Online), 11. Januar 2019.
[17] Goldberg, Jeffrey: The Obama Doctrine. The U.S. president talks through his hardest decisions about America's role in the world., in: The Atlantic, April 2016.
[18] Keddie, Nikki R.: Iran and the Muslim World: Resistance and Revolution, Palgrave Macmillan, London 1995, S.10.
[19] Hafez (wie Anm. 6), S.54.

[20] Steinberg, Guido: Krieg am Golf. Wie der Machtkampf zwischen Iran und Saudi-Arabien die Weltsicherheit bedroht, Droemer, München 2020, S.13, 67 f.
[21] Zur Schilderung der fünf Etappen auf dem Weg zu einer neuen islamischen Zivilisation siehe Zamirirad, Azadeh: Iran im Umbruch. Die Islamische Republik auf dem Weg in die Post-Khamenei-Ära, Stiftung Wissenschaft und Politik (SWP) (= SWP-Studie S3), Berlin, April 2023, S.10.
[22] Ebd., S.23.
[23] Azizi, Hamidreza: Iran and multilateralism in the Middle East. Possibilities and constraints, Chatham House (Kalam), London, 27. Oktober 2022.
[24] Ders.: Navigating Power Dynamics. Iran's Foreign Policy amid a Middle East Reset, in: Dalay, Galip/Yousef, Tarik M. (Hrsg.): The Middle East's Fragile Reset. Actors, Battlegrounds, and (Dis)Order, Middle East Council on Global Affairs, Doha, November 2023, S.47–52, hier S.49.
[25] Chapter Six: Middle East and North Africa, in: International Institute for Strategic Studies (IISS): The Military Balance 124 (2024), H. 1, S.328–395, hier S.352–356.
[26] Ebd., S.352.
[27] Eisenstadt, Michael: Iranian military developments and trends, Chatham House, London, 13. April 2023.
[28] (Wie Anm. 25), S.336.
[29] Ebd., S.359 f.
[30] Ebd., S.360.
[31] DEFENSE INTELLIGENCE AGENCY: Iran Military Power, Defense Intelligence Agency, Washington, D.C., August 2019, S.43 f.
[32] Jones, Seth: Containing Tehran. Understanding Iran's Power and Exploiting Its Vulnerabilities, Center for Strategic and International Studies (CSIS) (= Report of the Transnational Threats Project), Washington, D.C., Januar 2020, S.7–18.
[33] (Wie Anm. 25), S.369.
[34] Steinberg, Guido: Die „Achse des Widerstands". Irans Expansion im Nahen Osten stößt an Grenzen, Stiftung Wissenschaft und Politik (SWP) (= SWP-Studie S8), Berlin, Juli 2021, S.6.
[35] Böge, Friederike: Wie geschwächt ist Iran?, in: Frankfurter Allgemeine Zeitung, 6. Januar 2025.
[36] Vakil, Sanam/Quilliam, Neil: The Abraham Accords and Israel–UAE normalization. Shaping a new Middle East, Chatham House (= Research Paper), London, zuletzt aktualisiert: 12. April 2023, URL: https://www.chathamhouse.org/2023/03/abraham-accords-and-israel-uae-normalization [Zugriff: 17.01.2025], S.9; Gause, F. Gregory: The Kingdom and the Power: How to Salvage the U.S.-Saudi Relationship, in: Foreign Affairs 102 (2023), H. 1, S.115–125.
[37] Steinberg (wie Anm. 34), S.15–18, 26.
[38] Mabon, Simon: Saudi Arabia and Iran: Islam and Foreign Policy in the Middle East, in: Akbarzadeh, Shahram (Hrsg.): Routledge Handbook of International Relations in the Middle East, Routledge London/New York 2019, S.138–152, hier S.145.
[39] (Wie Anm. 25), S.382.

[40] SAUDI PRESS AGENCY: Joint Trilateral Statement by the Kingdom of Saudi Arabia, the Islamic Republic of Iran, and the People's Republic of China, Saudi Press Agency (SPA), Riad, 10. März 2023.
[41] Fantappie, Maria/Nasr, Vali: A New Order in the Middle East?, in: Foreign Affairs (Online), 22. März 2023.
[42] Böge, Friederike/Hermann, Rainer: Gespräche mit Riad und Teheran. China inszeniert sich als Friedensstifter, in: Frankfurter Allgemeine Zeitung, 12. März 2023.
[43] Steinberg, Guido: „Der ultimative Deal" im Nahen Osten. Zu den Perspektiven eines Friedens zwischen Israel und Saudi-Arabien, Stiftung Wissenschaft und Politik (SWP) (= SWP-Aktuell 3), Berlin, Januar 2025, S.8.
[44] Esfandiary, Dina/Jacobs, Anna: How Beijing Helped Riyadh and Tehran Reach a Detente, International Crisis Group (= Q&A Middle East and North Africa), Brüssel, März 2023.
[45] Böge/Hermann (wie Anm. 42).
[46] Rynhold, Jonathan/Yaari, Michal: The quiet revolution in Saudi-Israeli relations, in: Mediterranean Politics 26 (2021), H. 2, S.260–268, hier S.264.
[47] Vakil/Quilliam (wie Anm. 36), S.9.
[48] UNITED STATES DEPARTMENT OF STATE: The Abraham Accords Declaration, Washington, D.C., URL: https://www.state.gov/the-abraham-accords/ [Zugriff am 04.12.2024].
[49] Bunzel, Cole/Haykel, Bernard: Will Saudi Arabia Normalize Relations With Israel?, Hoover Institution, Washington, D.C., März 2023.
[50] Wong, Edward/Nereim, Vivian: Blinken's Visit to Saudi Arabia Caps Biden Effort to Rebuild Ties, in: New York Times (Online), 8. Juni 2023.
[51] Feierstein, Gerald M./Guzansky, Yoel: A mixed report card. The Abraham Accords at three, Middle East Institute, Washington, D.C., September 2023.
[52] Israel, UAE sign free trade pact into effect, in: Reuters (Online), 26. März 2023.
[53] Feierstein/Guzansky (wie Anm. 51).
[54] Hubel, Helmut/Kaim, Markus/Lembcke, Oliver: Pax Americana im Nahen Osten. Eine Studie zur Transformation regionaler Ordnungen, Nomos Verlagsgesellschaft, Baden-Baden 2000, S.13.
[55] Sanger, David E./Shear, Michael D.: How the Gaza Cease-Fire Deal United Teams Biden and Trump, in: New York Times (Online), 15. Januar 2025.
[56] Klein, Betsy/Harvey, Lex: Trump suggests his plan for Gaza Strip is to 'clean out the whole thing', in: Cable News Network, 26. Januar 2025.
[57] Saidi, Nasser/Prasad, Aathira: A Mercantile Middle East, in: F&D Finance and Development Magazine (Online), September 2023.
[58] Malpass, David: Regional integration in the Middle East and North Africa: A call to action, in: World Bank Blogs, 29. Oktober 2021.
[59] Saidi/Prasad (wie Anm. 57).
[60] WORLD BANK GROUP: Trading Together. Reviving Middle East and North Africa Regional Integration in the Post-Covid Era, Washington, D.C., Oktober 2020, S.2.
[61] Wilson, Rodney: Economic Development in the Middle East, Routledge, London 2022, S.12 f.

[62] Hinnebusch, Raymond: Globalized Finance Capital, Hegemony and the Middle East: Through the Lens of Radical Political Economy, in: Akbarzadeh, Shahram (Hrsg.): Handbook of Middle East Politics, Edward Elgar Publishing, Cheltenham, UK/Northampton, MA, USA 2023, S.351–367, hier S.358.
[63] Wilson (wie Anm. 61), S.12 f.
[64] Zitiert nach Harrell (wie Anm. 19, Kap. 1), S.4. Eigene Übersetzung.
[65] Harris, Jennifer M.: America, Europe and the Necessary Geopolitics of Trade, in: Survival 58 (2016), H. 6, S.63–92, hier S.77 f.
[66] Egel, Daniel/Efron, Shira/Robinson, Linda: Abraham Accords Offer Historic Opportunity to Spur Mideast Growth, in: RAND Corporation Blog, 25. März 2021.
[67] THE WHITE HOUSE: Fact Sheet. World Leaders Launch a Landmark India-Middle East-Europe Economic Corridor, The White House, Washington, D.C., 9. September 2023.
[68] Rizzi, Alberto: The infinite connection: How to make the India-Middle East-Europe economic corridor happen, European Council on Foreign Relations, London, April 2024, S.6 f.
[69] Ahram, Ariel I.: Weaponizing Interdependence in the Middle East, in: Middle East Policy 29 (2022), H. 3, S.37–47, hier S.39.
[70] Meier, Christian: Nach Sturz des Assad-Regimes. Irans Gegner sehen eine Gelegenheit, in: Frankfurter Allgemeine Zeitung, 14. Dezember 2024.
[71] Zur auseinandergehenden Schere zwischen dem „Angebot" amerikanischer Rückversicherung und der „Nachfrage" nach Sicherheit u.a. bei den arabischen Golfstaaten nach den Umbrüchen von 2011 vgl. Overhaus, Marco: Verteidigungskooperation und Regimesicherheit. Grenzen der US-amerikanischen Hegemonie am Persischen Golf, Stiftung Wissenschaft und Politik (SWP) (= SWP-Studie S20), Berlin, Oktober 2017.
[72] Kolev-Schaefer, Galina/Obst, Thomas/Puls, Thomas: Auswirkungen des Nahostkonflikts auf die deutsche Wirtschaft, Institut der Deutschen Wirtschaft (IW) (= Report 1/2024), Köln/Berlin, Januar 2024.
[73] EUROPEAN COMMISSION: Joint Communication to the European Parliament and the Council. A Strategic Partnership with the Gulf, European Commission, Brüssel, 18. Mai 2022, S.5.

Kapitel 6: Amerikas schwindende Macht und Europas Unsicherheit

[1] Für eine Zusammenfassung der wesentlichen Argumente in diesem Schlusskapitel mit Stand vor den US-Wahlen 2024 vgl. Overhaus, Marco: Europa und das Ende der Pax Americana. Die transatlantischen Beziehungen benötigen unabhängig vom Ausgang der US-Wahlen eine neue Grundlage, Stiftung Wissenschaft und Politik (SWP) (= SWP-Aktuell A47), Berlin, September 2024.
[2] (wie Anm. 8, Kap. 1), S.14.
[3] NATO PUBLIC DIPLOMACY DIVISION: Defence Expenditures of NATO Countries (2014–2024), NATO Public Diplomacy Division, Brüssel, 2024, S.9.

[4] Vgl. beispielsweise Grand, Camille: Defending Europe with less America, European Council on Foreign Relations (= ECFR Policy Brief), London, Juli 2024, S.17.

[5] Für entsprechende Reformvorschläge zur Europäisierung der NATO-Kommandostruktur vgl. Simón, Luis/Fiott, Daniel/Manea, Octavian: Two Fronts, One Goal. Euro-Atlantic Security in the Indo-Pacific Age, The Marathon Initiative, Washington, D.C., August 2023, S.12 f.

[6] Brands, Hal: An "America First" World. What Trump's Return Might Mean for Global Order, in: Foreign Affairs (Online), 27. Mai 2024.

[7] Grand (wie Anm. 4), S.21 f.

[8] Dembinski, Matthias/Peters, Dirk: Kann Europa Macht? Die Sicherheits- und Verteidigungspolitik der EU nach dem Ukraine-Krieg, Leibniz-Institut für Friedens- und Konfliktforschung (= PRIF Report), Frankfurt am Main, August 2024.

[9] THE WHITE HOUSE: President Biden's State of the Union Address, The White House, Washington, D.C., 1. März 2022.

[10] Daniels (wie Anm. 29, Kap. 1), S.40.

[11] Ghiretti, Francesca: How China imposes sanctions. A guide to the evolution of Beijing's new policy tool, Mercator Institute for China Studies (= MERICS Report), Berlin, Juni 2023.

[12] Löhr (wie Anm. 80, Kap. 4).

[13] Schubert, Christian/Schäfers, Manfred: Lindner warnt vor Eskalation des Konflikts mit China. Der Handelsstreit zwischen den drei größten Wirtschaftsblöcken der Welt prägt das Treffen der Finanzminister, in: Frankfurter Allgemeine Zeitung, 25. Mai 2024.

[14] Chorzempa, Martin/Daniels, Laura von: New US Export Controls. Key Policy Choices for Europe. Recommendations for a robust European export control policy, Stiftung Wissenschaft und Politik (SWP) (= SWP Comment C20), Berlin, März 2023, S.7.

[15] EUROPEAN COMMISSION: European Economic Security Strategy, European Commission, Brüssel, 20. Juni 2023, S.13. Eigene Übersetzung.

[16] Schubert, Christian: Die WTO bleibt am Seitenrand des Welthandels, in: Frankfurter Allgemeine Zeitung, 17. Juli 2024.

[17] EUROPEAN COMMISSION (wie Anm. 15), S.1.

[18] Pisani-Ferry, Jean/Weder Di Mauro, Beatrice/Zettelmeyer, Jeromin: How to de-risk. European economic security in a world of interdependence, Bruegel (= Bruegel Policy Brief 7/2024), Brüssel, Mai 2024, S.12.

[19] ATLANTIC COUNCIL (wie Anm. 63, Kap. 3), S.14.

[20] Artikel 21, Absatz 1 des Vertrages über die Europäische Union.

[21] Fukuyama, Francis: The End of History and the Last Man. With a New Afterword, Free Press, New York 2006.

Der Autor

Dr. Marco Overhaus ist Wissenschaftler in der Forschungsgruppe Amerika der Stiftung Wissenschaft und Politik (SWP) in Berlin. Er forscht seit vielen Jahren zur Außen- und Sicherheitspolitik der USA sowie zu Themen der europäischen Sicherheit. Weitere berufliche Stationen waren der Planungsstab des Auswärtigen Amts sowie die RAND-Corporation in Washington D.C.